Franz Ungler: Zur antiken und neuzeitlichen Dialektik

WIENER ARBEITEN ZUR PHILOSOPHIE

Reihe B: Beiträge zur philosophischen Forschung
Herausgegeben von Stephan Haltmayer

Band 12

PETER LANG
Frankfurt am Main · Berlin · Bern · Bruxelles · New York · Oxford · Wien

Michael Höfler
Michael Wladika
(Hrsg.)

Franz Ungler: Zur antiken und neuzeitlichen Dialektik

PETER LANG
Europäischer Verlag der Wissenschaften

Bibliografische Information Der Deutschen Bibliothek
Die Deutsche Bibliothek verzeichnet diese Publikation in der Deutschen Nationalbibliografie; detaillierte bibliografische Daten sind im Internet über <http://dnb.ddb.de> abrufbar.

Gedruckt mit Förderung des Bundesministeriums für Bildung, Wissenschaft und Kultur in Wien.

ISSN 0948-1311
ISBN 3-631-53807-3

www.peterlang.de

Inhaltsverzeichnis

Vorwort der Herausgeber

Dieser Band umfaßt alles, was zu Lebzeiten von Prof. Dr. Franz Ungler in schriftlicher Form erschienen ist. Es handelt sich um Aufsätze und Rezensionen, die im Zeitraum von 1975 bis 1994 in verschiedenen Reihen und Sammelbänden publiziert wurden. Diese Texte sollen nun durch die neuerliche und in einen Band zusammengefaßte Herausgabe leichter zugänglich gemacht und zugleich eindringlicher ins Bewußtsein gerufen werden.

Dies ist in diesem Vorwort ein wenig ausführlicher zu begründen. Es ist da zum einen die Erinnerung an den *Autor*, zum anderen jene an die Sache, die *Sache des Denkens*, in erster Linie: die antike und die neuzeitliche Dialektik.

Franz Ungler wurde 1945 in Wels in Oberösterreich geboren, er besuchte ein humanistisches Gymnasium und studierte an der Universität Wien Philosophie, vor allem bei Erich Heintel. Seine Dissertation, *Organismus und Selbstbewußtsein. Untersuchungen zur 'Naturbeobachtenden Vernunft' bei Hegel* (1972), und seine Habilitationsschrift, *Individuelles und Individuationsprinzip in Hegels 'Wissenschaft der Logik'* (1983), zeigen beide, daß im Zentrum das Werk *des* Dialektikers der Neuzeit steht, das Werk Hegels. Franz Ungler war Professor für Philosophie am Institut für Philosophie der Universität Wien, wo er bis zu seinem Tod im Jahre 2003 eine außerordentlich intensive Lehrtätigkeit entfaltete. Seine Arbeitsschwerpunkte waren die antike Philosophie und die Systeme des Deutschen Idealismus.

Franz Ungler war ein Mann des Wortes, er legte in seiner Lehrtätigkeit den Akzent auf das gesprochene Wort und verfaßte daher wenig Schriftliches. Seine Schüler profitierten von seiner gesamten Lehrtätigkeit auf ganz außerordentliche Weise; es muß als ganz selten angesehen und anerkannt werden, daß ein Universitätslehrer im Bereich Philosophie in so intensiver, konzentrierter Form schwierigste Gedankengänge der Tradition, aber dies stets auch mit Blick auf deren gegenwärtig weitergehende systematische Bedeutung und Kraft seinen Schülern dargestellt und vermittelt hat.

Diese systematische Kraft nun zeigt sich auch im Schriftlichen, wenngleich zum einen vielleicht nicht ganz in der Dichte, die zumal seine späteren Vorlesungen erreichten, zum anderen auf ein wenig bruchstückhafte Weise, da große Teile seines Denkens — ganz besonders ist hier auf die Überlegungen zur Dialektik in Platons Dialogen *Sophistes* und *Parmenides* zu verweisen — nicht in die schriftliche Form fanden. Und dennoch sind die im Folgenden wieder abgedruckten Texte nicht nur je für sich und ihr spezielles Thema überaus lesenswert, sondern es ergibt sich zudem durchaus auch ein Gesamteindruck bezüglich der von Franz Ungler vertretenen Auffassung von Dialektik, wie sie jeweils in bestimmte systematische Bereiche oder die Interpretation von Werken der Tradition hinein spezifiziert erscheint.

Um dies prägnanter zu fassen, wenden wir uns nun näher der Sache, dem Gegenstand des Denkens Franz Unglers zu, und zwar zunächst dem Systemteil *Logik*.

Franz Ungler zählte zu den mittlerweile spärlich gewordenen Vertretern des *Deutschen Idealismus* in Österreich. Daß der Deutsche Idealismus in Österreich so spärlich vertreten ist, ist wohl Resultat eines allgemeiner gewordenen Meidens der Kantischen Revolution der Denkungsart samt deren Folgen. In dem Aufsatz „Ontologie und Transzendentalphilosophie" heißt es diesbezüglich:

> „Der sogenannte Zusammenbruch des Deutschen Idealismus ist nur das mehr oder weniger geschickte Vorbeischleichen an dem, was Kant begonnen hat: man hat sich durch „anthropologische" Wenden, „positives" Philosophieren, Sprachanalysen und in der Begeisterung für reine Formen, die nichts mehr formen, gleich dem Konkreten zugewandt."[1]

Man muß sich bezüglich solch fortschrittlicher Erscheinungen der Philosophie einmal die Frage stellen, wieweit das durch die philosophische Tradition bereits Erreichte — insofern dies überhaupt noch erkannt ist — „gegenwärtig entweder übertroffen oder unterboten wird"[2] bzw. ob die fundamentalphilosophischen Probleme — insofern sie überhaupt noch bekannt sind — durch solche Erscheinungen bewältigbar sind?

In bezug auf die Freiheit beispielsweise gilt ja mit Sicherheit, daß die Vertreter sehr vieler Positionen von ihr „gar keinen Begriff haben können".[3] Und doch „genügt ihnen dieser Begriff, den sie nicht haben".[4]

Der Tradition freilich nicht. Und so auch Franz Ungler nicht, der stets die immanente Bewegung der lebendigen Einheit der philosophischen Systeme der Tradition zum Gegenstand seiner Lehrtätigkeit hatte. Er war dabei immer darum bemüht, seinen Hörern das notwendige Hervortreten der Momente der philosophischen Idee systematisch aufzuzeigen. Jedes Thema und jeder Gegenstand seiner philosophischen Untersuchungen wurde von ihm in seiner historischen — „unerläßlich [ist es,] stets im Zusammenhang der Tradition zu denken"[5] — wie ebensosehr systematisch-logischen Entwicklung im Sinne der Revolutionen der Denkungsart — um hier an eine von Kant entlehnte Wendung von Bruno

---

[1] Franz Ungler, „Ontologie und Transcendentalphilosophie", in diesem Band S. 105.
[2] Franz Ungler, „Das Wesen in der Jenaer Zeit Hegels", in diesem Band S. 74.
[3] Franz Ungler, „Die Dialektik der Aristotelischen Freiheitsdefinition", in diesem Band S. 97.
[4] Ebd.
[5] Franz Ungler, „Das Wesen in der Jenaer Zeit Hegels", in diesem Band S. 74.

Liebrucks anzuschließen[6] — bzw. im Sinne der Form der Vernunft, also in sich schlüssig und *konkret* als Moment der philosophischen Idee bestimmt, denn:

„Unmittelbar beim Konkreten zu sein, heißt nichts anderes, als nur im Abstrakten zu verharren".[7]

Ein solches Nicht-Verharren im Abstrakten ist Arbeit des Begriffs, welche „die festen [abstrakten] Gedanken in Flüssigkeit"[8] bringt. Franz Ungler versuchte seinen Hörern diese dialektische Bewegung — deren sich diejenigen entschlagen haben, welche „in ihrer Realitätsnähe ihren Abstraktionen unterliegen"[9] — im Hinblick auf die philosophische Tradition zu lehren.

Der erste Schritt dazu nun ist *das Hervorbringen eines gedanklich Festen.* Es kann hier an die „Macht der Dialektik"[10] erinnert werden, an sie in der Form nämlich, wie Platon im Liniengleichnis der *Politeia* von ihr spricht. Eine solche freie Macht behilft sich nicht mit willkürlichen, abstrakten und endlichen Voraussetzungen, über die letztlich keine Rechenschaft gegeben werden kann, sondern sie holt ihre Voraussetzungen ein, indem sie sich selbst an und für sich seienden Inhalt gibt und sich selbst gegenständlich wird, wodurch die Voraussetzungen gewordene und insofern keine bloßen Voraussetzungen mehr sind, in welche, wenn Dialektik vermieden werden soll, Aporien abgeschoben werden. Eine solche Macht träumt nicht, wie es bei dem Platon der *Politeia* heißt, sondern bringt überhaupt erst einmal die sich selbst erfassende Allgemeinheit des Wissens hervor:

„Alle anderen Künste [...] träumen wohl [...] über das Seiende [...], so lange sie sich mit bloßen Voraussetzungen behelfen und an diesen nicht rütteln, da sie keine Rechenschaft über sie geben können. Denn was seinen Anfang im Nichtwissen hat, und wessen Ende und Mitte aus dem, was man nicht weiß, zusammengeflochten sind – wie kann aus einer solchen Einhelligkeit des Nichtwissens sich jemals Wissenschaft ergeben?"[11]

Dieses Träumen, von dem Platon hier spricht, befindet sich „in einem logischen *Schlaf*"[12]; aus diesem erwacht das Denken mit dem den Sophisten seiner und auch aller anderen Zeiten entgegentretenden Sokrates.

Dies ist zunächst einmal das eine, das Aussprechen der Notwendigkeit des Hinausgehens über Bilder, Vorstellungen, Meinungen, Voraussetzungen.

---

[6] Siehe etwa: Bruno Liebrucks, „Drei Revolutionen der Denkart", in: *Irrationaler Logos und rationaler Mythos*, Würzburg 1982, S. 77-98.

[7] Franz Ungler, „Ontologie und Transcendentalphilosophie", in diesem Band S. 105.

[8] G. W. F. Hegel, *Phänomenologie des Geistes*, in: *Werke*, ed. E. Moldenhauer u. K. M. Michel, Frankfurt/Main 1986, Band 3, S. 37.

[9] Franz Ungler, „Die Dialektik der Aristotelischen Freiheitsdefinition", in diesem Band S. 97.

[10] Platon, *Politeia*, Hamburg 1993 (Übersetzung von Apelt), 511a-e.

[11] Ebd. 533bc.

[12] Bruno Liebrucks, *Sprache und Bewußtsein*, Band 6/1, Frankfurt/Main 1974, S. 222.

Resultat ist die zunächst erreichte und festgehaltene, fixierte Eindeutigkeit bestimmter Begriffe.

Bei diesen für sich fixierten Begriffen nun wird leicht haltgemacht, in ihnen ihre Genesis, im Produkt das Produzieren vergessen. So erreichen wir Bestimmungen des Denkens, welche als endliche festgehalten werden, an welchen nicht gerüttelt wird (wie Platon das nennt). Sie sind uns dann als unbewegt, voneinander getrennt und als quasi selbständig fixiert, wodurch dann freilich keine Rechenschaft mehr über die Seele ihres Inhalts gegeben werden kann. Aristoteles gibt in seiner *Metaphysik*, man wird sagen können: *das* Beispiel eines solchen autark gewordenen Gedankenbewegungsresultats, und zwar in seiner Lehre von jenen Voraussetzungen bzw. Prinzipien der Beweise, „von denen wir alle beim Beweisen ausgehen“[13] und ausgehen müssen, da es nach Aristoteles nämlich „nicht für alles [...] einen Beweis geben“[14] kann. *Das* Prinzip der Beweise ist nach Aristoteles der Satz des zu vermeidenden Widerspruchs im Sinne formaler Logik, wobei dieses Prinzip den Widerspruch als zu vermeidenden und somit daseienden wiederum voraussetzt. Wenn es also beispielsweise in dem Aufsatz „Die Kategorie Widerspruch“ heißt:

> „Die den folgenden Ausführungen zugrunde liegende These lautet: Die Transcendentalphilosophie hebt sich auf, indem sich der Widerspruch (die formelle Logik) aufhebt, und die spekulative Logik Hegels beinhaltet diese Aufhebung“[15],

so sehen wir schon in diesem Satz die Einsicht in die immer wirkliche Momentanisierung vermeintlich autark an der Tafel, am Himmel, in den Bahnen „unseres“ Verstandes usf. stehender Strukturen. Diese Momentanisierung bzw. diese Aufhebung von Abstraktionsprodukten und daher von Hartnäckigem ist nie regellos (dies wäre ein bloßes Auf-die-Seite-Schieben, wodurch nichts widerlegt oder auch nur an ihm selbst verändert wird), sondern stets: Dialektik. Dialektisch ist somit ein sich durch die forttreibende negative Natur des Widerspruchs bestimmendes Vorwärtsschreiten in den in seiner Bewegung sich erhaltenden Anfang bzw. Grund. Dies Verfahren ist einmal so, daß es

> „ohne Bilder [...] sich lediglich auf reine Begriffe in ihrem inneren gegenseitigen Zusammenhang stützt“.[16]

Der logische Tiefschlaf dagegen träumt vom Logischen in Bildern, indem er das Logische für die Vorstellung verräumlicht (z. B. A = A), wodurch es seine Vermittlung im Raume als einer zunächst einmal uneingeholten Voraussetzung hat und nicht selbst Vermittlung ist. Indem es solcherart also nicht autark ist, muß es sich insofern zunächst einmal als *Transcendentalphilosophie* vermitteln.

---

[13] Aristoteles, *Metaphysik*, Hamburg 1995 (Übersetzung von Bonitz), 996b.
[14] Ebd. 997a.
[15] Franz Ungler, „Die Kategorie Widerspruch“, in diesem Band S. 135.
[16] Platon, *Politeia*, Hamburg 1993, 510b.

Und so ist denn das bestimmte Vorwärtsschreiten etwa der Kategorie Widerspruch — „über das Vermeiden des Widerspruchs zum Aufheben desselben"[17], wobei wir in bezug auf das Aufheben des Widerspruchs mit Liebrucks sagen können: „Nur das Aushalten des Widerspruchs ist *Denken*"[18] — *ebensosehr die Entwicklung des Logischen selbst.* Dieses entwickelt sich von seiner Unmittelbarkeit, von einer anfänglichen Logik, die sich als unselbständige, formlose „formelle Logik", die nichts formt, aufhebt, zur transcendentalen Logik, welche die logisch-prinzipielle Frage stellt und beantwortet, welches die Bedingungen der Möglichkeit der Erkenntnisdignität formaler Logik selbst sind. Die Aufhebung transcendentaler Logik, also die Einsicht in die Unselbständigkeit auch des Kantisch-frühfichteschen Denkens, läßt eine Form des Logischen resultieren, die spekulativ oder dialektisch genannt werden kann. In ihr erst wird das Logische als sich selbst bewegende und sich selbst bestimmende Macht des Denkens gedacht — und schlechthin nicht mehr als ein bloß Natürliches, Unmittelbares oder auch ein Mittel oder ein prinzipiell gedachtes Prinzip. Eine solche freie Macht kann nicht der absoluten Form entbehren und hat „zu der in der *symploke* der Gattungen implizierten dialektischen Selbsterkenntnis"[19] fortzuschreiten. Bezüglich einer solchen freien Macht

> „gehen dem Denken, das sich an die Bestimmungen der Reflexionsverhältnisse und des formalen Begriffs hält, schlechthin alle seine Gedanken aus [und die Wirklichkeit der philosophischen Idee muß] ein *unbegreifliches Geheimnis* [bleiben]".[20]

Ohne das Denken des Widerspruchs, der so keine bloße Voraussetzung mehr bleibt noch bleiben kann, müßte man uns zumuten,

> „zu glauben, daß dem absolut Seienden wirklich weder Bewegung noch Leben noch Seele, noch Einsicht zukomme, daß es also weder lebendig sei noch denke, sondern in ehrfurchtgebietender Heiligkeit, bar der Vernunft, in regungsloser Ruhe verharre".[21]

Das ist mit der Einsicht in die Selbstwidersprüchlichkeit eines jeglichen als autark und weiter als nicht sich selbst bewegend vorausgesetzten Grundsatzes, Prinzips, Axioms usf. vorbei. Die Macht der „Dialektik (im Sinne des späten Platon und Hegels) aber sieht [...] das *anhypotheton* als Begriff, Leben, Geist".[22]

Soweit einiges zu logischen Grundzügen. Logisches nun wirkt sich in allen Systemteilen aus. Was die veröffentlichten Arbeiten angeht, so sieht man diese Auswirkungen vor allem im Systemteil *Ethik.* Das ist wichtig. Denn es kann zwar beispielsweise sein, daß gegenwärtig wenig gewußt wird, vom Gewissen

---

[17] Franz Ungler, „Ontologie und Transcendentalphilosophie", in diesem Band S. 114.
[18] Bruno Liebrucks, *Sprache und Bewußtsein,* Band 4, Frankfurt/Main 1968, S. 674.
[19] Franz Ungler, „Ontologie und Transcendentalphilosophie", in diesem Band S. 114.
[20] G. W. F. Hegel, *Wissenschaft der Logik II,* in: *Werke,* Band 6, S. 472f.
[21] Platon, *Sophistes,* Hamburg 1993, 248e.
[22] Franz Ungler, „Ontologie und Transcendentalphilosophie", in diesem Band S. 116.

ist sicher viel die Rede. Oder genauer: Es werden Inhalte und Ansichten, auch wenn sie nicht gewußt werden, als im Gewissen als einem Eimer befindlich behauptet. Dies soll sie schützen. Hier nun ist es wichtig, keine falsche Scheu vor dem Zupacken zu haben, davor, zu sehen, was jene Inhalte *freiheitsbezüglich* denn sind. Und davor noch steht die Betrachtung dessen, was etwa „Gewissen" sein soll. Oder „Entschluß". Oder „Freiheit" gar. Und dies wiederum vollzieht sich nur dort auf einem Niveau, das in Relation zu dem in der Tradition Erreichten nicht einfach als reaktionär eingestuft werden müßte, wo Selbstbestimmung, die Selbstverwirklichung aufhebt und allererst rational faßbar macht, gedacht werden kann. Das aber geht wiederum nur, wenn jene berühmte, von Hegel gedachte Einheit von Unmittelbarkeit und Vermittlung, von absoluter Abstraktion und Hingabe an dieses bestimmte Gegenwärtige da zusammengedacht werden können. So allein macht sich ein Hinausgehen über den langweiligen Ansichtssektor *in ethicis*.

Schließlich: Die Herausgeber meinen, daß anhand der hier vorliegenden Schriften in Relation zu anderen Werken des 20. Jahrhunderts nachgewiesen werden kann, daß es eine bestimmte Nähe einiger Philosophen des deutschen Sprachraumes zueinander gibt, die nicht den großen, epochemachenden Strömungen zuzurechnen sind und dennoch durch *bestimmte Gemeinsamkeiten* ihres Philosophierens eine bestimmte Tradition der Interpretation der großen und bleibenden Systeme der Philosophie bilden. Dazu noch einige Worte.

Die gedachten Gemeinsamkeiten beziehen sich erstens auf Versuche einer *systematischen Aufhebung von Ontologie und Transcendentalphilosophie in die Systeme des Deutschen Idealismus*: Diese Systeme „immunisieren" sich nicht gegen irgend etwas, sondern sie schreiten die logischen Erfahrungsräume, die unter den Dächern „Ontologie" und „Transcendentalphilosophie" stehen, so weit aus, so weit ihnen dies jeweils möglich ist.

Zweitens ruht diese systematische Aufhebung auf *ausgebreitetem Wissen um das, was diese Stufen die Tradition hindurch hervorgebracht haben*. Dadurch ist der bei manchen kurze Weg von der Hegel-Lektüre zur Belletristik-Produktion von vornherein abgeschnitten. Man kann so sehen — und dies ist sehr erfreulich, wenn man, wie gegenwärtig weiterhin unvermeidlich, häufig Gelegenheit hat, das Gerede vom Ende der Metaphysik, einer „Verabschiedung" (eine so biedere wie ungeschickte Metapher) derselben mitanzuhören —, man kann so sehen, wie *schwierig* es ist, beispielsweise einem Leibniz etwas Neues mitzuteilen.

Drittens ist zu nennen *das Vorwärtsschreiten von Vernunfterkenntnis zum christlichen Glauben, und zwar ohne irgendwelche irrationalistischen, dezisionistischen Momente*. Es bleibt dabei — und es ist bloße Sentimentalität, sich hier rückwärtsgewandt andere Möglichkeiten erhalten zu wollen —, daß die Aufklärung, die sowenig wie der Verstand selbst geschenkt werden kann, das Schicksal jeder Religion außer dem Christentum ist. So schwer ist das auch nicht zu sehen. Es kommt die Unselbständigkeit nicht-religiöser Selbstauffassung hinzu. Beides zusammen ergibt, daß auch aus rein intellektuellen Gründen philosophisch eine nicht christliche Position nicht mehr diskutabel erscheint.

Viertens. *Praktisches*. Hier wächst die Hilflosigkeit, wie jeder sehen kann, besonders rasch. Der Mensch scheint doch zu guter Letzt das werden zu wollen, was er nach seit einiger Zeit ja auch fleißig propagierter Interpretation immer schon war, Tier nämlich, Tier, das so lange gebraucht hat, bis es endlich seine ökologische Nische, der es — ganz erstaunlich — irgendwie verlustig gegangen war, nun endlich doch hergestellt hat und künftig dieser nun auf Weise der Tiere auch froh werden können sollte, in seiner Art denn auch gut.

Wir aber wollen — sosehr wir auch alle Sekundärtugenden hochhalten — nicht einfach artig sein. Und so sagen viele — es sind freilich nicht die sogenannten Meinungsführer —, und zwar auf ernstzunehmende Weise, also nicht individualistisch-voluntaristisch, sosehr ihnen demonstriert wird, was doch ihr „Bestes“ wäre, dieses: „Ich aber will nur was ich selber will“.[23]

Sie denken, so ungenügend dieses auch häufig artikuliert wird, daß es mit der Freiheit, mit der Selbstgestaltung des Niveaus und der Form, auf dem und in der man leben möchte, eine ernste und interessante Sache ist, eine solche, der es an Disponibilität mangelt und auch mangeln soll. Man sieht zuletzt eben doch ein, daß dies, ob man sogenanntes Altmodisches als altmodisch auffaßt oder nicht, eine Niveaufrage ist.

Fünftens bedingt die Traditionsbelastetheit eine gewisse Entlastung von Gegenwärtigem, die Möglichkeit einer gewissen *Distanz zur Mode*, zum Augenblick, also etwas Tilgung der Zeit. Das ist sehr angenehm. Denn wir haben unsere liebe Not mit den Schnelldenkern und Ansichtsproduzenten. Der Vergleich macht uns sicher: Wen die Zweitsemester schätzen, der ist mit Sicherheit eben bei seiner Zeit angekommen, in sie eingehaust — und gehört eben deswegen zu jenen, die „alle Menschen loben“.

Sechstens, es ist bereits mehrfach angeklungen, bedeutet ein Philosophieren, wie es hier geschildert werden soll, zunächst Zeitfreiheit und Gegenwartsferne. Dies aber bringt — wir leben ja in der Gegenwart — *Zeit- und Gegenwartskritik* mit sich. Nun sinkt eine Zeit, der die Aufklärung, vor allem ihres Resultats wegen, ihrer Selbstaufhebung wegen nämlich zugunsten christlichen Denkens des Wirklichen, zu unbequem ist, notwendig in reaktionär „mythologische“ Selbstauffassung zurück. Für was alles kann sich der Mensch nicht halten, wenn es ihm eine Zeit lang eingeredet wird! Das ist alles freilich nicht neu — und doch, der exoterischen Seite der Philosophie als Ideologiekritik wegen, von Wichtigkeit.

---

[23] Franz Grillparzer, *Ein Bruderzwist in Habsburg*, Vers 845.

Es ist vielleicht auch kein bloßer Gefühlsausbruch, wenn die Unterzeichnenden festhalten, daß sie Prof. Ungler ganz wesentliche Momente im Leben und Denken, Grundzüge ihrer theoretischen und ebensosehr praktisch-sittlichen Bildung verdanken. Man darf an Fichte erinnern:

> „Nur derjenige ist frei, der alles um sich herum frei machen will, und durch einen gewissen Einfluß, dessen Ursache man nicht immer bemerkt hat, wirklich frei macht. Unter seinem Auge athmen wir freier."[24]

Jene Ursache, die man nicht immer bemerkt, sie kann nur ein Sich-selbst-klar-geworden-Sein sein, ein Stand in der Selbst- und Weltauffassung, der auf nichts Begrenztem mehr aufruht.

Dies ist in einer Zeit der Geducktheit und Unfreiheit, des gebückten Einherschleichens und des Sich-Betragens in der Weise jenes:

> „Zufrieden jauchzet groß und klein:
> Hier bin ich Gutmensch, hier darf ich's sein!"[25]

— dies ist in einer Zeit des Geredes und der Bescheidenheit, die doch immer Hochmut geblieben ist, eine Wohltat, eine Lebendigkeit, ohne die man nicht mehr auskommen kann, wenn man sie einmal erfahren hat. *Denn dies ist wirklich Geist.*

Die im Folgenden abgedruckten Texte sind, in chronologischer Reihenfolge genannt, erstmals in den nachstehenden Bänden bzw. Reihen erschienen:

- „Die Bedeutung der bestimmten Negation in Hegels *Wissenschaft der Logik*", in: *Wiener Jahrbuch für Philosophie*, Band VIII, hrsg. v. Erich Heintel, Braumüller Verlag, Wien 1975, S. 154-194.
- „Zu Fichtes Theorie des Gewissens", in: *Wiener Jahrbuch für Philosophie*, Band XII, hrsg. v. Erich Heintel, Braumüller Verlag, Wien 1979, S. 212-235.
- Rezension zu: Henning Ottmann: *Individuum und Gemeinschaft bei Hegel*, in: *Wiener Jahrbuch für Philosophie*, Band XII, hrsg. v. Erich Heintel, Braumüller Verlag, Wien 1979, S. 341f.
- Rezension zu: Wolfgang Janke: *Historische Dialektik*, in: *Wiener Jahrbuch für Philosophie*, Band XIII, hrsg. v. Erich Heintel, Braumüller Verlag, Wien 1980, S. 254-256.

---

[24] Johann Gottlieb Fichte, *Von den Pflichten der Gelehrten. Jenaer Vorlesungen 1794/95*, hrsg. R. Lauth, H. Jacob, P. Schneider, Hamburg 1971, S. 18f.

[25] Um ein wenig zu modifizieren. Siehe Johann Wolfgang von Goethe, *Faust I*, Vers 939f.

- Rezension zu: Heimo Hofmeister: *Wahrheit und Glaube*, in: *Wiener Jahrbuch für Philosophie*, Band XIII, hrsg. v. Erich Heintel, Braumüller Verlag, Wien 1980, S. 257f.
- „Das Wesen in der Jenaer Zeit Hegels", in: *Hegel-Studien*, Beiheft 20, hrsg. v. Klaus Düsing und Dieter Henrich, Bouvier Verlag, Bonn 1980, S. 157-180.
- „Die Dialektik der Aristotelischen Freiheitsdefinition", in: *Überlieferung und Aufgabe. Festschrift für Erich Heintel zum 70. Geburtstag*, hrsg. v. Herta Nagl-Docekal, 1. Teilband, Braumüller Verlag, Wien 1982, S. 3-10.
- „Ontologie und Transzendentalphilosophie", in: *Wiener Jahrbuch für Philosophie*, Band XXIV, hrsg. v. Hans-Dieter Klein, Braumüller Verlag, Wien 1992, S. 75-85.
- „Zum Freiheitsbegriff Hegels", in: *Freiheit und Verantwortung. Jahrbuch für politische Erneuerung*, hrsg. v. Lothar Höbelt u.a., Wien 1994, S. 39-51.
- „Die Kategorie Widerspruch", in: *Aufhebung der Transzendentalphilosophie? Systematische Beiträge zu Würdigung, Fortentwicklung und Kritik des transzendentalen Ansatzes zwischen Kant und Hegel*, hrsg. v. Thomas Sören Hoffmann und Franz Ungler, Königshausen & Neumann, Würzburg 1994, S. 217-234.

Bei der Wiederauflage der Schriften und Aufsätze von Franz Ungler wurden einige wenige Veränderungen und Modifikationen an den Texten vorgenommen, da sich die Herausgeber dafür entschieden, den verschiedenen Texten eine einheitliche Linie zu geben; so wurden Zitationen vereinheitlicht und längere Zitate abgesetzt, Kursivsetzungen und Nachweise (in eckigen Klammern) nachgetragen, sowie wenige Druckfehler und kleine, formelle Versehen des jeweiligen Erstdrucks stillschweigend berichtigt und außerdem ein Personenregister erstellt.

Abschließend möchten die Herausgeber noch darauf hinweisen, daß sich ein Kreis von Hörern, Schülern und Freunden von Franz Ungler gebildet hat, der sich unter anderem einer weiteren Veröffentlichung von Vorlesungsmitschnitten (z.B. von Platon- und Hegel-Lehrveranstaltungen) und unveröffentlichten Werken von Franz Ungler (*Organismus und Selbstbewußtsein* und *Individuelles und Individuationsprinzip in Hegels 'Wissenschaft der Logik'*) widmen möchte; auch wurde eine Homepage eingerichtet — www.ungler.at.tt —, auf welcher der Kreis über seine Veranstaltungen und Tätigkeiten berichtet.

Wien/Heidelberg, im Mai 2005 Michael Höfler und Michael Wladika

Danksagung

Die vorliegenden Aufsätze von Franz Ungler wurden mit freundlicher Genehmigung der Verlage Braumüller (Wien), Bouvier (Bonn), Jahrbuch für politische Erneuerung (Wien) sowie Königshausen & Neumann (Würzburg) zur erneuten Veröffentlichung freigegeben. Sie wurden unter der fachkundigen Beratung durch Dr. Norbert Willenpart (Peter Lang Verlag) und Prof. Stephan Haltmayer (Institut für Philosophie der Universität Wien) sowie unter der Mithilfe von Helga Ungler, Ulrike Ungler, Katharina Ungler, Maximilian Gottschlich und Andreas Prestel zur Veröffentlichung vorbereitet. Die Herausgeber möchten sich bei allen Genannten herzlich bedanken.

Die Bedeutung der bestimmten Negation in Hegels *Wissenschaft der Logik*

Mit der Einleitung in die *Logik* gibt Hegel einen allgemeinen, d.h. hier abstrakten Begriff der Methode.[1] Schon aus dem Hinweis, daß er eigentlich tautologisch sei,[2] ergibt sich, daß durch diese Abbreviatur der Methode der Fortgang der *Logik* und damit das, was Dialektik ist, nicht begriffen werden kann, und die Meinung, daß man im Sinne Hegels denke, wenn man die bestimmte Negation auf irgendeinen Inhalt appliziere, führt sich damit historisch *ad absurdum*. Diese Meinung führt sich aber auch dann der Sache nach *ad absurdum*, wenn es gelingt, zu zeigen, daß die fundamentalphilosophischen Probleme, die durch Hegels *Logik* bewältigt werden sollen, jeweils eine Weise der Dialektik erfordern, die durch die „ganz einfache Einsicht" in die Bestimmtheit des Negativen nicht unmittelbar und zureichend gefaßt werden kann, weiters, wenn die *Wissenschaft der Logik* selbst darlegt, daß diese Probleme, insofern sie in ihr gelöst sind, nicht auf die Bestimmtheit des Negativen reduzierbar sind, und drittens, wenn das Sichwissen der Idee „seiner Form nach" als „das bestimmte Wissen von der Währung ihrer Momente"[3] tatsächlich mehrere Weisen des Fortganges unterscheidet.

Wenn diese drei Punkte zugleich die Gliederung unserer Ausführungen sind, kann vor Inangriffnahme derselben noch die Frage nach dem exoterischen Wert einer solchen Untersuchung gestellt werden. Der Hinweis auf das Faktum, daß mächtige Strömungen in der Philosophie der Gegenwart, die mitunter auch geschichtsmächtig sind, sich in einem unzureichenden bzw. schiefen Verständnis von Dialektik auf Hegel berufen, sei es, daß sie sich als Erben, sei es, daß sie sich als Totengräber Hegels betrachten, beantwortet diese Frage so indirekt, wie sie gestellt wurde. Der exoterische Wert einer solchen Untersuchung kann es aber sein, ein Beispiel für eine aufgegebene[4] Interpretation der *Logik* Hegels zu geben. Eine solche Intention trifft sich nicht ganz mit der D. Henrichs[5], einen analytisch-argumentierenden Kommentar zu Hegels Logik zu liefern, indem ein

---

[1] Die *Wissenschaft der Logik* wird im Folgenden nach der von G. Lasson edierten Ausgabe Leipzig 1934 unter Angabe des Bandes und der Seitenzahl, die *Enzyklopädie* (1830) nach Paragraphen zitiert. Die „bestimmte Negation" findet sich in *Logik* I, S. 35f.

[2] Ebd. S. 36.

[3] Hegel, *Enzyklopädie*, § 237, Inhalt: System des Logischen, Form: Methode dieses Inhaltes, das bestimmte Wissen von der Währung ihrer (der Idee) Momente.

[4] Die spekulative Bedeutung des Wortes „Aufgeben", in: „Notizen und Aphorismen (1818-1831)", Nr. 52, in: Hegel, *Werke*, ed. Moldenhauer und Michel, Frankfurt/Main 1986, Band XI, S. 574.

[5] In den Aufsätzen *Anfang und Methode der Logik* und *Hegels Logik der Reflexion*, in: *Hegel im Kontext*, Frankfurt/Main 1971, besonders S. 132, Anm. 6.

solcher nur die eine Seite dessen ist, was uns Hegel aufgibt, die andere Seite aber das Begreifen oder die Vernünftigkeit der Geschichte der Philosophie selbst ist, welche wir schwer von der anderen trennen können.

1. Fundamentalphilosophische Probleme und ihre eigentümliche Dialektik[6]

Nichts oder die Negativität wurde in der philosophischen Tradition ebenso wie das Sein in seine verschiedenen Bedeutungen auseinandergelegt. So wenig aber die Philosophie als ἐπιστήμη ἄνωθεν γεννηθεῖσα[7] bei der Verschiedenheit stehenbleiben kann, so wenig kann sie sich eine vorsystematische Differenzierung der Negativität gestatten. Ein System ist also gezwungen, das Hinabschreiten in die Verschiedenheit zwar zu vollziehen, aber ebenso dieselbe wieder auf die Einheit zu beziehen. Das ἓν διαφερόμενον ἑαυτῷ[8] ist in bestimmter Weise in jeder philosophischen Methode enthalten. So kann die Methode jedes systematischen Philosophierens als dialektisch bezeichnet werden. Was aber dialektisch im eigentlichen Sinne ist und über die Einsicht, daß die Methode der Philosophie weder nur analytisch noch nur synthetisch sein kann, hinausreicht, ist das Nichts selbst.[9] Der Vorwurf gegen Hegel, οὐκ εἶναι von μὴ εἶναι nicht unterschieden zu haben, hat dann keine Berechtigung, wenn gezeigt werden kann, daß diese Differenz die eigentümliche Dialektik der bereits erwähnten philosophischen Fundamentalprobleme und damit die Dialektik der Negativität in gewissen Hinsichten abspannt.

a) Wendet man die eleatische Dialektik, die beabsichtigt, das Nichtsein des Vielen, der Bewegung und des Nichts zu zeigen, ins Positive, indem man den in dieser Philosophie verlorengegangenen Bezug zur Unmittelbarkeit der Meinung

---

[6] Wenn wir von eigentümlicher Dialektik philosophischer Probleme sprechen, meinen wir, daß dieselben nicht durch eine vermeintliche Dialektik konstruierender Natur, die sich letztlich gegen den Inhalt gleichgültig verhält, gelöst werden können. Auf das Faktum, daß es solche Dialektik gegeben hat und immer noch gibt, müssen wir kaum hinweisen. Ebensowenig darauf, daß Dialektik niemals nur aporetisch bleiben kann (auch die Dialektik Platons ist nie nur aporetisch).

[7] Schellings Bezeichnung für die Natur der Philosophie, schlechthin voraussetzungslos sein zu müssen (*Philosophie der Mythologie*, Darmstadt 1966, Band I, S. 267), trifft sich mit der Auffassung Hegels. Vgl. *Enzyklopädie*, § 1. Ob Schelling diesbezüglich wirklich konsequent war, scheint uns allerdings zweifelhaft zu sein.

[8] Heraklits Formulierung kehrt in Hölderlins *Hyperion* als das Wesen des Schönen wieder.

[9] Nichts ist nur die abstrakte Negativität. Dialektik ist immer „Dialektik der Negativität" (Marx) in dem Sinn, daß wir gar nicht an Dialektik denken können, wenn wir die Negativität nicht bedenken. Aber auch eben, weil wir mitunter nur an Dialektik denken, denken wir nicht dialektisch.

wiederherstellt,[10] so kann z. B. der fliegende Pfeil Zenons[11] nicht der Nachweis für das Nichtsein der Bewegung, sondern im Gegenteil der Beweis dafür sein, daß das Nichtsein erst die Bewegung konstituiert. Was bei Zenon an der Ortsbewegung dargestellt wird, exemplifiziert Bewegung überhaupt. Das Da-Sein, das zugleich Nicht-Da-Sein ist, ist das Sein, das zugleich Nichts ist. Der völlig unmittelbare und unbegründbare Unterschied von Sein und Nichts ist einfach im Denken der Bewegung aufgehoben. Wie in der Ortsbewegung das Hier ebenso Nicht-Hier ist, ist die reine Bewegung oder das Werden die Kontinuität von Sein und Nichts ebenso wie deren Diskretion. Der Unterschied von Sein und Nichts ist gar kein Unterschied, sondern ein Festhalten des Ersten gegen das Zweite, welches sich als kraftlos erweist. Wir haben ein Unmittelbares, das gegensatzlos in ein anderes übergeht, indem das erste negiert wird. Diese Negativität, die Bewegung begründet, ist die Bewegung selbst. Sein und Nichts sind so die Momente des Werdens oder der Bewegung, ohne auf sich oder auf anderes sich zu beziehen. Sie schließen einander aus, indem sie Momente des Werdens sind, sind sich gleich (nicht identisch, denn hier würde eine Selbstbeziehung fälschlich unterlegt) wie sie sich ungleich sind. Sie sind Momente, die sich nicht festhalten, sondern durch ein Drittes festgehalten werden: die Meinung. So ist die Natur der Bewegung schlechthin einfach bestimmt, Negation der Unmittelbarkeit zu sein. Die Bewegung ist somit bestimmte Negation als Aufheben des Unmittelbaren, die selbst den Charakter unmittelbarer Aufhebung hat. Sie ist noch in einem weiteren Sinn bestimmte Negation, indem durch sie, als durch die Einheit von Sein und Nichts, erst das Unmittelbare oder das Sein ein Anderes an sich hat und damit als Dasein erst realisiert ist.

Was an diesem Beispiel zu zeigen war: Die reine Bewegung ist einfache bestimmte Negation des Unmittelbaren. Inwiefern bestimmt, ist eben dargelegt worden. Inwiefern einfach? Wenn gezeigt werden kann, daß es nicht nur eine Negation des Unmittelbaren, sondern ebenso eine Negation des Unmittelbaren als eines Unmittelbaren geben muß. Vorläufig bedeutet somit die Einfachheit nur die Unmittelbarkeit der Vermittlung selbst oder ihr abstraktes Dasein.[12] Man

---

[10] Daß sich der Begriff gegen die Unmittelbarkeit des Sinnlichen wendet, ist nur die eine Seite seiner Bewegung und macht den Skeptizismus desselben aus; indem aber das Allgemeine die Wahrheit des sinnlichen Meinens ist, kann er demselben nicht mehr entgegenstehen.

[11] Vgl. Hegel, *Vorlesungen über die Geschichte der Philosophie*, Jubiläumsausgabe, ed. H. Glockner, Stuttgart 1927ff., Band XVII, S. 339f.

[12] Das abstrakte Dasein der Vermittlung ist im Hinblick auf die absolute Reflexion als abstrakt anzusehen. Daß aber hiermit noch andere Probleme auftauchen, die der Anschauungsformen *a priori* sowie die der Unterscheidung von Kategorien und Reflexionsbestimmungen, ist uns bewußt. Ebenso spielt hier noch der Unterschied von eigentlich konstitutiven und regulativen Kategorien (Kant, *KdrV*, A 180, B 223) eine entscheidende Rolle. Eine eingehende Interpretation des „Wesens“ müßte auf diese Probleme eingehen.

kann nun gegen diese Betrachtung den Einwand erheben, daß sie abstrakt sei: Nicht nur das reine Werden ist eine Abstraktion, die Betrachtung der Bewegung durch Zenon vollzieht sich abstrakt, sie läßt den Zusammenhang, den jedes Ding in der Erfahrung mit anderen hat und worin sich auch das Hier als ein bestimmtes erweist, außer acht.

Man übersieht bei diesem Einwand nur eine erhebliche Kleinigkeit: Der Vorwurf, man verselbständige das Abstrakte, ist schon die Verselbständigung des Abstrakten, indem dasselbe nicht dem konkreteren Begriff, sondern dem sinnlich Mannigfaltigen entgegengesetzt wird.[13] Ebenso ist das Konkrete eben nicht dem Abstrakten entgegengesetzt, indem es nämlich dieses nicht neben sich bestehen läßt, sondern es aufhebt. So ist das Werden nicht eine Bewegung neben sinnlich anschaulicher Bewegung, sondern dieselbe nur ohne weitere Bestimmung, die allerdings nicht die Sinnlichkeit, sondern der Begriff selbst hergibt.

Damit ändert die Aristotelische Widerlegung Zenons grundsätzlich nichts an dem von demselben gegebenen Begriff der Bewegung, sondern erfüllt ihn. Sie ist nicht die Widerlegung des Begriffs, sondern der aporetisch-dialektischen Wendung der Philosophie.[14] Daß Bewegung überhaupt letztlich ihren Grund in der Wesensbewegung hat, kann nämlich nicht heißen, daß Bewegung überhaupt auf sie reduziert werden kann,[15] womit sich auch erweist, daß, im Hinblick auf die Bewegung als solche, der Unterschied von Nicht-Sein und Nichtsein bedeutungslos wird.

b) Die Unmittelbarkeit ist selbst unmittelbare Vermitteltheit, indem ihre Wahrheit die unmittelbare Vermittlung ist, die wir hier problematisch der Vermittlung als Vermittlung entgegenstellen. Aber nicht wir haben diesen Gegensatz gemacht, sondern der Vorwurf der Abstraktion hat denselben entstehen lassen. Setzt man nämlich dem sinnlich Unmittelbaren das Abstrakte entgegen,[16] setzt man ein Drittes voraus, das die Möglichkeit der Abstraktion ist. Wenn nun der Hinweis, daß das eben „Wir" selbst seien, als nichtssagend eingesehen wurde, muß die Unmittelbarkeit selbst in Möglichkeit Abstraktion sein, und die wirkliche Abstraktion sich als Aufhebung der Unmittelbarkeit begründen. Denn der Abstraktionsgrund kann nicht in einer Einteilung des unmittelbaren Mannigfaltigen liegen, die nämlich selbst schon Abstraktion und damit in sich maßstablos wäre.

---

[13] Dem Sinnlichen kann der Begriff nicht entgegengesetzt werden, weil es ohne den Begriff Nichts ist. Dies scheint uns ebenso für die Formmetaphysik zutreffend zu sein.

[14] Z. B. Aristoteles, *Physik* VIII, 263 ab.

[15] Ein Erklären aller Bewegung aus der Bewegung der Wesensverwirklichung endet notwendig in der Tautologie. Gegen diese wendet sich die neuzeitliche Physik. Würde die Formmetaphysik einen solchen Versuch wagen, mißverstünde sie sich selbst.

[16] ὁ τρίτος ἄνθρωπος bei Aristoteles gegen Platon.

Das Vergleichen des Mannigfaltigen setzt nämlich eine Verschiedenheit, wie eine Affinität des Mannigfaltigen, voraus.[17] In dieser Voraussetzung wird das Unmittelbare schlechthin negiert, indem die Abstraktion eine ihr gemäße Unmittelbarkeit voraussetzt. Wenn die Abstraktion oder das Vergleichen das Allgemeine als das Gleiche setzt, so setzt es ebenso die Ungleichheit, die das Mannigfaltige nur an sich ist. Die Abstraktion oder das Gleiche macht erst das Vorausgesetzte zu einem Verschiedenen, und somit erst zur Wahrheit des Mannigfaltigen, welches wiederum für die Abstraktion gar nichts wäre, wenn es nicht schon an sich selbst abstrakt wäre, d.h. als das Abstoßen der Abstraktion nicht selbst schon das Sichabstoßen des Abstrakten wäre. Das Unmittelbare wird hiermit in doppelter Weise negiert:

1. Indem die Abstraktion das Unmittelbare negiert, ist die Negation desselben selbst unmittelbar, das vorausgesetzte Mannigfaltige.
2. Indem aber die Abstraktion sich selbst negiert, ihre eigene Unmittelbarkeit negiert, ist sie das Setzen des Mannigfaltigen als eines Verschiedenen, zu dem sie sich selbst als dessen Gleichheit verhält.

Das Eine ist die Bewegung des Seins gegen seine Bestimmungen, ein Anderes zu sein (die unmittelbar bestimmte Negation).

Das Andere ist das Sein als das Andere schlechthin, das als Anderes seiner selbst nicht mehr ein anderes ist, sondern Negativität, die sich negiert, sich negierend, als die Unmittelbarkeit sich entgegensetzend und sich negierend als den Gegensatz gegen die Unmittelbarkeit zum Schein herabsetzend. Somit ist die Negativität, die hier Abstraktion genannt wurde, in sich doppelte Negativität des Unmittelbaren. Sie kann im Gegensatz zu der bestimmten Negation die sich bestimmende Negation genannt werden, weil sie als das Gleichsetzen der Abstraktion ebenso das Ungleichsetzen des Gleichen ist.

Zusammengefaßt: Wenn die Abstraktion, als welche die Reflexion zunächst gefaßt wird, ein unmittelbares Mannigfaltiges voraussetzt, um dasselbe als Gleiches zu setzen, so realisiert sie erst das vorausgesetzte vom Gleichen Verschiedene, indem dieses das nicht nur in sich Verschiedene, sondern zugleich das Verschiedene des Gleichen, das Ungleiche ist. Das Unmittelbare wird somit negiert, indem die Abstraktion dieses negiert, indem sie sich selbst negiert. Die sich bestimmende Negation ist somit unterschieden von der bestimmten Negation, ohne die bestimmte Negation der bestimmten Negation zu sein. Denn dieser Gegensatz ist nur die bestimmende Negativität selbst. Es ist hiermit ebenso ein Verständnis der bestimmenden Negativität abgewiesen, das dieselbe bloß als Verdoppelung der ersten, der bestimmten Negation, wissen will, wie eine mögliche Reduktion der bestimmenden auf die bestimmte Nega-

[17] Die Verschiedenheit, die Affinität in sich schließt, ist nur die Natur der Reflexion selbst. Vgl. Kant, *KdrV*, A 122f.

tion. Wenn nämlich das Negative dem Unmittelbaren nicht als die Negation desselben entgegensteht, sondern Unmittelbarkeit nur als Selbstbeziehung ist, ist auch unmittelbare Vermittlung in dieser Selbstbeziehung der Negativität verschwunden.

Um das, was hier als das Problem der Abstraktion als Paradigma einer Dialektik darzustellen war, die sich nicht auf die einfache Einsicht beschränken läßt, scheint es erforderlich, das Paradigma weiter zu exemplifizieren. Daß die Reflexion nicht im Sinne der gewöhnlichen Vorstellung von Abstraktion das Allgemeine aus dem Gegebenen unter Vernachlässigung gewisser Bestimmtheiten desselben nimmt, ist nun klar geworden, wenn man ihre Natur als die der Negativität eingesehen hat. Wird nun die Reflexion als bestimmende[18] betrachtet, was die eine Seite ihrer Absolutheit ist, so bestimmt sie nicht nur ein Vorausgesetztes, sondern sich selbst, indem sie anderes bestimmt, bezieht sie sich ebenso nur auf sich selbst: die Reflexionsbestimmungen.[19] Eine derselben sei hier aufgegriffen: die konkreteste, der Grund. Die dogmatische Metaphysik unterscheidet *ratio cognoscendi* von *ratio essendi*.[20] Die Reflexion selbst unterscheidet sich nach Hegel[21] in diese beiden Bestimmungen von bestimmtem Grund: einerseits, als in den formellen Grund, anderseits als in den realen Grund. Dieser Unterschied wird dadurch aufgehoben, wenn dasselbe, was sich als *ratio cognoscendi* erweist, ebenso als *ratio essendi* vorhanden ist:[22] in den metaphysischen Beweisen des Daseins Gottes ist das Endliche Grund der Erkenntnis Gottes als des Realgrundes des Endlichen: weil das Endliche ist, ist das Unendliche, ebenso aber ist das Unendliche, weil das Endliche nicht ist. In diesem Sinne vertauschen sich *ratio essendi* und *ratio cognoscendi* an ihrem Inhalt. Sie als Entgegengesetzte scheinen ineinander. So kann Sichnegieren als „Scheinen im Entgegengesetzten" dargelegt werden; der Grund setzt sich sich entgegen und hebt den Gegensatz ebenso wieder auf.

---

[18] Wenn wir diese Negativität bestimmende oder sich negierende Negativität nennen, knüpfen wir hiermit an einen Ausdruck, den D. Henrich in einem unveröffentlichen Vortrag, *Die autonome Negation*, gebraucht hat, an.

[19] Identität bis Grund in der Logik des Wesens. Wobei allerdings zu beachten ist, daß der Grund die Wahrheit der Reflexionsbestimmung als „die Vermittlung des Wesens mit sich" ist.

[20] Unterscheidungen des Grundes implizieren mitunter ganze Systeme. Schopenhauer mit seiner „Vierfachen Wurzel" [*Über die vierfache Wurzel des Satzes vom zureichenden Grunde*] ist ein Beispiel für einen Abweg, in den Metaphysik geraten kann, wenn sie den Grund nur im Hinblick auf Erfahrung differenziert. Die Unterscheidung von *ratio essendi* und *ratio cognoscendi* impliziert bereits, wenn sie nicht systematisch wieder aufgehoben wird, einen sogenannten „erkenntnistheoretischen Realismus" — ein systematisches *nihil negativum*.

[21] In bezug auf den Grund in der *Wissenschaft der Logik* stellt dies eine Abbreviatur dar: Dort wird der absolute Grund vom bestimmten Grund, dessen Momente der formelle, der reale Grund und die Bedingung sind, unterschieden.

[22] Bemerkenswert, daß Aristoteles in seinen vier Prinzipien diese Unterscheidung nicht anführt. Dies kennzeichnet seinen „spekulativen Empirismus".

Weiters: Wenn die Reflexion der Reflexion, die Transcendentalphilosophie Kantens, die Reflexionsbestimmungen im weiteren Sinn, die Kategorien, als das Vermittelnde dem Unmittelbaren[23] gegenüberstellt, hat sie die eine Seite der Negativität der Reflexion zwar realisiert, indem es nicht ein sinnlich Unmittelbares ist, das gegen die Vermittlung festgehalten wird, die andere Seite aber, das Sichfortbestimmen der Reflexion, verfehlt, weil die in sich doppelte Negativität der Reflexion als das Sichbestimmen im Bestimmen des Unmittelbaren nicht zum Zuge kommt. Man kann nun sagen, das Festhalten des Unmittelbaren im bereits erwähnten Sinn (Ding an sich) sei der Grund, weshalb die eigentliche transcendentale Deduktion der Kategorie ausbleibt,[24] oder man kann behaupten, das Festhalten des Unmittelbaren sei in dem Umstand begründet, daß Kant kein Bewußtsein über die Methode der Transcendentalphilosophie gehabt hätte. Die Natur der Reflexion ist selbst der Grund.

Nicht die Kantische Unterscheidung, die Voraussetzung der transcendentalen Reflexion ist, die Unterscheidung von Verstand und Sinnlichkeit und, wenn auch nicht mit derselben identisch,[25] die von Apriorität und Aposteriorität, kann Hegel verwerfen (was in gewisser Weise eine Selbstaufgabe der Philosophie überhaupt bedeutete), aber als Voraussetzung ist sie nur die vorausgesetzte Natur der Reflexion selbst, die als „Scheinen in sich“ [Hegel, *Enzyklopädie*, § 112] sich von Erscheinung unterscheidet und in ihrer Wirklichkeit diesen Gegensatz der Reflexion selbst aufhebt. Dies ist der Widerspruch schlechthin, der im Sein nur daseiend war. Die Dialektik der Reflexion in bezug auf die transcendentalen Voraussetzungen ist die *Phänomenologie des Geistes*,[26] allerdings nur solange, solange nicht die Probleme der praktischen Philosophie dort zur Sprache kommen. An Kant aber zeigt sich, daß die Frage nach der Reflexion der Reflexion zusammenfällt mit der Darstellung der Reflexion selbst. Daß die Reflexion ihre Wahrheit im Selbstbewußtsein hat, ist dann dargestellt, wenn die Reflexion alle ihre Voraussetzungen, die ihre Natur betreffen, aufgehoben hat. Wenn wir uns nun aber fragen, ob der Unterschied von Nichtsein und Nicht-Sein eine Bedeutung hinsichtlich der Reflexionsproblematik hat, so wäre eine mögliche Antwort: es ist der Unterschied der Reflexion des Wesens von der Erscheinung desselben. Aber das hieße, die erstere nur als Möglichkeit der realen Reflexion auffassen, und wir landeten entweder beim

---

[23] Selbstverständlich hat das Unmittelbare bei Kant zwei Bedeutungen: a) Ding an sich, b) Erscheinung. Das Zweite schließt schon ein „Vermitteltsein“ durch die Formen der Anschauung ein. Aber im Hinblick auf die Spontaneität ist sie unmittelbar. Von diesem Problem sehen wir hier ab.

[24] Wenn nach Kant die Philosophie „Wissenschaft aus bloßen Begriffen“ wäre, wie kann sie dann die Möglichkeit der Erfahrung bedenken? Analytisch ist die *Kritik* nur in den „metaphysischen“ Deduktionen.

[25] Kant, *KdrV*, A 261, B 317.

[26] Vgl. Hegel, *Phänomenologie des Geistes*, ed. Hoffmeister, Hamburg 1959, S. 63ff.

„bloßen Begriff" oder bei einer Position, die genötigt ist, die reale Reflexion als „Zufall" anzusehen, weil die reale Möglichkeit, die das Nicht-Sein nicht schon ist, selbst die Notwendigkeit des Fortbestimmens der Reflexion ist.

c) Unser drittes und damit letztes Beispiel[27] für fundamentalphilosophische Probleme, deren Bewältigung nicht durch die „einfache Einsicht" geschieht, knüpft an ein Beispiel von Leibniz an:[28] Hätte ein Magnet Bewußtsein, so würde er seine Richtung nach Norden für eine Bestimmung seines Willens halten. (Beiläufig beimerkt, ergibt sich ein solcher Vergleich mit Notwendigkeit aus der Konzeption der Monadenlehre, die das „Zweite Labyrinth" nicht bezwingen kann.) Die Konsequenz daraus ist: Weil der Mensch Bewußtsein hat, so hält er seine Perzeptionen für frei. Die Irrealität des ersten Satzes beruht auf der Negation eines unendlichen Urteils, und die Konsequenz ist ein identisches Urteil, das ebenso richtig wie falsch ist.[29] Wird das Bewußtsein betont und von dem Fürwahrhalten abgesehen, ist es richtig, wenn auch noch immer „schief", liegt hingegen die Betonung auf dem Fürwahrhalten, dann ist es das Beispiel selbst für die Ignoranz gegenüber dem Freiheitsbegriff. Daß sie alsdann leider kein Scherz ist, wird noch immer allzu oft bewiesen.

> „Hätte der Mensch kein Bewußtsein, so könnte er sich nicht für frei halten. Aber frei ist er so und so nicht, denn sein Bewußtsein täuscht ihn."

An diesem Beispiel wollen wir nun die Dialektik der Freiheit entwickeln. Das Beispiel impliziert: Das Bewußtsein ist das Verkehren der ansichseienden Notwendigkeit in Freiheit für das Bewußtsein. Das Bewußtsein ist Bewußtsein der Notwendigkeit, aber als Notwendigkeit ist die Notwendigkeit nicht bewußt. Das Bewußtsein ist so der Spiegel, der die Notwendigkeit zur Freiheit verkehrt,[30] denn in der Realdefinition der Monade ist schon alle Zukunft vergangen. Aber dieses Verkehren der Notwendigkeit in Freiheit ist ebenso das Verkehren der Freiheit in Notwendigkeit, das Verkehren des Verkehrens. Die zweite übersinnliche Welt, die verkehrte Welt[31] ist das Bewußtsein selbst oder das Selbstbewußtsein. Denn das Bewußtsein des Verkehrens, das jenes Beispiel bringt, ist schon ein Gegensetzen von Freiheit und Notwendigkeit im Bewußtsein. In ihm, das nur das einfache Verkehren sein sollte, wird die Freiheit

---

[27] Nur eine vollständige Logikinterpretation könnte sich anheischig machen, alle fundamentalphilosophischen Probleme in ihr als gelöst anzusehen. Wir haben jedoch von einigen, z.B. dem ontotheologischen Problem abgesehen, welches eine geforderte Logikinterpretation nicht übersehen darf.

[28] Hegel, *Logik* I, S. 123.

[29] Hegel unterscheidet das positiv-unendliche vom negativ-unendlichen Urteil [*Logik* II, S. 284] und erweist ihre Identität (A = A und E = E).

[30] Verkehren kann hier einen doppelten Sinn haben: a) das Bewußtsein täuscht sich und b) es hebt die Notwendigkeit auf. Solange b) allerdings nicht weiß, daß auch die Differenz von Freiheit und Notwendigkeit für das Bewußtsein ist, ist es durch nichts von a) unterschieden.

[31] Hegel, *Phänomenologie des Geistes*, S. 121ff., aber in einem anderen Zusammenhang.

gewußt, im Unterschied zur gewußten Notwendigkeit, welche der Spiegel sein sollte. Somit ergibt sich: Freiheit ist das Aufheben der Notwendigkeit. Zweitens: Freiheit tritt in den Gegensatz zur Notwendigkeit, und drittens: Freiheit ist ihre eigene Notwendigkeit.

So ist die Dialektik der Freiheit zunächst die gleiche wie die der Reflexion: aufheben aller unmittelbaren Bestimmtheit ebenso wie Sichbestimmen der Aufhebung durch sich selbst.

Die Behauptung, Freiheit ist nur für das Bewußtsein, hat sich dadurch aufgehoben, daß dieser Satz den weiteren impliziert: es ist ebenso für das Bewußtsein, daß Freiheit nur für das Bewußtsein ist. Indem aber damit nicht nur das Bewußtsein der Freiheit, sondern ebenso das der Notwendigkeit gesetzt ist, scheinen zunächst beide ineinander: beide sind im Gegensatz und beziehen sich negativ aufeinander. Damit ist aber auch das Bewußtsein, als das, für das die Freiheit ist, verschwunden, und die Dialektik der Freiheit als solche zu betrachten. Denn war zuerst Notwendigkeit durch das Bewußtsein in Freiheit verkehrt, verkehrte sich dann das Verkehren, und beide, Freiheit und Notwendigkeit, traten in den Widerspruch ein, der nun nicht mehr „nur" irgendwo sein kann, sondern, indem er für uns ist, ebenso an und für sich sein muß, so daß es das Bewußtsein selbst ist, in jenen Widerspruch zu treten, der ebenso der Widerspruch der Notwendigkeit ist.[32]

Aus dem Vorhergehenden ergibt sich Folgendes: Die Freiheit ist nicht das Andere der Notwendigkeit, so daß diese in sie übergegangen wäre, nicht die bestimmte Negation derselben, womit sie der Notwendigkeit einfach gegenüberstünde.

Aber Freiheit ist auch nicht das Scheinen in der Notwendigkeit als in ihrem Entgegengesetzten oder Negation, die sich negiert, indem sie Unmittelbarkeit negiert. Denn die Notwendigkeit ist keine vorausgesetzte Unmittelbarkeit, sondern selbst objektive Reflexion, somit ebenso Reflexion wie Übergehen in anderes.[33] Wäre die Freiheit ein Scheinen in dem Entgegengesetzten, so wäre die Aufhebung der Notwendigkeit ein Erklären der Notwendigkeit aus der Freiheit und die Konsequenz daraus ein *analogon rationis*,[34] das vorgibt, an der Vernunft in der Natur interessiert zu sein, in Wirklichkeit aber die völlige Gleichgültigkeit gegen die Vernunft ist. Die Freiheit negiert mit der Notwendigkeit keine Unmittelbarkeit, sowenig sie unmittelbar sich selbst negiert. Und doch negiert Freiheit Notwendigkeit und negiert sich selbst. Dies ist aber nicht das Scheinen

[32] Die Notwendigkeit der Freiheit ist das Auseinanderlegen ihrer Momente. Siehe Hegel, *Rechtsphilosophie*, §§ 5-7.

[33] Expliziert als „absolutes Verhältnis", *Logik* II, S. 184.

[34] In unserem Jahrhundert soll die Physik schon solch waghalsig fortschrittliche Versuche unternommen haben.

der Notwendigkeit in der Freiheit, sowenig die Freiheit in der Notwendigkeit scheint, sondern es ist der Freiheit eigene Notwendigkeit, deren Darstellung sowohl die Dialektik des schlechthin Unmittelbaren, wie die der reinen Vermittlung mit sich hinter sich läßt.

Freiheit ist zunächst Indeterminiertheit, womit sie Notwendigkeit überhaupt negiert, zunächst die der Kausalität, der äußeren Notwendigkeit. Aber nicht nur diese äußere Notwendigkeit, sondern ebenso die der Wesensverwirklichung,[35] wie sie sich an dem Beispiel Leibnizens zeigt, wird negiert. Jegliche objektive Reflexion wird durch sie negiert.[36] Als Negation der Notwendigkeit überhaupt ist sie selbst Notwendigkeit, aber aufgehobene Notwendigkeit, das Wesen der Freiheit oder ihre Natur, ihre eigene Notwendigkeit.

Damit aber ist die Freiheit nicht nur Negation der Notwendigkeit, sondern bestimmt, als im Gegensatz zu derselben zu stehen, das Scheinen von Notwendigkeit und Freiheit ineinander. Aber die Notwendigkeit, die die Freiheit ist, ihre Natur, ist es, die Notwendigkeit absolut zu negieren, damit ebenso den Gegensatz zu derselben aufzuheben. Ihre eigene Notwendigkeit ist nicht aus dem Gegensatz zu der Notwendigkeit, die sie negiert, zu begreifen.

Die absolute Gleichgültigkeit gegen jede Seins- und Wesensbestimmung ist damit nicht Negation derselben, sondern die reine sich auf sich beziehende Negativität, die nun nicht mehr ein Unmittelbares bestimmt, indem sie sich bestimmt, sondern das reine Sich-aus-sich-Bestimmen. Damit ist zugleich die Indeterminiertheit, die als Freiheit ausgegeben wurde, positiv bestimmt. Sie ist nur die Negation der Notwendigkeit, indem sie sich bestimmt oder negiert. Das Sichbestimmen ist die absolute Wahrheit der Notwendigkeit und damit das Setzen der Notwendigkeit.

Das Setzen der Notwendigkeit ist das Sichentgegensetzen der Freiheit selbst gegen diese. Indem aber die Freiheit sich selbst bestimmt, hebt sie ebenso die Notwendigkeit wieder, als im Gegensatz zu ihr stehend, auf. Alles Notwendige ist der Freiheit bloße Möglichkeit, das erste Moment, die Indeterminiertheit. Indem aber die Freiheit selbst in jenem ersten Moment sich negiert, indem sie sich bestimmt und so ihre eigene Notwendigkeit realisiert, setzt sie das, was sie zuvor zur Möglichkeit degradiert hatte, als Wirklichkeit sich entgegen. Aber als das sich Sichentgegensetzen und Setzen des Wirklichen ist sie ebenso das Rückkehren zu sich, als Aufheben des Gegensatzes, Reflexion der Bestimmtheit in die reine Indeterminiertheit.

Die reine Indeterminiertheit, das reine Sichaufsichbeziehen (Ich = Ich) oder die absolute Abstraktion ist ebenso absolute Bestimmung, indem sie nicht einmal Nichts voraussetzt. (Die Welt ist erst die meinige, indem ich mich weiß und

---

[35] Meint nicht die Dialektik der Reflexion, sondern die Manifestation der Substanz.

[36] Nicht die absolute Notwendigkeit, denn diese expliziert ist die Freiheit.

damit weiß, daß sie absolut durch mich bestimmt ist.) Der Unterschied dieser reinen Insichreflektiertheit von der Reflexion ins Entgegengesetzte ist eben angegeben worden, aber wie kommt die Indeterminiertheit dazu, aus sich herauszutreten? Oder anders formuliert, wie kommt sie dazu, in Bestimmtheit überzugehen? Denn Freiheit können wir gar nicht nur negativ denken, oder die Voraussetzung, daß wir sie negativ denken können, ist immer schon die, daß wir sie positiv gedacht haben, als Sichbestimmen denken. Während das Sein im Werden, das Dasein in der Bewegung reflexionslos verschwindet, ist die Reflexion die Aufhebung der Unmittelbarkeit, die sich ebenso selbst aufhebt, indem sie das Bestimmen des Unmittelbaren ist.

Aber die reine Freiheit ist weder ein Übergehen in anderes, weil sie an sich selbst einen Mangel hätte, noch ist sie Bestimmen, das sich in sich und in das Unmittelbare entzweit. Womit wir sie weder im Sinne der bestimmten Negation, noch im Sinne der sich bestimmenden Negation denken können.

Wenn wir nun sagen: grundlos schreitet die Unbestimmtheit hier zur Bestimmung fort, so meinen wir: eben weil die reine Freiheit nicht die Unbestimmtheit ist, die als Unbestimmtheit bestimmt ist, ist ihr Fortschreiten nicht im Sinne der bestimmten Negation zu verstehen. Eben weil sie der Grund jener ersten Unmittelbarkeit ist, kann ihre Bewegung nicht von derselben her begriffen werden. Genauso verhält es sich mit der Applikation der Dialektik der Reflexion: die Freiheit kann nicht als Sichbestimmen im Bestimmen des Vorausgesetzten gefaßt werden, sie ist schlechthin voraussetzungslos. Wir sagten schon, daß Freiheit zunächst sich nur in zwei Momenten denken läßt:
a) als die reine Indeterminiertheit,
b) als die Determination, Besonderung derselben. Aber bereits in der positiven Wendung Sichbestimmen liegt enthalten: das Reflektieren der Bestimmtheit in die Unbestimmtheit, womit wir dann die Freiheit erst im dritten Moment als realisiert gedacht haben, das
c) die Reflexion der Bestimmtheit in sich ist.

Wir haben hier zu unterscheiden:
a) die bestimmte Negation als Voraussetzung dafür, daß Bewegung gedacht werden kann,
b) die sich negierende Negation als das Wesen der Reflexion oder der Reflexion des Wesens und
c) Negativität, die, sich negierend, bei sich bleibt als das Wesen der Freiheit. Daß kein Grund in ihrem ersten Moment zu finden war, eben dieses Moment zu verlassen, erhellt sich dadurch, daß die Freiheit als Reflexion in sich nicht eines ihrer Momente verläßt. Demgemäß hat auch der Begriff „Moment“ seine Bedeutung gewandelt.

Die Freiheit in ihrem ersten Moment[37] (in bezug auf den als Begriff existierenden Begriff gedacht) ist das Herabsetzen alles Objektiven zu einem bloß Möglichen,[38] dessen reale Notwendigkeit der Begriff als Zweck ist, indem die Freiheit selbst als Zweck da ist.

Die Freiheit ist es aber ebenso, sich zu besondern. D.h. es gibt keinen Grund, der nicht sie selbst wäre, sich zu bestimmen. (Wobei wir selbstverständlich auch die bestimmte Negation meinen.) Das reine Sichaufsichbeziehen geht aus sich (nicht durch ein anderes vermittelt) zur Besonderheit fort. Die Freiheit ist es aber ebenso, nicht in die Besonderheit fortzugehen, sondern dieselbe als Moment zu setzen, mithin in die erste Einheit zu reflektieren, die als nunmehr konkrete, Einzelheit ist.[39]

Die Frage des Inhaltes der Besonderung beantwortet sich in bezug auf den als Begriff existierenden Begriff disjunktiv: in der Besonderung tritt nämlich nicht nur Besonderes Besonderem entgegen, sondern dies nur insofern, als das Allgemeine sich entgegentritt, mithin dem Besonderen entgegentritt. Der Inhalt kann die Verwirklichung der Freiheit ebenso wie das durch die Freiheit zum Möglichen gewordene Wirkliche sein. Die Freiheit ist so der Grund ihrer selbst (Autonomie), wie ihres Verfehlens (Heteronomie).[40] Die Dialektik aber, die der Freiheit eigene genannt werden muß, soferne Freiheit gedacht werden muß (daß sie gedacht werden muß, haben wir an dem Beispiel von Leibniz zu zeigen versucht), ist die:[41]

Reine Allgemeinheit, die in ihrem Sichaufsichbeziehen alle Wirklichkeit negiert, ist ebenso Negation ihrer selbst, Diremption oder Besonderung, als sie sich in ihrer doppelten Negativität zugleich auf sich bezieht, damit aber ihre Entzweiung ebenso wieder negiert. Im letzten Moment tritt ein Gegensatz auf: die reine Selbstbeziehung tritt in den Gegensatz zu der Beziehung ihres Negativen auf sich, der Gegensatz von Allgemeinheit und Einzelheit. Hegel nennt die Entwicklung, wie wir sie nun dargestellt haben, „Sichkontinuieren des Allgemeinen in das Einzelne" [vgl. Hegel, z.B. *Enzyklopädie*, § 240], welches aber nicht gedacht ist, ohne daß das Einzelne in den Gegensatz zu seiner reinen Vermitt-

---

[37] Daß der Begriff „Moment" ebenso wie die Dialektik sich im Verlauf der *Logik* weiterbestimmt, wäre extra zu zeigen.

[38] Hegel, *Rechtsphilosophie*, § 13 Anm. (Bei Fichte auch der „Realismus" im Praktischen).

[39] Z. B. ist die Identität als solche schon der Unterschied, aber die Allgemeinheit ist erst in ihrer Dirimierung Besonderheit, ebenso realisiert sich die Allgemeinheit erst in ihrer Negation.

[40] Die Heteronomie im Gegensatz zur Autonomie, der nach Kant eigentlichen Freiheit, ist Unfreiheit aus Freiheit.

[41] Im reinen Begriff fällt dies zusammen, was im Hinblick auf den existierenden Begriff unterschieden werden muß. Dennoch wird dieser Unterschied auch in der *Logik* gemacht, wenn die unmittelbare Idee von der subjektiven Idee unterschieden wird.

lung tritt,[42] indem er selbst die Vermittlung desselben mit sich bedeutet. Indem das Einzelne (die konkretisierte Freiheit) dasselbe ist, was die Freiheit als reine Negativität ist, sind beide ebenso im Prozeß der Vermittlung entgegengesetzt.

Erst indem Allgemeinheit, Besonderheit und Einzelheit sich untereinander wechselseitig negieren (eine in sich dreifache Negativität) und damit sich nur ein Prozeß der Realisierung zeigt, ist das Sichkontinuieren so gedacht, daß Praxis gedacht werden kann. Diese in sich dreifache Negativität soll sich ebenso wie die bereits erwähnten anderen „Arten" der Negativität in der *Logik* Hegels finden lassen.

2.1. Bestimmte Negation und Widerspruch in der Seinslogik[43]

Dem Sein, das als das „unbestimmte, einfache Unmittelbare" (*Enzyklopädie*, § 86) den Anfang macht, kann man den Vorwurf machen, es sei nicht voraussetzungslos, weil *via negationis* gewonnen. Aber dies „leere Anschauen, leere Denken" [vgl. Hegel, *Logik* I, Frankfurt/Main 1986, S. 82f.] ist im Elemente des absoluten Wissens das, was in der *Phänomenologie des Geistes* die sinnliche Gewißheit ist, das vermeintlich konkrete, in Wahrheit aber abstrakteste Wissen. Will man nun aber (berechtigterweise) diesen Anfang nicht als einen durch die *Phänomenologie des Geistes* vermittelten ansehen, indem man argumentiert, die Logik als 1. Philosophie muß ihren Anfang aus sich begründen können, so bleibt der Vorwurf der *viae negationis* erhalten. Es scheint nämlich, wenn das reine Sein durch Negation aller Vermitteltheit entstanden ist, das zweite Moment, das Nichts, damit tautologisch zu erfolgen. Auch Hegels Hinweis, das analytische Moment der Methode sei es, daß das Nichts aus dem Sein unmittelbar erfolge, das synthetische Moment aber das Gesetztsein der weiteren Bestimmtheit, wird kaum den Vorwurf aufheben, der eben darinnen wiederum nur die Natur der Analysis sieht. Somit wären wir auf die Frage zurückgeworfen, inwiefern es überhaupt ein Fortschreiten in der Seinslogik gibt.

Das Unmittelbare, das das Sein ist, ist zunächst als die Negation aller Vermittlung dem Vermittelten entgegengesetzt. Aber dem Vermittelten setzen wir es entgegen, indem wir sagen, was das Sein ist. Das Sein als die aufgehobene Vermittlung steht nicht aus sich selbst im Gegensatz zur Vermitteltheit. Ebensowenig können wir sagen, daß das Sein die aufgehobene Vermittlung ist, denn es soll ja ganz und gar nicht Resultat der Vermittlung, also auch nicht das Aufgehobensein derselben bedeuten, sondern erst im weiteren Fortgang sich als

---

[42] Der Gegensatz der Insichreflektiertheit zu ihrer Vermittlung ist nicht mehr der von Reflexion und Erscheinung.

[43] Wenn wir hier argumentierend Teile der *Logik* nachvollziehen, ist es uns nicht möglich — wir müßten es fast bei jedem Satz tun —, auf die entsprechenden Stellen der *Logik* hinzuweisen. Es sind daher nur ausdrückliche Zitate hervorgehoben.

solches erweisen. Somit fragt es sich, wenn das Sein *via negationis* gewonnen ist, was es überhaupt negiert.

> „Es ist frei von der Bestimmtheit gegen das Wesen, so wie noch von jeder, die es innerhalb seiner selbst erhalten kann." [Hegel, *Logik* I, Frankfurt/Main 1986, S. 82]

Es ist somit weder gegen das Wesen noch durch das Wesen, noch gegen die Vermitteltheit seiner selbst, noch als Negation seiner Vermitteltheit und schon gar nicht als Negation der reinen Vermittlung anzusehen. Somit ist es nicht *via negationis* von irgendetwas gewonnen, sondern nur die *via negationis* selbst, die nichts negiert. Indem es die unmittelbare Negation ist, von der man nicht sagen kann, was sie eigentlich negiert, mithin nichts negiert, ist sie nicht einmal Negation, sondern Unmittelbarkeit, die unmittelbar Nichts ist. Selbstverständlich denken wir sie als Negation aller Vermittlung und Vermitteltheit, aber indem wir nicht sagen können, welche Vermittlung oder Vermitteltheit wir damit meinen, denken wir nur die Unmittelbarkeit selbst und als solche denken wir sie als Nichts. Indem wir es als Negation aller Vermitteltheit denken, denken wir Unmittelbarkeit, indem wir es aber nicht einmal als Negation aller Vermitteltheit denken können, denken wir nichts. *Via negationis* hebt sich damit als Einwand auf, weil der Weg unbekannt bleibt, sowie man nicht weiß, was man negiert.

Einfachheit bedeutet, daß nichts in ihm unterschieden werden kann, und fast dasselbe wie Unmittelbarkeit, aber nun in bezug auf das Wissen. Das Wissen dessen, was das Sein ist, ist gar nicht unterscheidbar von dem, was das Sein an ihm selbst ist, denn ich kann an ihm gar nichts entgegensetzen, unterscheiden oder begründen. Einfachheit hat hier ebenso den Sinn der Gleichheit mit sich. Es läßt sich ebensowenig das hier Einfache einem bestimmten Konkreten entgegensetzen oder gar nur entgegenstellen, sondern nur der Konkretheit überhaupt. Aber was ist Konkretheit überhaupt anderes als die Einfachheit selbst? Was ist die Unmittelbarkeit anderes als nur die Vermitteltheit überhaupt? Genauso verhält es sich mit dem weiteren Prädikat des Seins, der Unbestimmtheit. Es gibt kein Bestimmtes, dem man die Unbestimmtheit entgegenstellen kann. Denn die Bestimmtheit überhaupt ist nichts anderes als die Unbestimmtheit selbst.

Wenn wir nun sagen, es ist die Reflexion, die sich vom Sein getrennt hat, indem ja gesagt wird, was das Sein ist, mithin ein Bestimmen desselben die Voraussetzung für einen weiteren Fortschritt ist, so hat sich eben darin die Reflexion aufgehoben, denn sie unterscheidet am Sein gar nichts. Sie hält etwas fest, das sich nicht festhalten läßt, mithin ist sie nur ihre Aufhebung selbst. Es wird ein Unmittelbares gesagt, aber nicht einmal von Nichts unterschieden, es wird ein Unbestimmtes entgegengesetzt, ohne irgendetwas entgegengesetzt zu sein, das Einfache überhaupt behauptet, ohne ein anderes Einfaches zu kennen. Reflexion ist aber nur bestimmend, indem sie irgendetwas voraussetzt. Es wird aber nichts vorausgesetzt. Ebensowenig ist das Sein ein Gesetztsein, nur reine Unmittelbarkeit schlechthin. „Gleichheit mit sich" [Hegel, *Logik* I, Frankfurt/Main 1986, S.

83] bringt zum Ausdruck, daß die Reflexion sich vernichtet hat, denn es wird damit nichts sich gleichgesetzt, wenn kein Ungleiches vorhanden ist. Wird das Sein etwa von Nichts unterschieden? Was ist es anderes als Nichts selbst, das Sein von Nichts unterscheidet? Ein Unterschied aber durch Nichts ist kein Unterschied, ebenso wie Gleichheit mit sich ebenso die Ungleichheit mit sich ist. Jede Reflexionsbestimmung ist somit am Sein absolut aufgehoben. Wenn daher gesagt wird, *via negationis* hätte den Sinn, daß vom Wesen oder der Reflexion abgesehen wurde, so kann damit nur zum Ausdruck gebracht werden, daß jenes oder jene dieses Aufheben selbst vollbracht hat. Ebenso hat sie es aber nicht vollbracht, denn sie hat am Sein sich nicht entgegengesetzt, sondern nur unmittelbar negiert, was ihrer Natur nicht entspricht. Aufgehobensein des Wesens hat somit keinerlei positive Bedeutung, wenn nicht am Sein selbst ein Gegensatz zu sich auftritt. So lange am Sein nichts unterschieden ist, ist der Unterschied nur unmittelbar, mithin kein Unterschied und keine Reflexion, vorhanden.

Das Sein wurde durch nichts bestimmt als durch Bestimmungen, die der Reflexion anzugehören scheinen, aber nur das Aufgehobensein derselben bedeuten, wodurch eben das Sein kein Gesetztsein bedeutet. Ein Gesetztsein, das nicht ebenso ein Entgegengesetztsein bedeutet, ist nämlich kein Gesetztsein. Absolutes Gesetztsein ist kein Gesetztsein. Indem nichts von ihm Unterschiedenes, nichts in ihm Verschiedenes da ist, demgegenüber oder durch das es bestimmt werden kann, ist es das Nichts selbst, das ursprüngliche Nichts wie es scheint, das *nihil negativum*, das unmittelbar Sichwidersprechende. Aber als *nihil negativum* kann es nur bezeichnet werden, wenn man das Nichts schon unterschieden hätte. Es ist klar, daß das hier intendierte Nichts nicht *ens rationis* im Sinne der transcendentalen Abstraktion ist, weil es hier keinen Unterschied von Begriff und Objektivität geben kann. Es ist kein *ens privationis*, weil es auch als solches nicht die Möglichkeit ist, Bestimmtes zu sein, kein *ens imaginarium*, indem in es nichts eingebildet werden kann. *Nihil negativum* insoferne, als es die Möglichkeit ist, die der Unmöglichkeit gleich ist. Wir müssen es demnach noch ursprünglicher gedacht wissen, als jede in der bisherigen Tradition gegebene Differenzierung des Nichts eine solche Ursprünglichkeit erlaubte. Indem es das Sein selbst ist und ebenso dieses nicht ist, ist es als das Ursprünglichste gefaßt.

Alle Bestimmungsversuche des Seins sagen nichts Weiteres aus, als daß es das Nichts ist. Es ist als Nichts bestimmt, indem es gegen nichts bestimmt ist. Die Unbestimmtheit des Seins ist seine Bestimmung: Bestimmung, die nicht Reflexionsbestimmung ist. Diese Unbestimmtheit ist das Nichts, ohne Bestimmbarkeit zu sein. Das Sein ist somit unmittelbar als Nichts bestimmt. Unmittelbar hat eben hier die Bedeutung, daß es eine Weise der Bestimmung geben muß, die nicht Reflexionsbestimmung ist. Die Reflexion wollte das Sein vom Nichts unterscheiden, sie unterschied es durch nichts, mithin unterschied sie es nicht. Die Reflexion kann nun aber sagen, Sein und Nichts sind dasselbe, indem die unmittelbare Bestimmtheit des Seins ein von ihm selbst Unterschiedenes ist. Sie erleidet aber damit folgendes: unterschied sie Sein und Nichts, behauptete sie ihre Selbigkeit, behauptete sie ihre Selbigkeit, unterschied sie beide. Indem das Sein aber unmittelbar als Nichts bestimmt ist und die Reflexion ihre Nichtigkeit am Sein bewiesen hatte, wird auch der Unterschied des Seins und Nichts nicht durch sie gesetzt. Ein unmittelbares Unterscheiden nämlich ist kein Unterscheiden, sondern ein Übergehen des Einen in das Andere. Es ist ein Festhalten des Bestimmten gegen die Unmittelbarkeit, das sofort wieder vom Festhalten abläßt, weil das Bestimmte nicht gegen das Unmittelbare festgehalten werden kann. Das ist nun der Widerspruch, den Hegel den daseienden Widerspruch nennt. Er ist ebenso das, was bestimmte Negation genannt wird, denn das Unmittelbare, das als solches zugleich bestimmt ist, ist im Bestimmtsein seiner unmittelbar seine Negation und umgekehrt. Es ist das Verschwinden des Seins im Nichts ebenso wie das Entgegensein beider als Momente und die Bewegung selbst, die das unmittelbare Bestimmen ist, das reine Werden oder das, was Zenon beispielsweise als Natur der Bewegung, wenn auch nur aporetisch darlegte. Die Reflexion begann zu sagen, was das Sein, das den Anfang macht, ist. Indem es am Sein nichts zu bestimmen gab, was es nicht schon an sich war, hat die Reflexion sich aufgehoben, weil es nicht möglich war, einen Unterschied an ihm zu finden. Als somit nur die Selbigkeit des Seins mit dem Nichts ausgesagt wurde, wurde nur die leere Unterschiedenheit festgestellt. Leerer Unterschied, bloße Selbigkeit sind so selbst dasselbe wie nicht dasselbe: festhalten, das sich wieder aufhebt, ist das, wodurch das Übergehen als unmittelbares Bestimmen bestimmt werden kann, es ist somit nichts anderes als das Werden selbst. Das gegen das Werden festgehaltene Sein, indem es unmittelbar ebenso von sich als seinem Vermitteltsein unterschieden ist, ist das Sein, das als Negation der Vermittlung, die unmittelbar war, vermittelt ist: das Dasein, das nun von seinem Nichtsein durch die erste Synthesis unterscheidbar ist. An ihm vollzieht sich aber auch der Prozeß des Werdens, der sich aber zugleich weiter bestimmt als Veränderung, Zu- und Abnahme usf.

Nochmals zur *via negationis*:

Wird sie als Vorwurf gegen den Anfang verwendet, so kann sie nur zweierlei bedeuten:

a) vortranscendentalphilosophisch ein Sichverhalten der Reflexion zu gegebenem Insichreflektierten, das sie in Momente auflöst, die nur ein Füruns bedeuten können, den formallogischen Seinsbegriff, die Erschöpfung der äußeren Negation. Hier kann man sich mit Recht aber auf die *Phänomenologie des Geistes* berufen, die gezeigt hat, daß eine solche äußere Reflexion, als absolute Reflexion verstanden, sich an der sinnlichen Gewißheit schon *ad absurdum* führt,

b) die Abstraktion transcendentalphilosophisch verstanden: der bloße Begriff, der ohne seine Realisierung in der Anschauung leer ist (die Kategorie), indem aber dieser bloße Begriff nicht nur einer ist, sondern in eine Anzahl von bloßen Begriffen zerfällt und zerfallen muß. Soll in diesem Sinne Gegenstandskonstitution möglich sein, hat er an sich selbst die Verschiedenheit und damit die Bestimmtheit. Der in diesem Sinn als leer verstandene Begriff ist als Form ebenso sein Inhalt. Er hat den Inhalt schlechthin an sich und ist so als Wahrheit des bloßen Begriffes zunächst eben das reine Sein.

Wird aber die Negation in dem Sinne verstanden, der sich ergibt, wenn auf den weiteren Verlauf der *Logik* geachtet wird, läßt sich nicht sagen, welche Bestimmtheit mit dem Anfang negiert ist. Es bleibt hiermit nur die reine Negation übrig, die nicht einmal Nichts negiert, sondern als solche unmittelbare Bestimmtheit ist. Negation ist richtig, aber es gibt keinen Weg derselben, den sie sich voraussetzte und sie selbst ist erst Weg, indem sie unmittelbar sich als Weg erweist.

Indem das, was Hegel in der *Logik* als die reine Bewegung dargestellt hat, sich ebenso in der Erscheinung des Geistes zeigen muß, so läßt sich die sinnliche Gewißheit der *Phänomenologie* selbst als Beispiel darstellen. So lange das Bewußtsein nur das Aufzeigen des Hier ist, ist es in jener Bewegung befangen, die die abstrakte Vermittlung des Übergehens ist. Erst, indem sie das Hier und das Diese als ein Allgemeines, Ding oder Kraft, faßt, und dem Hier, das übergeht in ein anderes Hier, entgegenstellt, hat es sich aus der unmittelbaren Bewegung seiner zurückgezogen und damit sich als Reflexion realisiert. Daß sich die Explikation des Anfangsproblems mit der abstrakten Tätigkeit des Bewußtseins, die im Aufgeben der Tätigkeit seiner besteht, getroffen hat, ist nur jener Zufall, der in der Notwendigkeit jenes Systems liegt, das die logische Wissenschaft zu ihrer Mitte hat.

Welche Bedeutung hat nun diese Explikation für die Methodenfrage: Das Sein als einfache Negation von Vermitteltheit und Bestimmtheit ist nicht bestimmt gegen diese, sondern nur insoferne gegen diese, als es sich gegen sich bestimmt. Dieses Bestimmen und Vermitteln des Seins ist Werden oder Übergehen, die reine Bewegung, die die Zenonischen Aporien aufgelöst hat. Das Unmittelbare ist das Erste. Daß es als das Unmittelbare vermittelt ist, ist das Zweite. Das Dritte ist es, daß der damit ausgesprochene Widerspruch ein unmittelbares Aufheben von unbestimmtem und vermitteltem Sein ist. Die Reflexion ist in diesem Übergehen aufgehoben und das Fortbestimmen keine Bewegung der Reflexion. Bestimmte Negation hat also in der Seinslogik den Sinn, nicht, daß ein beliebiges Unmittelbares, das nur für uns ein solches wäre, einfach negiert würde, woraus sich eine weitere Bestimmung ergäbe, die man dem Unmittelbaren entgegenstellen könnte, was das Wesen einer konstruierenden Dialektik wäre, sondern daß die Unmittelbarkeit des Denkens selbst es ist, als Unmittelbarkeit bestimmt zu sein und damit als Unmittelbarkeit sich entgegentritt, wobei das, was sich gegenübersteht, ebenso ineinander übergeht, indem jedes, was negiert wird, durch ein anderes ebenso das Andere ist, wie es das Andere nicht ist. Die bestimmte Negation in diesem Sinne widerlegt ein Auffassen ihrer, das darin besteht, ein beliebiges Etwas negieren zu können, um einen scheinbar dialektischen Fortschritt zu erreichen. Ohne die Unmittelbarkeit des Denkens gibt es daher auch nicht eine Bestimmtheit, die im Sinne der bestimmten Negation verstanden werden könnte.

Im Folgenden werden wir zu beweisen haben, daß auch diese erste Form der Dialektik unzureichend ist, Wesen und Begriff zu fassen, wie wir nun bereits glauben gezeigt zu haben, daß selbst am Sein die gewöhnliche Vorstellung von der bestimmten Negation nicht zutrifft.

2.2. Bestimmte Negation und Widerspruch in der Wesenslogik

Am Anfang der Wesenslogik wird der Fortschritt des Seins als Weg der „Erinnerung“ (Anamnesis), in dem das Wesen erreicht wird, bezeichnet und darauf hingewiesen, daß das, was unsere Tätigkeit des Erkennens zu sein scheint (was es wäre, wenn die bestimmte Negation anwendbar wäre), die „Bewegung des Seins“ [Hegel, *Logik* II, Frankfurt/Main 1986, S. 13] selbst ist, dadurch, daß es „durch seine Natur sich erinnert“ [Ebd.]. Der Weg der Erinnerung des Seins ist zugleich das Sichaufheben jener Weise der Methode, die sich uns als „Übergehen“ dargestellt hat.

Indem das Sein nunmehr Wesen ist (den Übergang vom Sein zum Wesen und die Frage, ob der Übergang Übergehen oder schon die Methode der Wesenslogik ist, können wir hier nicht behandeln), kann bei jener Form der Fortbestimmung, die sich am Sein gezeigt hat, nicht stehengeblieben werden. Obwohl das Sein sich zum Wesen erinnert hat, ist die Erinnerung selbst ein neuer Anfang, weshalb auch Hegel sogleich noch einmal auf dieses Thema des Anfangs zurückkommt, von dem es scheint, daß es bereits erledigt worden sei.

> „Es drängt sich unmittelbar die Reflexion auf, daß dieses *reine Sein*, die *Negation* alles Endlichen, eine *Erinnerung* und Bewegung voraussetzt, welche das unmittelbare Dasein zum reinen Sein gereinigt hat.“ (*Logik* II, S. 3)

Aber dieses reine Sein, das gereinigt wurde, ist nicht das Sein, das den Anfang macht, sondern schon das Wesen. Oder daß das Sein rein ist, dies ist das Wesen selbst. Die Abstraktion, als deren Produkt das reine Sein angesehen wird, ist „*äußerliche* Negation“ [Ebd. S. 14] und das Wesen demnach ein nur für ein Anderes Seiendes. Nur dadurch, daß das Sein am Anfang eine Bewegung vollzieht, die sich durch die ansichseiende Negativität des Anfangs ergibt, und das Sein selbst seinen Bestimmungen entgegentritt, wodurch es sich als Negativität gesetzt hat, ist das Sein, welches das Wesen ist, erreicht. Das Sein ist somit nicht durch die äußere Negation alles Daseienden, sondern durch eine Bewegung erreicht, die das Sein sich erst zum Dasein bestimmen läßt sowie an ihrem Ende die Differenz zu ihm herstellt. Erst, wenn sich eine solche Bewegung vollzogen hat, kann die damit intendierte „ontologische Differenz“ nicht mit der äußeren Negation verwechselt werden. Wenn das Sein nicht diese äußere Negation alles Daseienden sein kann, so muß es an ihm selbst die Negativität, die es in bezug auf dasselbe sein soll, realisieren, und zwar unmittelbar durch sich selbst. Der Weg des Seins ist als jene Erinnerung anzusehen, wodurch das Sein nicht mehr nur Sein, sondern in seiner Realisiertheit Wesen ist. Die Abstraktion, durch welche das Sein zustandegekommen sein sollte (*via negationis*), ist das Wesen selbst als Negativität. Vermeint man noch immer, daß das Sein im Sinne der herkömmlichen Abstraktionstheorie resultierte, dann wird sich bei der Betrachtung des Wesens zeigen, daß die Natur der Reflexion nicht diese Äußerlichkeit des Verstandes zuläßt. „Die *äußerliche* Negation, welche Abstraktion ist“ [Ebd.], kommt nicht zum Wesen, sondern nur zu jener Negativität, die wesensfremd ist. Das reine Sein des Anfangs war ein solches wesensfremdes, das aber an ihm selbst, an seiner Bewegung gezeigt hat, daß es dieses nicht sein kann. War die erste Bewegung schon ein Aufzeigen, daß die äußerliche Abstraktion nicht stattfand, so ist es die Bewegung der Reflexion selbst, die das äußerlich Negative aufhebt. Die reine Negativität, die das Sein am Anfang war, von der man nicht sagen konnte, wovon sie ein Abstraktum sein hätte sollen, ist, indem sie zu sich zurückgekehrt ist: sich auf sich „beziehende Negativität“. Auch die äußere Abstraktion kehrt zu sich zurück, indem ihr letztes Resultat nur ihre eigene Negativität ist, aber sie hält das, was sie ist, als für ihr Produkt. Das Wesen aber ist nicht als Produkt des Seins aufzufassen, sondern es ist: „das durch die Negativität seiner selbst sich mit sich vermittelnde Sein“ (Hegel, *Enzyklopädie*, § 112). Auch das Sein hat sich durch die Negativität vermittelt, aber es war nur die Negativität an ihm, die sich als Bewegung des Seins explizierte. Als Wesen ist aber das Sein nur als sich auf sich beziehende Negativität Vermittlung seiner mit sich. Demgemäß kann die Methode seiner Fortbestimmung kein Übergehen mehr sein, was die abstrakte Negation wesentlich ist. Das Wesen ist nämlich nicht die Negation eines Unmittelbaren, als welche es selbst nur unmittelbare Negation wäre, sondern sich durch sich negierende Negativität. Wenn hier an ein Bekanntes erinnert werden darf, dann an die Aristotelische Form (*eidos*), die, als sich negierend, die Unmittelbarkeit negiert und dabei mit sich identisch ist (τὸ τί ἦν εἶναι). Die schlechte Abstraktionstheorie, die ein Gegebenes voraussetzt, das unmittelbar an ihm selbst konkret sein soll, hat aus dieser Form ebenso nur ein Unmittelbares, Gegebenes gemacht, indem sie das Negative nur in die subjektive Tätigkeit verlegte, indem sie die formale Logik noch über die Ontologie oder zumindest neben sie stellte. Wenn aber mit Hegel einmal das Wesen des Wesens oder der Reflexion als die Selbstbeziehung der Negativität begriffen wurde, ist es unmöglich, daß die Form noch jemals als ein gleichsam Gegebenes verstanden wird. Der Ausdruck „ontologische Differenz“ hilft dann nicht darüber hinweg, daß Form, irgendwie anders als im Sinne Hegels verstanden, wieder in das bloße Sein zurückfällt. Nun handelt es so sich nicht nur um die Form des Aristoteles, sondern ebenso um die subjektive Form, die Kategorie im Sinne Kantens. Der weitere Verlauf der Wesenslogik ist der Versuch, im Sinne des erreichten Begriffes von Wesen und seiner Dialektik diese beiden Traditionen zusammenzudenken. Ein Unternehmen, das sich mit Notwendigkeit ergibt, wenn die herkömmliche Abstraktionstheorie in ihrer Unhaltbarkeit sowohl hinsichtlich der Form als auch hinsichtlich der Ichmetaphysik durchschaut wurde. Wir haben jedoch nur beispielsweise die Bewegung des Wesens daraufhin zu untersuchen, ob sie der Dialektik der Reflexion entspricht oder nicht. Das heißt aber zu betrachten, wie sich das Aufgehobensein des Seins durch das Wesen darstellt.

Die Aussage, daß das Wesen die „*erste Negation des Seins*" [Hegel, *Logik* II, Frankfurt/Main 1986, S. 16] ist, ist noch keinesfalls seine Vermittlung. Sie hat die Bedeutung, daß das Wesen nicht den Anfang machen kann, obwohl auch das Wesen ein Anfang ist. Denn mit dem sich durch die Negativität vermittelten Sein kann erst dann angefangen werden, wenn das Sein sich als ein negativ Vermitteltes dargestellt hat. Ein Anfang des Wesens als Anfang schlechthin vorgestellt, würde nur wiederum das bringen, was das Sein an sich vollendet hat. Das Wesen ist also nicht dadurch vermittelt, daß es die Negation des Seins ist, sowenig man in ontologischer Differenz denkt, wenn man sie nur nennt. Denn die Weise des Fortgehens, die dem Sein eignet, das Werden oder Übergehen kann dem „zeitlos vergangene[n] Sein" [Ebd. S. 13] sowenig zukommen, wie dem Begriff die Bewegung des Wesens entsprechen kann. Daß die erste Negation nur eine vorläufige Erinnerung an den weiteren Verlauf ist, wird sofort deutlich, wenn das Wesen als das „an und für sich aufgehobene Sein" [Ebd. S. 17] angesprochen wird. An und für sich aufgehoben kann nur das sein, was nicht eine bestimmte Negation, das Andere von etwas ist. Das Wesen kann so nicht dem Sein gegenübertreten, es sei denn, die Entwicklung des Wesens bringt es mit sich, daß das Wesen selbst dem Sein und seiner Bewegung aus sich entgegentritt bzw. sich dem Sein entgegensetzt. Daß dies nicht schon dort der Fall sein kann, wo von Erscheinung oder Existenz gehandelt wird, sondern erst dort eintreten kann, wo die Erscheinung sich in Inneres und Äußeres ausgelegt hat, zeigt die Wirklichkeit als gesetztes Wesen in der Dialektik der Substanz, in der sich Übergehen und Scheinen für identisch erklären. Das an und für sich Aufgehobensein des Seins heißt Schein. Das Sein ist Schein, indem es an ihm selbst sein Nichtsein bedeutet und der Schein ist dasselbe wie das Wesen, indem dieses gleichfalls durch sein Nichtsein mit sich vermittelt ist. Indem aber doch das Wesen als „*bestimmte* Negation" [Ebd. S. 18] des Seins überhaupt gefaßt wird, ist es nur „*seiendes*, unmittelbares Wesen" [Ebd.] (um nochmals die ontologische Differenz des Wesens herauszustellen, setzt Hegel zunächst das Wesen als bestimmte Negation des Seins an). So ist das Wesen nur das Andere gegen das Sein. Das seiende Wesen aber widerspricht dem Begriff des Wesens, denn es ist als Aufhebung des Werdens nicht denkbar.

Setzt man aber das Wesen in den Gegensatz zum Sein, was ja eigentlich schon eine Bewegung des Wesens ist, indem von Setzen gesprochen wird, läßt man das Wesen sich negieren, so macht es sich selbst zum Dasein und steht als wesentliches Sein dem unwesentlichen Sein gegenüber. Was aber wesentlich oder unwesentlich ist, das ist nur für ein Drittes vorhanden, den äußeren Verstand der herkömmlichen Abstraktionstheorie. Damit wäre aber wieder das an und für sich Aufgehobensein des Seins verfehlt — das wäre dann nur der leere äußere Verstand. Als dieses Aufgehobensein ist er aber das Wesen selbst. Somit kann weder das Sein im Gegensatz zum Wesen stehen, noch das Wesen bestimmte Negation des Seins sein. Ein solcher Anfang des Wesens wäre verfehlt. Der Schein ist das „an und für sich nichtige Unmittelbare“, der aber wiederum nicht dem Wesen entgegengestellt werden kann, denn er ist dasselbe wie das Wesen. Das Sein als Schein gegen das Wesen zu bestimmen, wäre der Standpunkt, den Hegel am alten Skeptizismus, an der Erscheinung bei Kant, am unendlichen Anstoß bei Fichte und an der Leibnizschen Monade exemplifiziert. Die unmittelbare Bestimmtheit, die Gegebenheit des Seins wird nicht aufgehoben, wenn das Sein als Schein gegen das Wesen bestimmt wird. Inwieweit aber die Beispiele, die hier gegeben werden, den Systemen jener erwähnten Denker gerecht wird, kann dahingestellt bleiben. Wie wird aber nun bewiesen, daß der Schein, der das Sein und gegen das Wesen ist, der Schein des Wesens oder das Wesen selbst ist? Das Sein, das unmittelbar an ihm selbst Nichtsein ist, ist der Schein. Das Sein, mit dem der Anfang gemacht wurde, hatte nicht unmittelbar das Nichts an sich, denn die Meinung hat diese Unmittelbarkeit distanziert. Aber insoferne es selbst unmittelbar Nichtsein ist, ist es der Schein als unmittelbares Nichtsein. Das Unmittelbare ist in Wahrheit unmittelbares Nichtsein. Das ist aber ebenso die Natur des Wesens. Das unmittelbare Nichtsein ist ebenso das Nichtsein des Unmittelbaren. Aber das Sein ist eben nicht unmittelbar Nichtsein — erst das vermittelte Sein (durch die Bewegung des Seins selbst vermittelte Sein) ist Negativität. Das anfängliche Sein ist nur die Gleichheit mit sich.

Ebenso ist aber das Wesen als unmittelbares Nichtsein die Gleichheit mit sich, aber die Gleichheit des Negativen mit sich. Indem beide als mit sich gleiche sind, sind sie miteinander identisch — aber ebenso nur, indem sie diese Gleichheit mit sich sind. Es ist die unmittelbare Identität des Wesens selbst, die, als Gleichheit mit sich, mit der Gleichheit des Seins identisch ist. Das Sein ist somit Gesetztsein (Identität).

Das Wesen, das mit dem Sein identisch ist, ist nur die mit sich identische Negativität selbst. Die „ansichseiende Negativität“, die das Sein als solches ist, ist so nur die „reflektierte Unmittelbarkeit“, die die mit sich identische Negativität des Wesens ist. Somit ergibt sich aus dem Sein die Unmittelbarkeit des Wesens, die Identität. Die Identität ist aber die sich auf sich beziehende Negativität, die das Sein nur an sich ist. Die Unmittelbarkeit des Wesens ist demnach die aufgehobene des Seins, die nur mehr die Bedeutung des Gesetztseins hat. Das Wesen ist aber nicht nur seine Unmittelbarkeit, sondern als Negativität ebenso das Negieren seiner Unmittelbarkeit, somit der Unterschied selbst. Das Wesen ist somit ebenso die Identität wie der Unterschied, oder die Nichtidentität oder die sich-negierende Negativität.

Es wird somit das Wesen in der Weise erreicht, daß gezeigt wird: Das unmittelbare Nichtsein des Seins ist selbst ein Moment des Wesens, und zwar das Wesen als reine Negativität (die erste Negation ist somit noch gar nicht das Wesen). Die Methode aber, in der das Wesen erreicht wird, ist schon die des Wesens selbst: nicht Negation des Seins, nicht Entgegensetzen desselben, sondern Scheinen im

Entgegengesetzten. Das Wesen ist nur das Entgegengesetzte zum Sein, insoferne es sich selbst sich entgegensetzt: seine Unmittelbarkeit seiner negativen Tätigkeit entgegengesetzt, wobei seine Unmitteilbarkeit sich als die Unmittelbarkeit des vorausgesetzten Seins erwiesen hat, somit in diese als das Entgegengesetzte des Wesens scheint. Nochmals wird diese Entwicklung des Wesens aus dem Sein am Schein selbst dargestellt, insofern er der Schein des Wesens, die Reflexion ist. Dort wird nochmals die erreichte Unmittelbarkeit des Wesens formuliert, *Logik* II, S. 13:

> „Diese Gleichheit mit sich [der absoluten Negativität mit sich] oder *Unmittelbarkeit* ist daher nicht ein *Erstes*, von dem angefangen wird und das in seine Negation überginge, noch ist es ein seiendes Substrat, das sich durch die Reflexion hindurch bewegte; sondern die Unmittelbarkeit ist nur diese Bewegung selbst."

Die Unmittelbarkeit des Wesens (oder der Reflexion) wird hier durch drei Bestimmungen charakterisiert:
a) sie ist nicht übergehend (das Sein geht über);
b) kein Substrat (was das Sein am Ende der Seinslogik war), das sich durch die Reflexion hindurchbewegte (hier ist offenbar die herkömmliche Deutung der Reflexion im Sinne der Abstraktion gemeint) und
c) sie ist (wesentlich) Bewegung, was sofort deutlich wird, wenn die Identität ebenso Unterschied sein soll. Diese Unmittelbarkeit ist nur mit der des Seins identisch, indem das Wesen sich als mit derselben identifiziert hat und damit das Sein an und für sich aufgehoben hat. Diese Bewegung des Wesens wird auch als „die Bewegung von Nichts zu Nichts und dadurch zu sich selbst zurück" (*Logik* II, S. 13) bestimmt, und dem bloßen Werden entgegengehalten. Das Sein ist das Nichts eines Nichts — das war schon am Anfang zu bemerken — und so das sich aufhebende Werden, damit die reine Negativität, die nur in ihrem Negieren ist (vgl. *Logik* II, S. 14).

An der Reflexion zeigt sich diese Bewegung, weil sie diese Bewegung selbst ist:
a) Sichaufsichbeziehende Negativität ist das Negieren ihrer Unmittelbarkeit = Setzen,
b) Negation des Negativen als des Negativen = Voraussetzen,
c) indem die Voraussetzung selbst das Negative des Negativen ist, ist sie gegen die Bewegung der Reflexion bestimmt = äußere Reflexion,
d) aber das Vorausgesetzte ist dasselbe, was die Reflexion ist, das sich negierende Setzen ist ebenso die Reflexion, wie das unmittelbare Vorausgesetzte, die „immanente Reflexion der Unmittelbarkeit selbst" [*Logik* II, Frankfurt/Main 1986, S. 30], bestimmende Reflexion,
e) die im Gesetztsein in sich reflektierte Negation = Reflexionsbestimmung.

Die Reflexion ist also nun ganz abstrakt im Hinblick auf die Methode dargestellt: Negieren der Negation: Unmittelbarkeit. Nun tritt aber nicht die Negation dem Unmittelbaren entgegen, sondern das Negieren dem Negieren selbst, welches sich gegenüber dem Unmittelbaren ebenso unmittelbar verhält. Aber die Unmittelbarkeit ist nur sie selbst als das Negieren des Negierens, wodurch sich die Negativität, sich auf sich beziehend, ebenso negiert, d.h. bestimmt, oder sich in sich reflektiert.

Die Reflexion, die hier als „reale Reflexion“ [Ebd. S. 28] auftritt, ist die, die wir vorhin als das Selbstverständnis der unmöglich gewordenen Abstraktionstheorie aufzeigten. Sie setzt ein Insichreflektiertes voraus, zu dem sie sich negativ verhält, ohne zu wissen,
a) daß sie das Negieren selbst ist, und
b) daß das vorausgesetzte scheinbar Unmittelbare nur durch die Bewegung des Sichnegierens ein Insichreflektiertes ist, womit ihr
c) die Negativität, die sie selbst ist, zu einem Selbständigen, dem Abstraktum, wird, welches als das Gleiche nur die erstarrte Natur der Reflexion selbst ist. Die Bewegung, die Hegel hier als die Natur der Reflexion darstellt, ist zugleich als Begreifen der realen oder äußeren Reflexion der Aufweis ihrer Unwahrheit, indem gezeigt wird, daß sie nur ein notwendiges Moment der Reflexionsbewegung ist. Die Reflexion bestimmt sich, indem sie sich negiert, und ist so an dem Gesetzten Vergessen ihrer eigenen Tätigkeit. Womit sich auch zeigt, daß die Reflexion der Reflexion nur die Bewegung der Reflexion selbst ist. Eine sogenannte Reflexion der Reflexion, die intendiert, die Natur der Reflexion reflektierend zu erkennen, verhält sich zu einer äußeren Reflexion wieder nur als äußere Reflexion. (Siehe auch Fichtes *Versuch einer neuen Darstellung der Wissenschaftslehre*, 1797.) Indem bei Hegel das Wesen das erinnerte Sein ist, welches als Unmittelbares eine Bewegung durchläuft, die diese Erinnerung ist, kann die Reflexion oder das Wesen als Aufheben des Seins sich selbst adäquat fassen, dadurch, daß die erinnerte Bewegung sich als die Selbstbestimmung des Wesens erkennt. Indem nämlich das Wesen Setzen des Unmittelbaren ist, stellt es als Reflexion *in actu* sich am Unmittelbaren dar. Wenn es die schlechthinnige Unmittelbarkeit ist, an der sie sich darstellt, kann es auch als die reine Reflexion des Wesens offenbar werden. (Das ist auch der Grund, weshalb sie in der *Phänomenologie* in dieser ihrer Reinheit nicht auftreten kann.) Womit auch einsichtig wird, daß es nicht möglich ist, daß die *Logik* mit dem Wesen beginnen könnte und die Bewegung des Seins eine zu vergessende Bewegung sei.

Indem es sehr leicht ist, an den Wesenheiten die Natur der Wesensbewegung darzustellen bzw. wiederzuerkennen, sehen wir von einer weiteren Untersuchung dieser Art ab, die ohnehin hier keine Vollständigkeit bieten könnte.

2.3. Die Methode in der subjektiven Logik

Hinsichtlich dieses Kapitels haben wir im ersten Teil schon soviel vorweggenommen, daß uns nur die Frage bleibt, ob die Methode des Begriffes, wie sie in der *Logik* dargestellt wird, der Natur der Freiheit gerecht wird. Natur der Freiheit aber meint jene Notwendigkeit, daß die Freiheit nicht schon in einer Bestimmung, die wir von ihr geben, begriffen ist, sondern in mehreren Schritten sich verwirklicht. Ebenso ist damit schon vorweggenommen, daß sie nicht nur Negation überhaupt bedeuten kann (so, wie etwa ein Gefäß statt leer als frei von Inhalt bezeichnet werden kann).

Nach § 160 der *Enzyklopädie* (1830) ist der Begriff „*Totalität*, indem *jedes* seiner Momente *das Ganze* ist, das *er* ist". Diese Identität des Unterschiedenen mit sich und dem Ganzen ist nach § 161 als Fortgehen Entwicklung. Diese Bestimmung des Fortganges trifft weder auf ein Moment des Seins noch auf eine Bestimmung des Wesens zu. (Beim Sein ist das sofort, beim Wesen nicht unmittelbar einsichtig. Aber die Identität ist als solche nicht schon der Unterschied, wiewohl sie ihn voraussetzt, der Grund zwar die gesetzte Reflexion des Wesens, aber nicht die Totalität der vorhergehenden Bestimmungen.) Das Sein ist Bewegung nur als Übergehen in Anderes, dem Wesen eignet das Scheinen in Entgegengesetztes, und es ist der gesetzte Widerspruch gegenüber dem daseienden Widerspruch des Seins. Im Begriff ist aber der Widerspruch wesentlich aufgehoben. Das Allgemeine wird wohl dem Einzelnen entgegengesetzt, aber dieses realisiert nur das Allgemeine, ohne deswegen dieses in sich übergehen zu lassen. Das endliche Erkennen (§ 226) oder die praktische Idee (§§ 233ff.) ist als Tätigkeit Widerspruch, der aber in der absoluten Idee aufgehoben ist, weil die gegenläufige Bewegung von Erkennen und Praxis schon das Aufgehobensein desselben voraussetzt.

Das Sichkontinuieren des Begriffs oder die Entwicklung hat zunächst die Bedeutung, daß jedes der Momente des Begriffs nur aus den anderen gefaßt werden kann. Wenn der Begriff selbst *causa sui*[44] oder das ist, was nur aus sich begriffen wird, wiewohl er seine Genesis in der objektiven Logik hat, so ist doch jedes seiner Momente durch das andere bestimmt. Wenn wir schon vorhin erwähnten, daß ein Übergehen aus dem Moment der Allgemeinheit durch bestimmte Negation nicht eingesehen werden könne, „grundlos" ist, dann eben, weil der Begriff selbst der absolute Grund ist. Er ist es, sich zu besondern, weil die Allgemeinheit ebenso der ganze Begriff wie eines seiner Momente ist. Die Allgemeinheit ist ebenso Besonderheit und Einzelheit, wie die Einzelheit Besonderheit und Allgemeinheit, ebenso die Besonderheit nur das Bestimmen der anderen Momente ist. Diese Einheit ist ohnehin nicht im Sinne der Gleichheit mit sich, aber auch nicht im Sinne der Identität, sondern im Sinne eines Unterscheidens der Momente, das kein Absondern und kein Entgegensetzen, sondern ein Herstellen der Totalität in jedem Moment ist.

---

[44] Was bei Spinoza die Natur der Substanz ist (*causa sui*), ist bei Hegel die Natur der Freiheit.

Die Allgemeinheit ist schlechthin sich besondernd, sich bestimmend, selbst wenn sie sich der Besonderheit entgegensetzt (als die „Raserei der Negation"), und damit die Einheit ihrer selbst und der Besonderheit, die Einzelheit. Die Allgemeinheit, wenn sie sich der Einzelheit entgegensetzt (etwa im Tod des Lebendigen), ist ebenso zugleich darin sich realisierende Allgemeinheit. Das Sichentgegensetzen der Einzelheit gegen die Allgemeinheit ist Sichbestimmen derselben und damit nur die Realisierung des Einzelnen ebenso wie des Allgemeinen (was Individuation überhaupt bedeuten kann). In der Einzelheit wird so die Allgemeinheit überhaupt für sich oder die Freiheit wirklich. Die Besonderheit kann sich aber der Einzelheit nicht entgegensetzen, denn sie ist der im Elemente des Begriffs aufgehobene Gegensatz schlechthin. Das Sichentgegensetzen der Allgemeinheit gegen die Besonderheit ist aber nur das Sichbesondern selbst, die Disjunktion von Allgemeinem und Besonderem. In diesem Sinn ist die Besonderheit überhaupt das Urteil des Begriffes. Das Sichauslegen und Unterscheiden seiner Momente ist das Urteil in seinen Formen, wobei es aber nur der Begriff im Elemente der Besonderheit ist, der im Urteil sich realisiert, seine Wahrheit oder Einzelheit hat er erst im Syllogismus erreicht. Wenn daher der Versuch gemacht wird, Dialektik durch die Urteilsformen zu begründen, dann muß derselbe notwendig scheitern, weil jene sich hier nur abstrakt, d.h. im Sinne der bestimmten Negation auslegt, so daß man immer gezwungen ist, den Fortgang durch Momente des Wesens erst zu erklären, wenn man eine solche Begründung von Dialektik erreichen will. Dabei wird aber nichts anderes gezeigt, als daß die Begründung der Dialektik schon geschehen ist, ehe sie durch die Betrachtung der Urteilsform geleistet werden kann.

Sieht man nun von einem Problem ab, von dem man eigentlich nicht absehen dürfte, wenn es nicht ohnehin im weiteren Verlauf der *Logik* als der Unterschied der unmittelbaren und der subjektiven Idee auftauchte, daß nämlich die Entwicklung des Begriffs sowohl die Natur des Lebens, wie die des als Begriff existierenden Begriffs ausmacht,[45] wobei es fraglich bleibt, ob die *Logik* diesen Unterschied bewältigt hat oder nicht, dann müssen wir uns nun fragen, ob die Notwendigkeit der Freiheit, welche jenes dritte fundamentalphilosophische Problem war, von welchem aus wir die Dialektik in ihrer Irreduzibilität auf bestimmte Negation sehen wollten, damit, d.h. mit dem, was wir bisher über die Dialektik des Begriffs festgestellt haben, zureichend dargestellt ist. Die Natur der Freiheit kann allerdings hier nicht den Gesamtraum ihrer Entfaltung, die in

[45] Ein Problem, das E. Heintel in: *Die beiden Labyrinthe der Philosophie*, Band 1, Wien – München 1968 (*Überlieferung und Aufgabe*, Band 6), ausführlich behandelt. Siehe insbesondere § 572ff.

der *Logik* nicht expliziert werden kann, bedeuten, wenngleich dieselbe die Darstellung der Logik in einer bestimmten Gestalt sein müsste.[46]

Indem Begriff der Freiheit und Freiheit als Begriff unterschieden werden müssen, wenngleich die *Logik*, soweit es in ihr möglich sein kann, auch die Freiheit als Begriff (Idee des Guten) enthält, wissen wir, daß wir hier nur das erstere Moment behandeln. Sie, die Natur der Freiheit, wird zunächst einmal negativ, d.h. als Indeterminiertheit gedacht. Diese kann aber nicht bedeuten, nur Negation äußerer Notwendigkeit zu sein, oder sie ist nicht schon dadurch bestimmt, daß sie als Negation der Naturkausalität auftritt. Es ist wesentlich, dieses Moment so zu fassen, daß in ihm alle Wirklichkeit aufgehoben ist, d.h. zur Möglichkeit herabgesetzt ist, indem es das Ich ist, das sich als alle Realität weiß. Es ist dies das reine Sichaufsichbeziehen der Allgemeinheit (Ich = Ich). Die Freiheit als durch Negation der Notwendigkeit bestimmt zu denken, ist ein anderes als die Freiheit als Negation der Notwendigkeit zu verstehen. Im ersten Fall wird nur die schlechte Abstraktion, im zweiten Fall die absolute Abstraktion als das Aufgehobensein aller Wirklichkeit gedacht.

Wiewohl Freiheit erst als sich bestimmend, aus dem Moment der Allgemeinheit des Sichaufsichbeziehens heraustretend, was das zweite Moment, wenn auch noch nicht vollständig gedacht ist, so ist sie, als bestimmt durch Negation der Notwendigkeit, noch nicht als sich selbstbestimmend und somit verfehlt verstanden. Indem Hegel zeigt, daß die Wirklichkeit selbst in die Freiheit aufgehoben wird (in der Dialektik der Substanz) hat er sie nicht im Sinne der bestimmten Negation gedacht. Wenn K. Marx Mühe hat, den Übergang von der objektiven zur subjektiven Logik mitzuvollziehen, dann offenbar deshalb, weil er Dialektik nur im Sinne der bestimmten Negation verstehen kann. Statt der mißverständlichen Indeterminiertheit ist also nur Allgemeinheit zu sagen.

Das Moment der Bestimmung, des Sichbesonderns, die „Kausalität aus Freiheit" [Kant, *KdrV*, B 472] ist sowenig nur die Negation des ersten Momentes der Allgemeinheit, als die Allgemeinheit Negation einer bestimmten Wirklichkeit war. Denn indem sie das erste Moment negiert, ist sie nur die Verwirklichung dessen, was im ersten Moment enthalten ist. Man kann das Moment der Besonderheit auch das des Entschlusses[47] nennen, indes es sowohl ein Heraustreten wie ein Darinnensein anzeigt. Oder eben die Besonderheit ist es, das Allgemeine zu realisieren, zu negieren, ohne ein anderes als die Negation, die das Allgemeine schon ist, zu sein.

---

[46] Wir meinen damit, daß die *Rechtsphilosophie* oder [die] Darstellung des objektiven Geistes sich als eine Gestalt der *Logik* ansehen lassen müßte, was nicht von allen Teilen des Systems in gleicher Weise zu gelten scheint.

[47] Vgl. Hegel, *Grundlinien der Philosophie des Rechts*, § 12 Anm.

Die Einzelheit ist das Fürsichsein der Allgemeinheit in der Besonderheit. Das Verwirklichtsein der Allgemeinheit als die reine Identität, welche sich entgegensetzt und im Gegensatz mit sich identisch bleibt, so daß nun der vollständige Begriff der Freiheit in jenen drei Momenten gesetzt ist. Die erste Identität ist aber ebenso der zweiten der Einzelheit entgegengesetzt, wie die zweite das absolute Bestimmtsein bedeutet. Indem aber Einzelheit wie Allgemeinheit dieselbe Vermittlung sind, ist der Gegensatz beider nur zum Moment erklärt. Das absolute Bestimmtsein und die absolute Bestimmung sind so als convertibel anzusehen, denn die Allgemeinheit ist es, ebenso der „Grund" zu sein, sich zur Einzelheit zu entschließen, wie die Einzelheit es ist, sich zur Allgemeinheit zu entwickeln.

Somit ist Freiheit nichts anderes als die Notwendigkeit des Sichentwickelns des Begriffs, welches den Gegensatz von Allgemeinem und Einzelnem als Moment in sich hat, welcher wiederum in der Entwicklung aufgehoben wird. Freiheit ist so der absolute Grund, indem jedes ihrer Momente Grund der anderen ist. Es ist die in sich dreifache Negativität, die jedes Moment des Begriffes realisiert. Negieren (die absolute Abstraktion), das alle Notwendigkeit, die die Reflexion als wirklich gesetzt hatte, aufhebt, das ebenso Sichnegieren ist (als Besonderheit), indem sie in den Gegensatz zu sich tritt, erst in den Gegensatz zur Wirklichkeit tritt, die vorher nur Möglichkeit war, und so die absolute Genesis der Objektivität ist, indem die eigene Notwendigkeit ebenso die Notwendigkeit überhaupt ist, und drittens sich als die Negation ihrer selbst in der Besonderheit wieder negiert, indem die Besonderheit zur Allgemeinheit zurückgeführt wird. Dieses dritte ist aber ebenso mit dem ersten Moment identisch, indem beide die Genesis ihres anderen Momentes sind.

Auf diese Weise wird das deutlich, was wir zuerst an dem Leibniz-Beispiel entwickelt hatten: Der Begriff der Freiheit ist nicht nur vom Gegensatz des Bewußtseins befreit, sondern die Freiheit ist als das Sichwissen schlechthin der Grund des Bewußtseins, die absolute Reflexion, die zugleich Insichreflektiertheit bedeutet. Die Entwicklung hebt die vorhergehenden Weisen der Dialektik auf:

a) Zunächst ist die Allgemeinheit in die Besonderheit übergehend, indem die absolute Abstraktion „grundlos" sich verläßt (grundlos im Hinblick auf die Reflexionsdialektik);
b) Ein Übergehen, das sich negiert, indem in der Besonderheit die Allgemeinheit als Grund ihrer selbst und der Besonderheit auftritt, somit die Besonderheit nur das Gesetztsein der Allgemeinheit bedeutet;
c) Das Setzen, das zugleich ein Übergehen ist, indem die Allgemeinheit als Grund ein drittes Moment ist, indem ja das erste Moment grundlos übergeht, was der Einzelheit oder dem Begriff überhaupt entspricht;

d) Der Grund, der daher sowohl die Allgemeinheit wie die Einzelheit als Sichentgegensetzen des Grundes und der Aufhebung ebenso das Aufgehobensein beider ist, ist daher nichts anderes, als die Notwendigkeit der Entwicklung der Freiheit selbst. So ist jedes Moment Vermittlung wie Vermitteltsein.

Damit ist aber mit der Freiheit auch die Natur des Organismus gedacht. Daraus aber ergibt sich das, was wir schon vorher bemerkten, daß es nicht die Natur der Freiheit ist, bei ihrer Natur stehenzubleiben, und die weitere Entwicklung des Begriffs in der *Logik* hat die Aufgabe, aus der Natur der Freiheit sogar die Wirklichkeit der Freiheit zu entwickeln. Wäre die *Logik* mit dem Begriffensein von Freiheit an ihrem Ende angelangt, hätte sie die Freiheit nicht begriffen, weil sie nur die Natur des Insichreflektierten dargelegt hätte. Nachdem sie die Freiheit vom Gegensatz des Bewußtseins, der Reflexion, befreit hat und die transcendentale Deduktion durchgeführt worden ist, muß die Freiheit wieder in den Gegensatz treten und sich als das Gute schlechthin, dem Vermitteltsein entgegentretend, realisieren. Die Freiheit als das Gute bestimmt, tritt dann gegenüber der Welt als dem bereits Vermittelten auf, um das, was bereits durch die Natur der Freiheit zur Wirklichkeit geworden ist, durch die wirkliche Freiheit im Zeichen des Guten zu bestimmen, die dann wesentlich die sich als Freiheit wissende Freiheit ist. Aber die Dialektik, die innerlogisch jene bereits angeführte Problematik zu lösen hat, kann nur die des Begriffes sein, indem sie zu zeigen hat, daß er sich selbst „alle Realität“ ist.

2.4. Die Idee als sichwissende Methode

Wenn wir drei Weisen des Fortganges innerhalb der *Logik* unterschieden haben, die einfache bestimmte Negation, die das Übergehen ist, die sich negierende Negativität, die das Scheinen im Entgegengesetzten ist, und die sich negierende Negativität, die ebenso bei sich bleibt, die das Sichkontinuieren des Allgemeinen in das Einzelne ist, so fragt es sich noch, wie die Idee als sichwissende Methode sich zu den unterschiedenen Formen der Methode verhält. Zerstört sich in diesen verschiedenen Weisen des Fortschreitens die dialektische Methode als Entwicklung des absoluten Begriffs oder erweist sich dieser, indem er denselben nicht entgegengesetzt sein kann, als ihr Grund? Wenn aber das der Fall ist, ist er dann eine weitere Form der Methode?

Wenn es die Intention Hegels ist, daß sich die dialektische Methode nicht in ihren verschiedenen Formen zerstört, so kann sich die Methode nicht von ihrem Inhalt, dem System des Logischen, abtrennen lassen, um an einem bestimmten Inhalt, der entweder dem Bereich der Natur oder dem des Geistes entnommen wurde, angewandt zu werden.

Indem aber die Idee wesentlich sich wissende Methode ist, kann sie weder nur das Allgemeine derselben sein, etwa eine Formel, auf welche sich ihre unterschiedenen Weisen zurückführen ließen, noch einfach dieselben nebeneinander bestehen lassen. Es ist aber ebenso einsichtig, daß sich die erste Form des Fortschreitens gegenüber der zweiten als abstrakt erweist, derselben gegenübertritt und beide in der dritten Form untrennbar miteinander verbunden sind. (Die Genesis des Begriffs in der „Wirklichkeit" zeigt dies an der Substanz auf und realisiert es an der Wechselwirkung.) Wenn aber die sichwissende Methode weder ihre Konkretion verlieren darf noch sich in die bloße Verschiedenheit begeben darf, was ist dann jenes Sichwissen seinem Inhalte nach? Wir wollen hier zunächst davon ausgehen, daß die Idee bei Hegel die sichwissende Bewegung des Begriffs ist, obwohl unsere Untersuchungen die Möglichkeit dessen, was bei Hegel wirklich geworden ist, zu bestreiten scheinen. Wir wenden uns somit der Darstellung der Idee und ihrer Methode am Ende der *Logik* zu.

> „Die Methode ist daraus als *der sich selbst wissende, sich* als das Absolute [...] *zum Gegenstande habende Begriff* [...] hervorgegangen" [Hegel, *Logik* II, S. 486],

und weiter:

> „Was hiemit als Methode hier zu betrachten ist, ist nur die Bewegung des *Begriffs* selbst, deren Natur schon erkannt worden, aber *erstlich* nunmehr mit der *Bedeutung*, daß der *Begriff alles* und seine Bewegung die *allgemeine absolute Tätigkeit*, die selbst bestimmende und selbst realisierende Bewegung ist".[48]

Daraus ergeben sich folgende Feststellungen:
a) Die Idee ist der Begriff, der sich selbst zum Objekt hat.
b) Die Methode, die sich weiß, ist die Bewegung des *Begriffs* selbst,
c) aber in der Bedeutung, daß die Methode des Begriffs die Bewegung überhaupt ist, die *„absolute Tätigkeit*" (Ebd.),
d) diese Bewegung ist bestimmend und realisierend als das Bestimmen des Begriffes selbst.

Daraus geht hervor, daß die Methode, die die Idee selbst ist, nicht eine weitere Bestimmtheit der bisherigen Methoden, ebensowenig eine andere Methode ist, die als vierte angeführt werden könnte. Sie ist identisch mit der dritten Form des Fortschreitens, die als die Bewegung des Begriffs erkannt wurde. Indem es aber heißt: „mit der *Bedeutung*, daß [...]" (Ebd.), hat der Begriff offenbar am Anfang der subjektiven Logik noch nicht diese Bedeutung, die absolute Tätigkeit überhaupt zu sein. Dann wäre nämlich auch dort ein weiteres Fortgehen überflüssig gewesen. Dort war der Begriff noch nicht mit der Weise seiner Fortbestimmung identisch, er konnte sich noch in die Objektivität entäußern, die Idee aber, als das Sich-zum-Gegenstand-Haben der Tätigkeit des Begriffs, ist zugleich das absolute Beisichsein desselben. Die Methode, die sich schon am Anfang des Begriffes als die konkreteste aller vorhergehenden erwiesen hatte, hat als absolute Idee sich absolut erinnert. Sie ist die absolute Methode, indem

[48] Alle folgenden Zitate finden sich in der *Wissenschaft der Logik* II, S. 486ff.

sie die Wahrheit, d.h. der Grund aller vorhergehenden in der Weise ist, in der der Begriff, das Ich oder die Freiheit, die Wahrheit des Seins ebenso wie des Wesens war. Die Methode, wenn sie sich von ihrem Inhalt unterscheidet, ist ebenso das Aufheben dieses Unterschiedes zu ihrem Inhalt, dem logischen System, was nicht ausschließt, daß die einzelnen Momente sich in einer Weise fortbestimmen, die nur der des Begriffes ähnlich ist und nur ähnlich sein kann, eben weil auf den vorhergehenden Stufen der Begriff der Freiheit nicht erreicht wurde.

Die Methode des Begriffs unterscheidet sich von sich selbst, indem sie nochmals auf den Anfang zurückblickt und was dort die Bewegung des Seins war als Entwicklung des Begriffs darstellt. Aber dieses Sichdarstellen hebt sich ebenso wieder auf, indem darauf verwiesen wird, daß, indem diese Bewegung, die sich am Anfang vollzieht, wenn sie als Bewegung des Begriffes begriffen wird, nicht auf dieselbe zurückgeführt werden kann. Sowenig Aristoteles alle Bewegungen auf die Wesensverwirklichung reduzieren kann, sowenig kann Hegel eine Reduktion der dialektischen Methode, insoferne in ihr Form und Inhalt ungetrennt und untrennbar sind, auf die des Begriffes durchführen. Eine solche Reduktion sähe so aus: weil das Sein das Allgemeine ist, muß es sich besondern, zum Nichts weitergehen usf. Der Begriff ist nur als die Bewegung die absolute Bewegung, wenn er absoluter Grund ist, d.h. nicht der formelle Grund ist, der nur die Identität setzt.[49]

Der Begriff manifestiert sich somit nur dann als absolute Macht, wenn er allein seinen Momenten ihre eigene Dialektik läßt, wie die von uns erläuterten fundamentalen Probleme der Philosophie ihre eigentümliche Dialektik sind. Es ist also das Fortschreiten des Seins, das Bestimmen der Reflexion nur dann die Dialektik des Begriffs, wenn die eigentümliche Negativität, die sie sind, sich an ihnen und ihren Momenten realisiert. So erst ist das Vorwärtsgehen ein Zurückgehen in den Grund. Der Versuch, eine Logik mit der absoluten Idee beginnen zu lassen, mithin vom Konkretesten zum Abstrakten zu schreiten, ist damit sinnlos geworden. Denn daß der Begriff sich fortbestimmt, auf irgendeines seiner Momente angewandt, wäre schon eine konstruierende Dialektik, die Hegel nie zu geben vorhatte. Er hätte damit sogar Schellings *System des transzendentalen Idealismus* unterboten, wäre auf das Niveau der Fichteschen Wissenschaftslehre zurückgefallen und hätte nie den Versuch unternehmen können, die Vernunft im Wirklichen zu finden.

Erst indem das Sein in seiner Negation seine Bestimmtheit hat, erst indem das Wesen, sich negierend, das Sein negiert, ist der Begriff die absolute Tätigkeit des Selbstbestimmens. Indem wir dieses eingesehen haben, haben wir uns darüber erhoben, die „einfache Einsicht“ für eine Einsicht in die Dialektik zu

[49] *Logik* II, S. 489: „Aber mit diesem Bewußtsein [...]“.

halten. Wir können sogar so weit gehen, zu behaupten, der Versuch, eine Reduktion der Dialektik auf eine ihrer Weisen zu unternehmen, wäre die Widerlegung des sich als das Absolute zum Gegenstand habenden Begriffs. Das System der *Logik* wäre dann jener Überfluß, der sie nie sein kann, soll die Philosophie als System möglich sein. Die Methode als Idee ist so ein gegensatzloses Erfassen ihrer selbst, die, insofern sie ihren Inhalt von sich unterscheidet, d.h. auf eines ihrer Momente blickt, in eine ihrer Bestimmtheiten, die sie sich im System gegeben hat, eintreten muß. Daraus ergibt sich auch, daß der Topos, den eine Kategorie in der *Logik* einnimmt, nicht convertibel mit anderen ist. (Es ist auch die mit der Transcendentalphilosophie Kantens aufgebrochene Einsicht, daß die Transcendentalien nicht mehr als convertibel angesehen werden können.)

Die Methode hat sich als Form somit nur in ihrem Inhalt zum Gegenstand. Die vom Inhalt getrennte Form wird zur Formel und kann, wenn sie motiviert, in der Praxis wahrscheinlich ebenso verheerende Folgen wie die Abstraktion der unbestimmten Freiheit anrichten. Wird der Inhalt isoliert von der Form betrachtet, wird die ihm immanente Dialektik die Macht des Begriffs an ihm erweisen, keineswegs werden wir an ihm Dialektik exekutieren. (Die daraus sich ergebenden Konsequenzen für die Philosophie der Geschichte können wir hier nicht einmal berühren.) Daß das Ende der *Logik* der Anfang ist, kann nicht demonstriert werden, weil der Grund der Anfang ist, der Anfang aber das In-den-Grund-Gehen ist.

Bevor wir nun untersuchen, ob Hegel versucht hat, zu zeigen, daß das Ende der *Logik* der Anfang derselben ist, müssen wir noch auf das Problem der Methode unserer Untersuchung zu sprechen kommen. Wir hatten uns nämlich in das Dilemma begeben, einerseits zu behaupten, die dialektische Methode sei nicht von ihrem Inhalt zu trennen, anderseits haben wir, wenn auch nicht unbekümmert, über den Gang der *Logik* verschiedene Weisen der dialektischen Entwicklung herausgestellt, ohne die Entwicklung konsequent weiter zu verfolgen. Aber dieser Widerspruch hat sich in dem, was wir eben über die Dialektik ausführten, aufgehoben, indem wir die absolute Bedeutung der Bewegung des Begriffs zu explizieren versuchten. Wenn Hegel, sei es aus der *Logik* oder extralogisch, Beispiele von der Bewegung des Begriffs bringt, spricht er die Dialektik in ihrem Wesen konkreter aus, als dies je eine Abbreviatur der Bewegung, sei es die Formel von der bestimmten Negation, sei es die der „Identität der Identität und Nichtidentität" [siehe auch Hegel, *Logik* I, Frankfurt/Main 1986, S. 74], ja selbst die berühmte Darstellung der Entwicklung in der *Geschichte der Philosophie* [vgl. Hegel, *Vorlesungen über die Geschichte der Philosophie* I, Frankfurt/Main 1986, S. 39ff.], leisten könnte. Der absolute Begriff gibt sich in Beispielen deshalb adäquat, weil er nur am Inhalt seine Macht erweisen kann, in einer Abbreviatur seiner Vermittlung wird er hingegen vieldeutig. Die Dialektik aller bestimmten Begriffe der *Logik* führt daher Hegel mit Recht immer auch als Beispiel an, weil im Beispiel der Inhalt, vom System getrennt und damit nur indirekt auf seinen Topos hinweisend, dennoch seine ihm eigene Dialektik verfolgt. Als die jeweils besondere Vermittlung ist der Begriff die absolute Vermittlung. Im System stellt freilich die Idee ihre Macht als Totalität der Vermittlung dar, ebenso manifestiert sich aber der absolute Begriff im Beispiel, wobei eben Manifestation ein Erscheinen bedeutet, in dem das Erscheinende zugleich bei sich ist.

Hieraus ergibt sich für eine künftige Interpretation der *Logik* ein Ansatzpunkt, der unmittelbar aus der Natur des Begriffs folgt. Wir haben Beispiele gegeben, indem wir einzelne, wenn auch besonders wesentliche Momente der *Logik* auf die Art ihrer Dialektik hin befragten, um festzustellen, daß die Methode nicht als einsinniges Fortschreiten zu fassen ist. Indem wir verschiedene Weisen der Vermittlung einander gegenüberstellten, haben wir die für uns interessante Konsequenz ziehen können, daß die Formel von der bestimmten Negation den Fortschritt nicht fassen kann und damit *verum* als *index sui et falsi* an der *Logik* gezeigt. Daß diese Frage exoterisch interessant ist, widerspricht nicht der Legitimität unseres Verfahrens.
Ist nun jene Stelle der *Logik*, wo die Methode noch einmal erörtert wird, nachdem schon die absolute Idee erreicht worden ist, ein Beispiel in dem hier erwähnten positiven Sinn oder nur mehr eine unstatthafte Verkürzung der Entwicklung des Begriffs?[50]

Wir fassen somit jene Darstellung der Methode unter Berücksichtigung der Wesentlichkeit der Terminologie in die Darstellung ihrer Schritte zusammen:

1. Ein allgemeines Erstes (allgemein = im Elemente des Logischen) zeigt sich als das Andere seiner selbst (an und für sich betrachtet, was nichts anderes heißt, als daß hier nicht äußerlich reflektiert wird).

Indem es sich als das Andere seiner selbst zeigt, ist es nicht mehr das Unmittelbare, von dem angefangen wurde, sondern ein Vermitteltes, das seiner Unmittelbarkeit entgegengetreten ist, auf welches das Andere als auf ein Anderes bezogen bleibt. Indem das Unmittelbare ein Allgemeines ist, ist das, was sich als das Andere gezeigt hat, ein Besonderes, sowie es das ihm Andere ebenfalls zu einem Besonderen macht. (Es erhellt sogleich, daß diese Formulierung für jeden logischen Anfang, des Seins, des Wesens und des Begriffes, Geltung hat.) Das Andere ist das Negative des Ersten (Wesen!), hat das Erste aufgehoben und steht so dem Unmittelbaren nicht gegenüber, sondern ist dasselbe als ein Vermitteltes. Das Erste, das als ein Anderes sich zeigte, ist das Andere selbst und kann ebenso gegen das Andere nicht festgehalten werden. (Es zeigt sich hier, daß eigentlich von der Vermittlung des Wesens, wenn auch äußerlich, gesprochen wird.)

---

[50] Hegel, *Logik* II, S. 494ff.

2. Die vermittelte Bestimmung, das erste Negative, das Negative des Unmittelbaren ist ferner „zugleich die vermittelnde“ [vgl. Hegel, *Logik* II, Frankfurt/Main 1986, S. 562]. Diese Bestimmung des Vermittelten als zugleich der Vermittlung ergibt sich nicht ohne weiteres daraus, daß das Andere das vermittelte Unmittelbare ist, denn dieses ist im Vermitteltsein aufgehoben. Indem aber das Vermittelte das Unmittelbare negiert, negiert es sich selbst, bezieht sich auf sich selbst und ist so „der *Wendungspunkt* der Bewegung des Begriffs“ [Hegel, *Logik* II, Frankfurt/Main 1986, S. 563].

3. Die Beziehung des Negativen auf sich ist ebenso die negative Beziehung auf sich, die das Erste vollzieht. Indem aber das Unmittelbare das Negative seiner selbst ist, ist die Beziehung identisch als „*Beziehung des Negativen auf sich selbst*“ [Ebd.]. Dies wird von Hegel als das

> „*innerste, objektivste Moment* des Lebens und des Geistes, wodurch ein *Subjekt*, *Person*, *Freies* ist“ [Hegel, *Logik* II, S. 488]

(oder überhaupt erst wirklich ist), angesehen. Es wird diese Bestimmung von Hegel auch als die „zweite Prämisse“ [Hegel, *Logik* II, Frankfurt/Main 1986, S. 563] eines Syllogismus bezeichnet, zu dem die erste die Beziehung des Unmittelbaren auf ein Anderes ist. Das Resultat aber, der Widerspruch, der sich aufhebt, ist das erste Unmittelbare als Vermitteltes und damit nicht mehr das erste Unmittelbare, sondern Vermitteltheit, Insichreflektiertheit, das Allgemeine, das als Einzelnes ist. Es ist dies die Negativität, die, sich negierend, bei sich bleibt.

Dies ist nun vereinfacht die Darstellung der Methode, die Hegel nach Erreichung des Grundes gibt. (Vereinfacht haben wir insofern, als wir die meisten Erläuterungen und Einschübe in den Gang der Darstellung weggelassen haben.)

Wie stellt sich nun die Methode in bezug auf die uns bekannten Weisen derselben dar:

a) das Andere des Ersten ist im Sinne des Seins gedacht, daß es
b) als das Besondere des Allgemeinen angesehen wird, ist aber eine Interpretation, die nicht statthaft ist, wenn zuerst vom Sein gesprochen wurde, denn läßt sich das Nichts als Besonderes des Seins, die Quantität als Besonderes der Qualität, das Anderssein als Besonderes des Etwas verstehen? Der Unterschied als das Besondere der Identität usf.?
c) das Andere als das Negative des Ersten: hier wird eine Bestimmung des Seins nur mit einer des Wesens identifiziert,
d) die Negativität, die nicht nur vermittelt, sondern vermittelnd ist, ist nichts anderes als das Wesen,
e) das resultierende Einzelne ist aber im Sinne des Begriffs gedacht, obwohl von der in sich dreifachen Negativität nur indirekt die Rede war.

Mit diesem Begriff der Methode versucht Hegel ein „absolutes" Beispiel zu geben, das nicht die *Logik* selbst ist. Konsequent ist es daher so ausgefallen, daß ein Fortschritt durch den anderen erklärt wird und nur eine abstrakte Skizze einer möglichen Entwicklung, die nicht selbst Dialektik sein kann, resultiert. Es scheint uns hier der Fall zu sein, daß Hegel sich in diesem Punkt tatsächlich über sein eigenes Vorhaben geirrt hat, wenn er das als Darstellung der Methode bezeichnet. Daß man (die, die sehnsüchtig auf Anwendung warten) dennoch nichts anwenden kann, obwohl die Methode so abstrakt vorgestellt wird, ergibt sich daraus, daß selbst der hurtigste Anwender Mühe hat, diese Momente auf Seiendes zu verteilen, indem ja doch die drei Abschnitte der *Logik*, wenn auch nur abstrakt, darin enthalten sind. Die absolute Methode aber als Beispiel darzustellen, ohne auf den Inhalt sich so zu beziehen, daß die dem jeweiligen Inhalt eigene Dialektik zur Sprache kommt, scheint uns ein Versuch zu sein, der scheitern muß. Implizit bemerkt dies Hegel ohnehin im weiteren Verlauf dieses Abschnittes der *Logik*. Die enzyklopädische Logik aber (§§ 236-243) scheint uns explizit über einen solchen Versuch erhaben zu sein, indem sie, wenn auch in Abbreviatur, nur mehr die Logik als ihr eigenes Beispiel darstellt. *Enzyklopädie*, § 243:

> „Die Methode ist auf diese Weise nicht äußerliche Form {indem sich der Begriff als die Bewegung der Logik selbst dargestellt hat, ist das Urteil des reinen Begriffs die Reflexion}, sondern die Seele und der Begriff des Inhaltes {der die Totalität der Bestimmungen der Logik ist}, von welchem sie nur unterschieden ist, insofern die Momente des *Begriffs* auch an *ihnen selbst* in ihrer Bestimmtheit dazu kommen, als die Totalität des Begriffs zu erscheinen {die Momente ihre eigentümliche Dialektik verfolgen}. Indem diese Bestimmtheit oder der Inhalt sich mit der Form zur Idee zurückführt, so stellt sich diese als *systematische* Totalität dar, welche nur *eine* Idee ist, deren besondere Momente ebensowohl *an sich* dieselbe sind, als sie durch die Dialektik des Begriffs das einfache *Fürsichsein* der Idee hervorbringen {an sich sind sie als Kreis in sich gesehen die Idee, aber sie bringen durch die Dialektik des Begriffs, insoferne dieser die Wahrheit ihrer Bewegungen ist, das Fürsichsein der Idee hervor. Wobei nun wieder gefragt werden kann, was das Fürsichsein der Idee ist, wenn sie nicht die abstrakt sich wissende Methode sein kann, was nach dem Bisherigen (§ 237) ausgeschlossen ist}. — Die Wissenschaft schließt auf diese Weise damit, den Begriff ihrer selbst zu fassen, als der reinen Idee, für welche die Idee ist."

Die Idee als Sichwissen der Methode in ihrem Inhalt ist so die logische Idee selbst. Indem die Idee für sich ist (§ 244), ist sie Anschauen, was zunächst nichts anderes sagt, als daß sie nicht ihren Inhalt auf die Form reduziert — das, was wir hier darzustellen versucht haben. Wenn im Folgenden des § 244 die anschauende Idee als Natur bestimmt wird, so ist damit die logische Idee noch von der absoluten Idee unterschieden. Damit beginnt die Interpretation des schwierigsten Kapitels der Philosophie Hegels, indem sich hier eine Dialektik zeigt, die zwar zweifellos im Sinne des Begriffs ist („entschließen"), aber sich aus dem System des Logischen nicht ergibt. Wir haben das theologische

Problem aus dieser Untersuchung ausgeklammert, nicht deshalb, weil Hegels Philosophie ohne es zu verstehen wäre, schon gar nicht deshalb, weil es kein Problem der Fundamentalphilosophie wäre, sondern weil es uns hier nur darum ging, die eigentümliche Dialektik von Problemen der Fundamentalphilosophie in der *Logik* darzustellen, die nicht auch sofort über die *Logik* hinausweisen.

Hier werden wir den „Übergang in die Natur" [vgl. Hegel, *Logik* II, Frankfurt/Main 1986, S. 573] nicht zu begreifen versuchen, zumal wir auch von dem Problem des „spekulativen Satzes" abgesehen haben. Daß aber dieser Versuch nicht hier gemacht wird, heißt nicht, daß wir ihn nicht ein andermal unternehmen werden.

Zu Fichtes Theorie des Gewissens

Im Folgenden geht es uns darum, in der notwendig zwischen Kant und Hegel schwebenden Betrachtung der Prinzipien des Sittlichen, die Bedeutung des Fichteschen Gewissensbegriffes festzuhalten. Über eine bloße Darstellung dieser Gewissenstheorie gehen wir insoferne hinaus, als wir festzustellen versuchen, wie sich gewisse Aporien des Kantischen Gewissensbegriffes, die sich vor allem durch die Kritik Hegels ergeben haben, durch die Systematik Fichtes auflösen lassen, wobei allerdings diese Theorie selbst veranlassen wird, den Weg der Reflexionsphilosophie zu verlassen.

Wenn man gegenwärtig versucht, Fichte als Handlungstheoretiker oder Anthropologen zu verstehen, dem es gar nicht um eine „Definition des Absoluten" gegangen wäre, die Schelling-Hegelschen Einwände den Reflexionsphilosophen gar nicht berührten,[1] so liegt einer solchen Interpretationsweise die Annahme zugrunde, daß man sich dem System, in dem eine Definition des Menschen ebenso eine Definition des Absoluten ist und umgekehrt, gegenüber gleichgültig verhalten könnte; es genüge, gewisse Aspekte eines Systems für Modetheorien, die sich an einzelwissenschaftlicher Abstraktion orientieren, fruchtbar zu machen. Eine solche Annahme liegt uns fern. Wenn wir von der Gewissenstheorie Fichtes sprechen, so blicken wir auf das Ganze des Systems: Fichtes Begriff des Gewissens ergibt sich notwendig aus diesem. Wohl steht für ihn das Problem, die Möglichkeit moralischer Selbstbestimmung zu begründen, motivlich im Zentrum seiner Wissenschaftslehre, sodaß man in gewisser Weise sagen kann, daß der Begriff des Gewissens der das System organisierende Zweck, die „Seele" desselben und auch der dialektisch-allerdings-konstruierenden Methode ist. Aber damit ist zugleich ausgesprochen, daß man ihn als Systematiker und nicht bloß beliebigen Theoretiker zu betrachten hat, denn ein bestimmter Begriff als Zentrum des Systems kann wohl die Schranke dieses bestimmten, nicht aber des Systems überhaupt sein. Es ist dann sein Sichselbstnichtadäquatsein, das über ihn hinaustreibt, und nicht die Willkürlichkeit eines bestimmten Aspektes.

Die Grundfrage Fichtes wäre dann die: Welchen Begriff des Menschen gilt es systematisch zu entfalten, wenn ich den Menschen als wesentlich sich im Zeichen des kategorischen Imperativs bestimmend zu begreifen habe? Der Begriff des Menschen ist nicht einfach eine Anthropologie, in der äußerlich reflektiert wird, was ein solcher Begriff voraussetzt, je nachdem auf welcher Sinnstufe er angesetzt wird, sondern die Ichheit selbst, die das System der Bedingungen ihres Zusichkommens und damit das individuelle Ich überhaupt konstruiert. Wenn, wie bei Fichte, die moralische Selbstbestimmung selbst

[1] Z.B. P. Baumanns, in: *Fichtes ursprüngliches System*, Stuttgart-Bad Cannstatt 1972.

zugleich als Endzweck verstanden wird und damit die Kantische Unterscheidung von oberstem und höchstem Gut fallengelassen wird, stellt sich die Subjekt-Objekt-Problematik zunächst so: wie kann ein Subjektives (ein Zweck, letztlich der kategorische Imperativ selbst) zu einem Objektiven werden. Fichte weiß natürlich, daß dies dieselbe Frage ist, wie ein Sein zu einem Vorgestellten werden könne. Aber seine eigentümliche Leistung ist es, von seinem Endzweckbegriff her, diese traditionelle Frage einmal umgekehrt gestellt zu haben. Die Antwort mußte aber sein: gleichgültig, ob vom Problem des Theoretischen oder vom Problem des Praktischen ausgegangen wird; es muß vom Punkt der Identität von Subjekt und Objekt ausgegangen werden (nach Kant ist dies ein für allemal klar). Das Ich ist die Identität von Subjekt und Objekt und allein aus seinem Setzen und der Dialektik desselben kann sich der Begriff der moralischen Selbstbestimmung entwickeln lassen.

Das Subjekt-Objekt ist somit selbst der Anfang, von dem aus erst ein Sichrealisieren des Vernunftgesetzes seinen Begriff erlangen kann. Die Subjekt-Objekt-Identität ist der Weg, das sich im Zeichen des kategorischen Imperativs bestimmende Individuum als individuelles Ich abzuleiten. Dies bedeutet nicht, daß das empirische Ich aus dem ursprünglichen Ich deduziert werden soll,[2] denn dieses ist nur die bestimmte Schranke dieses Individuellen, nicht das Individuelle selbst. Denn das Ich als Individuum ist eine Einheit von Bestimmen und Bestimmtsein, das „empirische" Ich nur die Abstraktion des Gefundenseins des Ichs, und es kann nicht die Aufgabe der Wissenschaftslehre (WL) sein, diese Abstraktion als begründet anzusehen. Es geht um den Begriff des im Zeichen der Moralität sich bestimmenden Ichs, das schon immer darüber hinaus ist, sich mit dem empirischen Ich identifiziert zu haben. Vom Ansatz der Wissenschaftslehre her gesehen, ist das Problem des Erreichens des empirischen Ichs schon zu einem Scheinproblem geworden, wenn es auch für Kantens „System" eine entscheidende Frage ist. Aber diesbezüglich meint Fichte, daß es der Mangel des Kantischen Ansatzes ist, daß durch ihn der Begriff des sichbestimmenden Ichs nicht konsequent erreicht werden kann.

Handeln im Sinne der praktischen Vernunft kann also nur dann zum Begriff gebracht werden, wenn von der ursprünglichen Einheit von Subjekt und Objekt ausgegangen wird. Der Ausgangspunkt ist natürlich ebenso für die Grundlegung des Theoretischen entscheidend, in der gezeigt wird, daß Erkennen, ohne in der Dialektik des Handelns zu stehen, gar nicht möglich ist. Das Ich kann sich nur als bestimmt durch ein Nicht-Ich setzen, wenn es sich ebenso als das Nicht-Ich bestimmend setzt. Der Freiheitsbegriff ist die Voraussetzung, um das Erkennen auf den Begriff zu bringen, aber umgekehrt gibt es ebenso kein Bestimmen des Ichs ohne ein Bestimmtsein desselben. Das Bestimmtsein des Ichs ist aber

---

[2] Auch von Fichte werden empirisches und individuelles Ich nicht immer gehörig unterschieden.

Resultat seines Sichsetzens. Dadurch stellt sich die Priorität des praktischen Ichs oder das Primat der praktischen Vernunft wieder her. Indem so das Ich, das durch die *WL* erreicht werden soll, in der intellektuellen Anschauung der Subjekt-Objekt-Identität steht, so ist der nähere Anfang des Begreifens des Sittlichen in die Anschauung des sich als bestimmend Setzens zu setzen.

Die *Sittenlehre* von 1798 hebt mit der Reflexion dieser Anschauung der Freiheit an. Man kann den ersten Teil derselben so betrachten, daß er nichts anderes vollzieht, als den Freiheitsbegriff zu entwickeln. Diese Entwicklung geschieht durchaus der Methode der WL adäquat: Die Freiheit ist ein Sichanschauen im Übergang von der Unbestimmtheit zur Bestimmtheit. Der Übergang, bloß objektiv genommen, ist Tendenz oder Trieb. Indem er aber nicht bloß objektiv genommen werden kann, ist er ein Trieb auf die bestimmte Subjekt-Objekt-Einheit überhaupt, welche letztere durch den ursprünglich gesetzten Gegensatz in die Differenz des Bewußtseins tritt. Aus dem Urtrieb, der Natur des Ichs im Sinne des Praktischen, werden somit zwei Triebe: Naturtrieb und reiner Trieb, wobei vom letzteren gezeigt wird, daß er als Trieb des subjektiven Ichs als Gedanke und damit als das Sollen des kategorischen Imperativs gegen den ersteren steht.

Diese Differenz als der Widerspruch der beiden Triebe, die ihre Wurzel in dem Urtrieb des Ichs, zu bestimmen, haben, soll zur Einheit zurückgeführt werden. Indem aber, wie in der *WL* (dritter Grundsatz), der Gegensatz oder Widerspruch einerseits die Bedingung der Möglichkeit des Sicherfassens des Ichs ist, andererseits ebenso aufgehoben werden muß, was die Natur der Subjekt-Objekt-Identität gebietet, ist die wechselseitige Bestimmung die Möglichkeit, die Vereinigung herzustellen: der Naturtrieb ist das Material des reinen Triebs nach der Selbständigkeit des Ichs als solchen und die Vereinigung, die Bestimmtheit als solche der sittliche Trieb. Das Sittengesetz, dessen Identität mit dem Freiheitsbegriff auf diese Weise dargelegt ist, gebietet sonach, eine bestimmte Selbständigkeit des Ichs herzustellen, die im Zeichen seiner absoluten Selbständigkeit steht. In bezug auf Hegel und seine Kritik der Moralität ist hier zu beachten, daß diese Dialektik von Bedingtheit und Unbedingtheit des Ichs die Natur der praktischen Idee überhaupt ist[3] und daher der Selbstbegründung des sittlichen Handelns eigentümlich ist. Die Bestimmtheit der absoluten Selbständigkeit ist somit das Sollen einer bestimmten Pflicht selbst. Sowenig die absolute Selbständigkeit aus sich den Widerspruch von Setzen und Entgegensetzen des Ichs einfach vernichten kann, sowenig gibt es die Möglichkeit einer unmittelbaren Herrschaft des reinen Triebs über den Naturtrieb, sondern das Sollen geht wesentlich in das Sollen einer Bestimmtheit über. Das Material des Sollens, der Naturtrieb, wird zum Eigentum desselben herabgesetzt und das reine Sollen zur Unbedingtheit bestimmt sich zu einer bestimmten und beding-

[3] Hegel, *Enzyklopädie* (1830), §§ 233ff.

ten Unbedingtheit: Bewußtsein der bestimmten Pflicht. Die eine Seite ist so die Identität von Freiheit und Sittengesetz: das Sicherheben des endlichen und bedingten Ich (beides: endlich und bedingt, ist es durch die Tätigkeit des Ichs in ihrem Widerstreit mit sich) zu seiner Absolutheit: Freiheit als Autonomie. Insofern dieses Erheben immer ein bestimmtes ist, ist das Realisieren der bestimmten Pflicht durch ein bestimmtes, endliches Ich notwendig. Die Autonomie ist der erste Freiheitsbegriff.

Der zweite und abgeleitete Freiheitsbegriff ist der der Freiheit als eines Vermögens, dem Sollen zu entsprechen, wie das Sollen seine Möglichkeit gemäß seinem Begriff fordert: eine Möglichkeit, die ebenso auf sich stehenbleiben kann, womit der dritte Freiheitsbegriff, der der Heteronomie, gegeben ist. Das Beharren der formalen Freiheit auf sich, sich nicht in die Autonomie als in den Grund aufzuheben, ist die schlechte Freiheit des Endlichen.

Die Wurzel dieser drei Freiheitsbegriffe ist somit die Autonomie selbst, die, insoferne sie die intellektuelle Anschauung des Bestimmens ist, in die Differenz des abgeleiteten Ichs tritt. Diese Differenz zu sich selbst begründet den Gegensatz von Natur- und reinem Trieb ebenso wie die Differenz von formaler und wirklicher Freiheit. Drittens begründet sie die Differenz der wirklichen Freiheit in Autonomie und Heteronomie, der wesentlich wirklichen und der zufällig wirklichen Freiheit und damit die Unterscheidung von Moralität und Legalität. Wobei letztere die Willkür ist, die zufällig wirkliche Freiheit mit der notwendig und wesentlich wirklichen Freiheit zu verwechseln. Die bloße Legalität ist so schon an sich Heuchelei.

Das Handeln nach dem Wissen von der bestimmten Pflicht und diese im Zeichen des Sollens überhaupt in den Willen aufzunehmen, was heißt, die Freiheit als Möglichkeit in die Wirklichkeit übergehen zu lassen, ist das moralische oder das gewissenhafte Handeln.

Gewissen ist nun nach Fichte das „Bewußtsein der bestimmten Pflicht", nicht des Sittengesetzes überhaupt, sondern schlechthin Gewißheit dessen, wie ich als dieses Individuum in dieser bestimmten Situation zu handeln habe, um der Tendenz zur absoluten Selbständigkeit entsprechen zu können. Tendenz zur absoluten Selbständigkeit ist die Natur des Ichs überhaupt, das diesem Trieb Widerstehende aufzuheben. Das Aufheben ist aber nicht nur überhaupt, sondern wesentlich bestimmtes Sichrealisieren der Ichheit: als Möglichkeit, die zugleich an ihr selbst ein Sollen ist, gesetzt: Bewußtsein der bestimmten Pflicht. Dem reinen Trieb zu entsprechen heißt das, was mit der Moralität (der Gesinnung) gemeint ist: diese Bestimmtheit, diesen Zweck, schlechthin deshalb zu realisieren (Handlung), weil er die Unbedingtheit des Sollens an sich hat und ihn nicht zum Mittel für bedingte Zwecke herabsetzen (bloße Legalität des Handelns, ein Entsprechen, das kein Entsprechen ist). Das Bewußtsein dessen, was der zu verwirklichende Inhalt ist, ist durch den kategorischen Imperativ oder reinen

Trieb, absolute Gewißheit (= Gewissen): die Unbedingtheit desselben gründet schlechthin diese Gewißheit. „*handle nach deinem Gewissen*" [Fichte, *Sittenlehre* 1798, S. 153] ist gleichbedeutend mit „*Handle stets nach bester Überzeugung von deiner Pflicht*" [Ebd.].[4]

Hier stellt sich sofort die Frage, wie für das handelnde, individuelle Ich eine solche Überzeugung erreichbar ist. Für das das ursprüngliche Ich betrachtende Ich, die WL, ist diese Gewißheit die Erinnertheit dieses individuellen Ichs an seinen Grund, die Ichheit überhaupt. Diese Bestimmtheit als Gewißheit ist schlechthin durch die Natur des Ichs begründet, aber für das handelnde Ich theoretisch zu vermitteln: ein Herstellen der Überzeugung, das ebenso absolut geboten ist und analytisch aus dem Sittengesetz folgt und für uns aus der Mittelhaftigkeit des „theoretischen Vermögens" im Hinblick auf den Zweck, die Ichheit, erfolgt.

Fichte stellt sich im 3. Hauptstück der *Sittenlehre* von 1798 die Frage, wie das individuelle Ich überhaupt eine solche Überzeugung von der bestimmten Pflicht herstellen könne. Das Problem ist zunächst ein Zirkel: ich soll diese bestimmte Überzeugung, die ja nur gegenwärtig Gewißheit ist, am System meiner Überzeugtheit von der Pflicht überhaupt messen; eine andere Formulierung der Kantischen Typik der praktischen Vernunft, allerdings mit dem bedeutenden Unterschied, daß bei Fichte nicht mehr von der reinen Form des Gesetzes, sondern von einem System der Überzeugung, das somit schon Ausgelegtheit des kategorischen Imperativs ist, die Rede ist. Der Zirkel ist aber der:

> „das System meiner Überzeugung {an dem ich ja die gegenwärtige Gewißheit messen soll} selbst kann mir auf keine andere Weise gegeben werden, als durch meine gegenwärtige Überzeugung von derselben". (S. 161)

Kurz: Das System der Überzeugung setzt diese bestimmte Überzeugtheit und diese wiederum das System — ein Voraussetzen, das ebensosehr tätiges Setzen ist. In diesem Zirkel bewegt sich die reflektierende Urteilskraft, die hier weder von der praktischen noch von der bestimmenden Urteilskraft unterschieden werden kann. Denn das Finden des Allgemeinen zu dieser Besonderheit, wie das Bestimmen dieses Besonderen durch das Allgemeine, ist hier eine einzige Bewegung, die im Kreis verläuft. Im Zirkel selbst ist aber ein „absolutes Kriterium der Richtigkeit unserer Überzeugung von der Pflicht" (Ebd.) nicht anzutreffen. (In Anlehnung an Hegel könnte man hier sagen: Das System der Überzeugung ist die sittliche Substanz, die den kategorischen Imperativ schon in ein System der Pflichten ausgelegt hat — aber die Auslegung, die ich finde, ist ebensowenig ein Gefundenes als eine bloße Setzung, sie fällt in meine gegenwärtige Gewißheit. Mein Finden ist ein Auslegen, ein Hervorbringen des

---

[4] Fichtes *Das System der Sittenlehre* von 1798 wird hier nach der Ausgabe von M. Zahn, Hamburg 1963, nur unter der Angabe der Seitenzahl zitiert.

Systems durch das Gewissen wie ein Voraussetzen dieses Systems.) Dann wäre aber die Überzeugung von der bestimmten Pflicht unmittelbar. Fichte nennt diese Unmittelbarkeit, als den vermeintlichen Ausweg aus dem Zirkel, im Anschluß an Kant ein „Gefühl", das sich durch die WL so erklärt: „das ursprüngliche Ich und das wirkliche [Ich] sind in Harmonie" (Fichte, *Sittenlehre* 1798, S. 163).

Dies bedeutet: Die Überzeugung stellt sich im Zirkel der Urteilskraft schlechthin her. Die zum moralischen Handeln erforderliche Gewißheit ist nicht ohne das Tun der reflektierenden Urteilskraft zu erreichen, aber es gibt auch kein anzugebendes Verfahren, das diese Gewißheit herstellen ließe. Zwar wird die Urteilskraft in bezug auf diese bestimmte Pflicht einen Grund derselben in einer allgemeineren Pflicht suchen und finden, aber dort, wo sie versuchen wird, diese bestimmte Pflicht als allgemeinere direkt auf das System der Überzeugung oder den kategorischen Imperativ selbst zu beziehen, um eine verständige vermeintlich zureichende Begründung zu finden, wird sie bei einer schlechthinnigen Gewißheit, daß diese unmittelbar aus der Form des Gesetzes erfolge, stehenbleiben. Das Tun der Urteilskraft ist dann also nur das Begründen einer bestimmten Pflicht durch eine andere bestimmte Pflicht, aber der zureichende Grund zum moralischen Handeln bleibt eine Gewißheit, eine Überzeugung von bestimmter Pflicht, die, wollte sie sich im Sinne des Verstandesschlusses bestätigen, die Mitte immer nur als eine solche setzt, um dem unendlichen Regreß zu entgehen. Die wahrhafte Mitte ist somit aber das Gewissen selbst, in die sich die im Reich der Zwecke umherirrende Urteilskraft aufhebt. Das Gewissen ist somit schlechthin das Bestimmen der bestimmten Pflicht selbst. Die Substanz setzt dieses Akzidenz. Das Setzen selbst ist aber der Substanz nicht zufällig, sondern absolut notwendig. Nur von seiten der relativen Notwendigkeit her gesehen, ist das Setzen dieses Akzidenz zufällig.

Die bestimmte Pflicht ist ebenso, von der Willkür her gesehen, zufällig. Denn diese als bloß formale Freiheit, wiewohl sie systematisch betrachtet in der Autonomie ihren „Grund" hat, ist zugleich überhaupt dadurch bestimmt, daß sie gleichgültig gegen die Pflicht ist. Aber die Autonomie ist das Aufheben der formalen Freiheit: die wirkliche Freiheit. Im absoluten Bewußtsein handelnd, diese Pflicht um ihrer selbst [willen] realisieren zu wollen, sie als solche als aus dem Sittengesetz begründet anzuerkennen, stellt sich zugleich die absolute Notwendigkeit des kategorischen Imperativs her, eine bestimmte Pflicht als seine Bestimmtheit zu setzen (ein Setzen, das ebensosehr Übergehen ist). Fichte löst also diesen Zirkel der reflektierenden Urteilskraft in Ansehung des Erreichens des Bewußtseins von der bestimmten Pflicht durch das Gefühl der Überzeugung, welches seiner Möglichkeit nach durch die WL fundiert ist. Auch wenn man die WL von ihren reflexionsphilosophischen Voraussetzungen befreien muß, wird in Ansehung der Moralität keine andere Lösungsmöglichkeit dieses Zirkels im Begreifen des Moralischen offenstehen. Freilich kann man meinen, daß ein solcher Zirkel (der übrigens schon bei Aristoteles in bestimmter Weise vorhanden ist, etwa in der wechselseitigen Voraussetzung von *sophrosyne* und *phronesis*) überhaupt nicht vorhanden ist und dadurch der Fichtesche Rekurs auf das Gefühl z.B. Kantische Auflösungsversuche des Problems der praktischen Urteilskraft unterbietet. Aber auch die hier oft angeführte „Typik", die ebenso wie die anderen Formulierungen des kategorischen Imperativs schon die „gemeinsame Wurzel" nur voraussetzt, trägt zur Lösungsmöglichkeit des Problems der bestimmten Pflicht nichts bei. Gerade dadurch, daß sie hier explizit die Widerspruchslosigkeit als Kriterium ansetzt, gerät die Kantische Antwort in die Nähe des trivialen „*quod tibi non vis fieri*"[5], und jeglicher Zweck oder jegliche Handlung, sofern sie nur für ihren Zweck tauglich ist, kann hier ihr *sanctum* erhalten. Die Fichtesche Gewißheit geht über dieses formale Kriterium hinaus, wie sie darüber hinausgegangen ist, das System der Gewißheit mit der reinen Form zu vertauschen.

Das Sittengesetz fordert zweierlei: Erkennen der Pflicht und Sichbestimmen durch die Pflicht. Im Sichbestimmen hat sich die Einigkeit von reinem und beschränktem Ich hergestellt. In der Erkenntnis, die nur zu einer Gewißheit gelangt, ist diese Einigkeit realmöglich geworden. Es ist klar, daß die Erkenntnis der Pflicht nicht bedeuten kann, ein der Insichvermitteltheit des philosophischen Systems Analoges herzustellen, sowenig sie die verständige Ableitung der Pflichten implizieren kann. Ein Analogon zwischen systematischer Erkenntnis und sittlicher Einsicht ist allerdings schon festzustellen: der unendliche Regreß wird schlechthin als überwunden gesetzt: dort durch die Tätigkeit der Form, hier durch die Entsprechung von reinem und endlichem Ich. Diese sittliche Einsicht in die Entsprechung kann durch kein Verfahren, das der reflektierenden Urteilskraft vorgeschlagen wurde, hervorgebracht werden, um dem Anspruch der relativen Notwendigkeit entgegenzukommen. Man kann nur antizipieren, daß sich ein Punkt mit Notwendigkeit finden wird, wo ich weiß: dies ist meine Pflicht, dies ist die Entsprechung. Die Überzeugung stellt sich schlechthin her und muß sich herstellen können. Der mögliche Zweifel an der Moralität der Handlung nach der Tat, der aber die Moralität derselben nicht aufheben kann, kann höchstens anzeigen, daß die Entsprechung in der Sphäre der Moralität überhaupt (vielleicht in der Sphäre des objektiven Geistes schlechthin) nur momentan ist. Im Hinblick auf diese Handlung ist allerdings das Gewissen absolut. Der Überzeugung wird zwar das Kriterium der theoretischen Richtigkeit fehlen können, nicht aber die Wahrhaftigkeit des Gewissens. Derjenige, der die Gewißheit nicht erreicht, der, der sich nicht zum Überzeugtsein hinbewegen

---

[5] Von welchem sich Kant ausdrücklich in der *Grundlegung zur Metaphysik der Sitten* distanziert hat, vgl. Kant, *Akademieausgabe*, Band IV, S. 429f.

kann, ist mit Recht von Aristoteles der Schlechte genannt worden:[6] seine Willkür nimmt den kategorischen Imperativ nicht ernst.

Überall dort, wo Kant (z.B. in der *Grundlegung zur Metaphysik der Sitten*) bestimmte Pflichten aus dem kategorischen Imperativ abzuleiten versucht, stellt sich für den Leser unmittelbar die Zustimmung zu diesem Versuch her. Bedenkt man dann Hegels Tautologieeinwand, so zerstört sich der Schein der Abgeleitetheit: bestimmte Pflichten lassen sich nicht aus der reinen Form ableiten, wenn sie nicht schon an und für sich abgeleitet sind. Dieses Paradoxon wollen wir hier zum Begriff erheben.

Beiläufig angemerkt: Eine Ableitbarkeit bestimmter Pflichten aus dem kategorischen Imperativ kann der Moralität nicht hinderlich sein, aber ebensowenig sie bewirken. Die vollständige Ableitung aller meiner Pflichten bietet immer noch die Möglichkeit des bloß legalen Handelns, auch dann, wenn die Herrschaft der Tugend errichtet worden wäre. Andererseits bin ich gezwungen, meine Pflicht abzuleiten, um nicht moralisch blind zu handeln. Aber diese „Ableitung“ selbst kann keine *techne* sein, keine Verfahrensweise, eine Übereinstimmung zu bewirken. Diese Einsicht in die Unmöglichkeit einer solchen Verfahrensweise hat Fichte durchaus. (Selbstverständlich sehen „kritische Rationalisten“, die die Welt der Tautologie unterwerfen möchten, hier gleich Irrationalismus. Aber diese sehen ja auch gar nicht den kategorischen Imperativ, sondern nur das dürftige Gesetz ihres Herzens: platten Eudämonismus. Ihrem Moralisieren wäre ein Tautologievorwurf ohnehin nicht abträglich.)

Wenn klargeworden ist, daß empirisches und transcendentales Ich nicht äußerlich zusammengebracht werden können, sondern beider spekulative Identität als Resultat der Bewegung der Ichheit überhaupt angesehen werden muß, ergibt sich analog dazu schon die weitere Einsicht, daß ein Bewußtsein des kategorischen Imperativs und eine Frage, wie im Hinblick auf eine bestimmte Situation zu handeln sei (für das wirkliche Ich steht diese immer im Zeichen des kategorischen Imperativs), nicht miteinander durch ein äußerliches Drittes in Beziehung zu setzen sind. Der Imperativ bestimmt sich als Substanz, wie sich die Einzelheit zur Selbstbestimmung erhoben hat. Die Wahrheit der reflektierenden Urteilskraft ist die tätige Mitte.

Das Wissen der bestimmten Pflicht ist zunächst nur die reale Möglichkeit einer bestimmten spekulativen Einheit — die moralische Gesinnung deren Übergang in die Wirklichkeit. Die bestimmte Pflicht als gewollte ist so selbst die Mitte, die Unmittelbarkeit (Überzeugung) ist, indem sie sich im Zirkel von sittlicher Substanz und individueller Gewißheit oder wahrhafter Auslegung durch den Schein ihres äußerlichen Hervorbringens hergestellt hat.

---

[6] Aristoteles, *Nikomachische Ethik*, III/2, 1110.

Diese spekulative Identität, wie wir sie hier sehr abgekürzt und bloß nennen wollen, verhindert eine Interpretation des Gewissens, die dieses auf die Seite des bloß empirischen Ichs stellen wird. Das moralische Gefühl, sei es das der Achtung oder die Gewißheit der Überzeugung, ist nach Kant und Fichte als vernunftgewirktes Gefühl zu nehmen. Für den äußerlichen Beobachter des gewissenhaften Handelns kann diese Tat freilich als aus dem empirischen Charakter, der bloßen Einzelheit, erfolgend erscheinen, denn dieser hat gar keinen anderen Zugang zu Moralität oder Immoralität des anderen als die schlichte Anerkennung des Handelnden als eines Subjektes (nicht bloß der Person). Gewissenhaftes Handeln oder moralisches Sichbestimmen folgt nicht aus der Diesheit dieses Individuums (der Situation), sondern nur aus der „Harmonie“ derselben mit dem ursprünglichen Ich, dem Sittengesetz:

> „Es ist daher für jeden bestimmten Menschen in einer jeden Lage nur etwas Bestimmtes pflichtmäßig“. (S. 163)

Durch das Sittengesetz wird das faktische, empirische Ich, insofern es überhaupt nur in der Einheit mit dem reinen Ich ist und durch letzteres konstituiert ist, seiner Ichheit inne, erinnert. Das Treiben über die Grenze hinaus ist ein Erheben derselben in ihre Notwendigkeit und zugleich ein Bestimmen derselben: Die Notwendigkeit des kategorischen Imperativs macht diese Bestimmtheit des Guten selbst zu einem Notwendigen, das für ein anderes, außerhalb der Substanz Stehendes ein Zufälliges sein kann. Indem sie aber notwendige Bestimmtheit ist, eine bestimmte Pflicht zwar im Hinblick auf die Lage, aber ebensosehr an ihr selbst bestimmt, so ist sie sagbar, nicht bloß für die Einzelheit vermittelbar, was ohnehin schlechthin unmöglich wäre, zumal diese ja durch sie ins Element der Allgemeinheit erhoben wird. Denn:

> „das Sittengesetz ist lediglich formal, und muß seine Materie anderwärtsher erhalten. Aber *daß* etwas seine Materie ist, davon kann der Grund nur in ihm selbst liegen“. (S. 162)

Das Sittengesetz als solches betrachtet — das gilt ebenso für die Kantische wie die Fichtesche Formulierung des kategorischen Imperativs — gibt aus sich selbst keine Bestimmtheit des Guten her, sondern setzt eine Materie seiner „Anwendung“ nicht nur überhaupt sondern eine bestimmte, diese Lage dieses Individuums voraus. Es ist diese bestimmte Grenze dieses Individuellen, in welcher sich dieses Individuelle nicht bloß zufällig findet, denn, daß es sich bestimmt findet, wurde aus den „Gesetzen der Ichheit“ abgeleitet. Aus den Prinzipien der Ichheit abgeleitet ist sie mögliche Materie der Verwirklichung des Sittengesetzes (Möglichkeit = formale Freiheit, die Differenz des Bewußtseins). Seine, des Sittengesetzes Materie ist diese Lage des Individuums im Aufheben, das zugleich Bestimmen derselben Materialität ist. In der Bestimmtheit der Pflicht ist die Seinigkeit des Vorausgesetzten gesetzt, in der Handlung verwirklicht (Autonomie). Weder ist es die bestimmte Situation oder die Einzelheit dieses Individuums, die die reine Form zum Sichbestimmen bringt, noch entläßt die reine Form die Bestimmtheit gleichgültig aus sich, sondern das Bewußtsein der bestimmten Pflicht ist es selbst, das die wesentlich tätige Erinnerung dieser Materie an ihren Grund ist, wie sie selbst der Grund zunächst im Moment des Gesetztseins festgehalten ist. In der moralischen Handlung ist die Voraussetzung aufgehoben, als Eigentum der Form gesetzt und verwirklicht. Nur dem gewissenlosen oder legalen oder unmoralischen Handeln zerfällt diese als Grund tätige Mitte in das Extrem der bloßen Form einerseits und in die sogenannte konkrete Lage des Individuums andererseits. Für dieses haben sich das empirische und das reine Ich getrennt, es findet beide ohne Mitte vor, welche ihm das bloß Mögliche ist, da es die formale Freiheit in die Willkür verkehrt, d.h. gegen die wirkliche Freiheit bestimmt hat.

Indem im sittlichen oder moralischen Handelnden (hier können wir zunächst beide für identisch nehmen) die Mitte realisiert ist und so die vorausgesetzte Materie zum Eigentum der Form geworden ist, wird demselben der Grund seines Handelns, sofern er ihn gegenüber anderen mitteilen will oder vielleicht diese Mitteilung selbst geboten ist, nicht in der Einzelheit der „komplexen" Situation oder des „irrationalen" Gefühls liegen, sondern, der scheinbaren Unmittelbarkeit der Mitte selbst ohngeachtet, wird er versuchen, verstandesmäßig dieses bestimmte Gute zu begründen, also sein System der Überzeugung darlegen. Dieses Begründen geht zunächst im Sinne des realen Grundes vor sich, indem ein anderes bestimmtes Gutes der Grund für dieses Gute ist usw. Wenn das System der Überzeugung zur Darstellung gelangt, wird es aber einen Punkt geben, wo ein bestimmtes Gutes in den formalen, identischen Grund gesetzt wird: diese Bestimmtheit des Guten ist sich selbst setzend. Dieser sichsetzende Grund wird nicht die reine Form selbst, aber auch nicht nicht sie selbst sein. Denn sie ist das Sichsetzen als Setzen der Bestimmtheit selbst. Der kategorische Imperativ ist seine Interpretation im System der Überzeugung, die durchgängige Bestimmung desselben — im Hinblick auf diese Handlung, soferne sie autonom erfolgte.

Es ist klar, daß das nicht heuchelnde Begründen der Handlung für andere und das Begründen der Handlung zum Zwecke derselben identisch sein müssen. Beide Male gibt es den Punkt, wo das Gesetz unmittelbar in die Bestimmtheit des Guten übergeht — oder übergegangen ist? Wir müssen das zweite behaupten: Ein Bewußtsein des Überganges, ein gegenwärtig anschauliches Übergehen zur Bestimmtheit ist nur dem als Handlung zu verstehenden Selbstbestimmen eigen. Die Bestimmtheit des kategorischen Imperativs hat sich im System der Überzeugung schon vollzogen, bevor ich autonom handle, denn der Zirkel hat sich schon in der Gewißheit aufgehoben. Dieses Bewußtsein der bestimmten Pflicht ist nämlich die Möglichkeit des autonomen Handelns. Diese Gewißheit im System der Überzeugung hat sich in bezug auf die Gegenwart des Handelns schon immer hergestellt und dieses System ist der kategorische Imperativ selbst als sittliche Substanz, als die Totalität seiner Akzidentien, der bestimmten Pflichten. Die erste Bestimmtheit, die unmittelbare Auslegung der Substanz steht für die ganze Form selbst.

Wenn wir nochmals auf die Frage des Bestimmtseins des Systems der Überzeugung durch den kategorischen Imperativ in ihrer zunächst abstrakten Bedeutung zurückkommen, so hat sich bisher ergeben, daß die Substanz und ihre Auslegung durch dieses Ich ebenso gefunden wie hervorgebracht wird: Ich sehe hier auf keinen Wertehimmel, um an demselben die Richtung meiner Handlung zu bestimmen. Ich konstruiere aber ebensowenig widerspruchslose Möglichkeiten des Handelns. Das System der Überzeugung ist weder konstruiert noch aufgenommen. D.h. ebenso: weder ergeben sich die Pflichten analytisch aus dem kategorischen Imperativ, womit auch die Widerspruchslosigkeit kein Kriterium sein kann, noch ist es möglich auf synthetische Weise die zum Handeln erforderliche Bestimmtheit zu erhalten. Der Syllogismus, der sich im Sinne der synthetischen Methode interpretierte, als Verstandesschluß aufgefaßt, entbehrt der Vermittlung des Untersatzes, führt in den unendlichen Gressus. Dies betrifft bei Kant sowohl die erste wie auch die zweite Formulierung. Die dritte, die Mittel-Zweck-Formulierung setzt zweierlei voraus, um zu konkreten Pflichten überzugehen,
a) den Begriff des Menschen und
b) die Übereinstimmung dieses Begriffs und seiner Existenz oder die Anerkennung des Menschen als Menschen, aber gerade diese ist durch diese Formulierung gefordert. Also auch die dritte Formulierung entgeht dem Tautologievorwurf nicht: Ich soll den Menschen als Menschen anerkennen — aber die Anerkennung ist erst möglich, wenn sie schon geschehen ist, mithin die Pflichten feststehen, die die Anerkennung als solche bestimmen. Als empirisches Ich ist der andere nicht Zweck; als reines Ich als Zweck genommen, bedeutet dies nur die erste Formulierung selbst.

Der Kern des Hegelschen Tautologievorwurfes ist also dies: Die Vermittlung der bestimmten Pflicht kann nicht im Sinne des Verstandes hergestellt werden; sie kann überhaupt nicht *hergestellt* werden und das heißt nicht, daß sie nicht stattfände. Der Verweis auf die sittliche Substanz ist nicht die Ablösung einer Gesinnungs- durch irgendeine Form der Wertethik. Die prinzipiell unableitbare Gewißheit im System der Überzeugung teilt die „Sittlichkeit" mit der Moralität. Die Sittlichkeit ist nicht durch ein Vorfinden und die Moralität nicht durch ein Herstellen der Pflicht. Finden und Herstellen sind nur die Abstraktionen davon, daß sich die Form schlechthin aus sich bestimmt, und diese ist nichts anderes als mein Gewissen. Der Schein der verständigen Vermittlung ist die Verstellung eines im Sinne des Hegelschen Systems zu interpretierenden Vernunftsyllogismus, der noch näher zu explizieren wäre (über alle Stufen des objektiven Geistes und vielleicht sogar darüber hinaus).

Indem Fichte das Gewissen als Bewußtsein der bestimmten Pflicht faßt, ist er, indem er den kategorischen Imperativ als Handelnsollen nach dem Gewissen formuliert, zunächst schon formal über die Kantischen Schwierigkeiten hinausgegangen: die Verstandesvermittlung hat sich hier so aufgehoben, wie sie sich im individuellen Gewissen aufheben muß. Auch das Problem der Fremdheit der Maxime gegenüber der reinen Form kann sich auf diesem Standpunkt, in dem das endliche Ich aus der Dialektik des absoluten Ichs resultiert, nicht mehr stellen (so problematische Unterscheidungen wie oberes und unteres Begehrungsvermögen sind durch die Trieblehre ebenso beseitigt wie Fragen, ob sich die formelle Freiheit aus der Autonomie begründen lasse etc.). Wenn Hegel sagt:

> „Das wahrhafte Gewissen ist die Gesinnung, das, was *an und für sich* gut ist, zu wollen" (*Rechtsphilosophie*, § 137),

so ist dies auch eine Charakterisierung des Fichteschen Gewissensbegriffes. In der Vereinigtheit von reinem und empirischem Ich, die sich wesentlich im Gewissen manifestiert, ist das Abgleiten der Bestimmung des Guten in die schlechte Subjektivität nicht mehr möglich. Aber beider Identität ist in der Sphäre des objektiven Geistes überhaupt momenthaft: die Identität und die Endlichkeit, die Trennung beider, wechseln einander ab und dies ist auch die Endlichkeit der ganzen Sphäre.

Was an und für sich gut ist zu erkennen, ebenso wie es zu wollen, setzt ein Aufheben der schlechten Subjektivität voraus. Diese ist aber durch endliches Erkennen im Sinne der Verständigkeit einerseits, durch die zur Willkür gewordene formale Freiheit andererseits definiert. Beide Momente sind bei Fichte nur die „Bedingungen der Ichheit", aber nicht die Wirklichkeit der Moralität.

Diese „Absolutheit" des Gewissens, die freilich an sich auch schon bei Kant vorhanden ist, konnte erst im Fichteschen Ansatz begriffen werden. In der Trennung von reinem und empirischem Ich konnte Kant gar nicht konsequent zum individuellen Gewissen gelangen.

Ein Problem knüpft sich hier allerdings an den Fichteschen Gewissensbegriff an: die Identität von Substanz und Gewissen ist — durch die Endlichkeit der ganzen Sphäre — eine ebenso sich aufhebende. Um sie überhaupt im Sinne des Begriffes fassen zu können, muß es auch eine Bewegung beider gegeneinander geben. Hier ist sicher über Fichte hinauszugehen.

Daß aber der kategorische Imperativ oder das Gewissen, wie der objektive Geist überhaupt, noch nicht die *forma formarum* ist, wovon Fichte allerdings das Gegenteil behaupten würde, und welche Behauptung der Grund für sein äußerliches Vermitteln des Gewissensbegriffes ist, läßt einen Weg erkennen, das

Gewissen als eine Kategorie einer Logik zu begreifen, die den unendlichen Gressus wahrhaft überwunden hat und alle Insichvermitteltheit — nicht nur die des Gewissens — vermittelt. Fichte bleibt bei der Methode stehen, die die äußerliche Teleologie noch über die Dialektik des Ichs dominieren läßt: das Begreifen des Gewissens setzt voraus, daß alle Verstandestrennungen bei Kant als Setzungen der bekannten „unbekannten Wurzel" begriffen werden. Diese werden letztlich auf eine Gegensetzung zurückgeführt, die Bedingung des Sollens und damit der Moralität ist. Aber die notwendig über den Gegensatz hinausgehende Ichheit, der Grund wird mit dem Sollen selbst identifiziert.

Wenn dieser Standpunkt selbst noch mangelhaft ist, so müßten sich auch innerhalb des von Fichte ausgeführten Systems des Sittlichen Mängel oder Widersprüche ergeben.

Es ist nun folgender Gegensatz, der sich bei Fichte (S. 204) ausspricht:

> „Was dieses [das Gewissen] jedesmal bestätigen wird, ist Pflicht, und dieses irrt nie, wenn wir nur auf seine Stimme aufmerken [...] Aber für die Wissenschaft ist es nicht genug. Entweder wir müssen a priori bestimmen können, was überhaupt das Gewissen billigen werde, oder wir müssen eingestehen, daß eine Sittenlehre, als reale, anwendbare Wissenschaft nicht möglich sei."

Durch die bisherige Ableitung des Gewissensbegriffes ist es nicht einzusehen, warum es eine solche Wissenschaft *a priori* geben müsse. Denn die bestimmte Pflicht ist die Mitte zwischen der „Natur" des Ichs und diesem sich als bestimmt wissenden Ich in seiner Einzelheit. Von Fichte wird aber überdies eine Systematik der bestimmten Pflichten gefordert, die durch die Gleichgültigkeit gegen das sichfindende Individuum in mögliche Konkurrenz zur Entscheidung des Gewissens treten kann. Wie kann sich die Notwendigkeit einer solchen Systematik begründen? Einer Systematik der Pflichten, in welcher die Gewißheit selbst *a priori* antizipiert wird?

Die Antwort Fichtes auf diese Frage nach der Möglichkeit einer solchen Pflichtenlehre ist schnell gegeben, aber wir werden uns fragen müssen, ob sie zureichend begründet ist: die Bedingungen der Ichheit überhaupt, dem Trieb zur absoluten Selbständigkeit unterworfen, ergeben den „materiellen Gehalt des Sittengesetzes" (S. 208). Das Ich, insofern es sich begründet hat, nur überhaupt Individuelles ist, dem Begriff seiner Unbedingtheit unterstellt, läßt allgemeine Bestimmungen des Guten erkennen. Die Endlichkeit überhaupt durch die sie setzende Unendlichkeit bestimmt, ist das Bestimmtsein der Pflicht. Nun ist dieses endliche Ich ebenso überhaupt endliches wie bestimmtes endliches Ich, das hat ja die WL gezeigt, und wenn man die Endlichkeit überhaupt von dieser Endlichkeit trennen kann, so ist die Möglichkeit *a priori* Pflichten anzugeben, einzusehen. Hier ist man aber allerdings in einen Gegensatz von empirischem und individuellem Ich getreten, und wäre derselbe aufrecht zu erhalten, dann müßte angenommen werden, daß jedes Individuum dieses System der Pflichten begleitet. Das Gewissen wäre dann nur mehr die Subsumtion des Falles unter das apriorische System, was allen bisherigen Ausführungen Fichtes über das Gewissen widerspräche.

Zunächst ein Blick auf dieses ausgeführte System der Pflichten, die materiale Pflichtenlehre: die Momente der Endlichkeit des Ichs sind also auf das Ich als Idee zu beziehen: die Schranken des Sollens sind ebensosehr als Mittel ihrer Aufhebung zu nehmen. Sie sind dem Sollen ebenso vorausgesetzt, als durch dasselbe diese Bedingungen seiner Realisation negiert werden. Die Bestimmung dieses Widersprechens ist die Bestimmtheit der Pflichten. Das individuelle Gewissen ist nichts anderes: nur hat es nicht nur die Natur des Ichs überhaupt als Schranke vorausgesetzt, sondern z.B. auch diese bestimmte geschichtliche Situation, in der es sich findet. Hier aber werden die allgemeinen Bedingungen, unter denen ein Ich sich findet, durch seine Unbedingtheit bestimmt. Das System der Pflichten ist eingeteilt nach allgemeinen und besonderen bedingten auf der einen Seite, unmittelbaren allgemeinen und besonderen auf der anderen Seite. Nun ist schon klar, daß die besonderen Pflichten nur die Bestimmung eines Vorgefundenen mit dem Zusatz des Sollens bedeuten können. Was aber die bedingten Pflichten betrifft, die sich auf Leben, Leiblichkeit und Erkennen beziehen, so ist ihre Konkretion nur die analytisch sich ergebende, daß diese Momente nicht als Selbstzweck, sondern als Mittel im Hinblick auf das Sittengesetz angesehen werden müssen.

Die unmittelbaren Pflichten betreffen die Individualität als solche, und es ist die Forderung letztlich, das Reich der Zwecke zu ermöglichen, Moralität zu verbreiten u.ä. Hier kann von *a priori* abgeleiteten Pflichten nicht die Rede sein. Es ist hier tatsächlich nur die abstrakte Beziehung des Sittengesetzes auf die reflexionsphilosophisch begründete Schranke des sichfindenden Ichs überhaupt ausgesprochen. Dort aber, wo Fichte auf die besonderen unmittelbaren Pflichten näher eingeht, müßte er das Aufgegriffene als durch die Idee bestimmt erkennen, als durch sich die Wirklichkeit setzend; z.B.: [die] Forderung in den Stand der Ehe zu treten, weil nur in ihr der Naturtrieb seine sittliche Bestimmung erhält. Sosehr man diese Forderung ebenso wie die Kantischen Ableitungsversuche der Pflichten für substantiell halten muß, sowenig ist sie als Ableitung geglückt. Der Naturtrieb soll seine sittliche Bestimmung erhalten, ist so klar, wie es ja die Formulierung des Sittengesetzes selbst ist. Aber woher weiß ich denn, daß es hier die Ehe ist? Hier nehme ich ein schon vom individuellen Gewissen erreichtes System der Überzeugung in die Apriorität der reinen Form hinein. Sicherlich ist so etwas sittlich Substantielles wie die Ehe nichts beliebig Vorgefundenes, aber ebensowenig ein bloß Konstruiertes. Der bei Fichtes Methode immer anzutreffende teleologische Zirkel wird hier besonders deutlich: dieser bestimmte Naturtrieb ist um der Ehe willen und die Ehe ist um des Naturtriebs willen. Dieser Zirkel, der — wie vorhin schon ausgeführt — der

Moralität wesentlich ist, ist aber, wenn er *a priori* Sittlichkeit darstellen will, vitiös. Die Bewegung der Substanz, sich zu bestimmen, und die Erlangung des Wissens von der bestimmten Pflicht ist eine Bewegung, die ebenso, wie sie mit sich identisch ist, in beider Differenz zueinander gesetzt, wirklich ist. *A priori* kann eine sittliche Bestimmung ebensowenig abgeleitet werden, wie die Behauptung, daß sie etwas bloß historisch Vorgefundenes ist, das somit meiner Freiheit zufällig ist, zutrifft. Denn — es gibt auch gar keine Geschichte, die meiner Freiheit zufällig erscheinen könnte. Die Bestimmungen der sittlichen Substanz, die ich bloß vorzufinden meinte, sind nicht der formalen Freiheit, sondern der Autonomie entsprungen. Aber was ist als Bestimmung der sittlichen Substanz anzusehen? Das, in dem ich meine bestimmte Pflicht sehe. Es ist fast als ein Glück anzusehen, wenn es nicht die Notwendigkeit der Sache selbst wäre, daß eine apriorische Konstruktion der Pflichten nichts anderes ist, als die Auseinandersetzung des Gewissens eines Individuums mit der Substanz und damit des Gewissens mit sich.

Der Zirkel der Moralität ist der des Fichteschen Systems überhaupt: Das ursprüngliche Ich ist es, sich als endliches Ich zu verwirklichen, die Wirklichkeit dieses endlichen Ichs ist aber das ursprüngliche Ich selbst. Das Ich setzt das Nicht-Ich, um sich als Ich zu realisieren. Realisierung aber bedeutet Aufhebung des Nicht-Ichs, mit welcher wiederum die Realisierung unmöglich würde. Aber der im Sollen implizierte unendliche Gressus ist die Endlichkeit der Sphäre des objektiven Geistes überhaupt. Das Gewissen aber als gewissenhaftes Handeln hat diese schlechte Unendlichkeit in der Handlung selbst schon immer überwunden. So ist dann die Endlichkeit bestimmter als die momentan erreichte Identität von Endlichkeit und Unendlichkeit anzusehen. Weshalb auch Hegel, trotz seines Wissens von der Endlichkeit dieser Sphäre, sagen kann:

> „Das Gewissen ist als diese Einheit des subjektiven Wissens und dessen, was an und für sich ist, ein Heiligtum". (*Rechtsphilosophie*, § 137, Anm.)

Dort aber, wo diese Einheit als abstrakte gefaßt wird, wo die formelle Freiheit der Autonomie gleichgesetzt wird, wo das Individuum, das hier wesentlich Subjekt ist, die ja nicht nur vorgefundene Substanz als seinem Handeln gleichgültig ansieht und z.B. meint: weil ich diese bestimmte Institution nicht im Sinne des *a priori* ableiten kann, ist sie Produkt der Willkür, dort hat sich die Heuchelei als „Spitze der Subjektivität" [Hegel, *Rechtsphilosophie*, § 140] angesetzt. Den Zirkel Fichtes aber — den man nicht mit Voltaire belächeln kann — ist die Moralität (oder die „Idee des Guten" der *Logik* Hegels) selbst. Aber das Gewissen hat ihn ebenso aufgehoben. Nicht aufzuheben ist er hingegen in einer materialen Sittenlehre, wobei es hier gleichgültig ist, ob sie sich an die WL anschließt oder dem Unding einer Wertethik folgt. Wobei die erstere nur den Nachteil des Zirkels, die letztere noch den des unendlichen Regresses hat. Fichte hat seinen Zirkel klar ausgesprochen und wußte, daß dieser sich aus seinem

Systemansatz mit Notwendigkeit ergibt. Und das philosophische System ist überhaupt notwendig ein Zirkel, der aber dann eine andere Gestalt angenommen hat, wenn die Methode nicht als eine dem Inhalt äußere Form, die Einheit von Wahrheit und Gewißheit zu erreichen, sondern die Bewegung der Sache selbst ist. Um den Unterschied in der Fassung des philosophischen Zirkels zwischen Fichte und Hegel näher zu bestimmen, ist aber eine konkretere Auseinandersetzung mit Fichtes Prinzipien erforderlich.

Nun nochmals zurück zu der problematischen Antizipation des Gewissens durch eine materiale Sittenlehre. Diese ist nicht möglich. Der Überblick über die materiale Sittenlehre Fichtes zeigt, daß die bestimmten Pflichten nur das Betrachten der reinen Form in gewissen Hinsichten ist. Dieses Betrachten ist allerdings auch das individuelle Gewissen — aber mit einem bedeutenden Unterschied: als Gewissen hat das Gewissen mit den vielen Hinsichten Schluß gemacht. Für dieses gibt es nicht die bloßen Möglichkeiten, nicht die Vielheit der Pflichten überhaupt, sondern nur die das Dritte ausschließende Bestimmtheit oder die vollständige Disjunktion des Guten und des Bösen, in welcher es kein Adiaphoron gibt (wie Fichte trefflich erwähnt).[7] Das Adiaphoron ist ebenso wie die sogenannte Pflichtenkollision nur dort anzutreffen, wo nicht gehandelt wird, sondern die formale Freiheit sich mit sich selbst spielt. Erst in dem Gegensatz, der mit der Gewißheit gegeben ist, ist die praktische Vernunft als praktische wirklich: einerseits im Sichaufheben der formalen Freiheit in Autonomie, im Handeln aus Pflicht, andererseits im Sichnichtaufheben derselben, welches nicht einen Rückfall in die Theorie, sondern Heteronomie bedeutet (diese „Differenz der Eigentlichkeit" der praktischen Vernunft ergibt sich aus der Ableitung des Freiheitsbegriffes).

Eine Antizipation des Gewissens ist nicht möglich und dennoch gibt es seit Aristoteles materiale Pflichtenlehren. Sie sind nach dem Bisherigen nicht möglich, sofern sie eine Konkretisierung der Prinzipien des Sittlichen bedeuten wollen, aber doch der *phronesis* als einer Übung des „Erkenntnisvermögens" im Hinblick auf Praxis unentbehrlich, als sie das unbedingte Sollen theoretisch auf die aufzuhebende Schranke beziehen. Als diese Beziehung ist aber die materiale Sittenlehre immer in dem bekannten Zirkel, der als solcher weder das philosophische System noch das Gewissen ist. (Aristoteles trennt die *phronesis* scharf von der eigentlichen Wissenschaft, läßt sie aber die Wurzel der Praxis werden.) Der Grund aber, weshalb sowohl die Kantischen als auch Fichteschen Ableitungen der Pflichten unmittelbar gewiß erscheinen, liegt darin, daß das Individuum eben nicht einen schlecht subjektiven Kreis der Überzeugung von der Pflicht hat, sondern dieses System ebenso das Individuum hat. Die Auslegung der Substanz und die des Gewissens trennen sich erst dort, wo das Bewußtsein der Freiheit in dem System der Überzeugung einen Punkt gefunden hat, der das

[7] Zum Begriff des Adiaphorons, siehe: Fichte, *Das System der Sittenlehre*, S. 173.

Ganze in den Zweifel stürzt. Aber das Gewissen kann nicht in die Verzweiflung stürzen, sondern wird einen Punkt finden, der ein wahrhafteres System ermöglicht. Dies betrifft sowohl die Handlung des Individuums wie die Manifestation der sittlichen Substanz, welche beide ja selbst wiederum einen Zirkel bilden. Die bloße Skepsis an der Substanz, die vorgibt, keine bestimmten Pflichten mehr zu kennen, ist immer nur eine bestimmte Weise von Heteronomie, der letztlich wie aller Ausklärung die empiristische Vorstellung von Erkennen und Handeln zugrundeliegt. Denn weder ist der Kreis der Substanz ein zu rezipierender noch der Willkür zu verdankender. Das System der Überzeugung bildet mit der zur Einzelhandlung erforderlichen Überzeugung einen Kreis wie dieser Kreis im Kreis mit dem Kreis der Substanz steht. Diese Substanz wiederum als Bewußtsein der Freiheit ist wesentlich ein bestimmtes Bewußtsein derselben und ebenso eine bestimmte Auslegung des kategorischen Imperativs mit einem Punkt der Gewißheit. In der Explikation der Schlüsse dieser Kreise oder dem System des objektiven Geistes wird sich immer zeigen, daß die Mitte in das Gewissen fällt. Man könnte nun teleologisch sagen, daß gerade diese Zirkelhaftigkeit erst die Bedingung der Möglichkeit der Gewissensentscheidung ist. Aber damit ist sie noch nicht im Element des Begriffes zu sich gekommen. Aber es hat sich hier gezeigt, daß die Fichtesche Methode, das Gewissen zu begreifen, an einen Punkt gelangt, (der sich in der Aporie der materialen Sittenlehre zeigt,) wo die Sache selbst, aber nicht gleichgültig gegen die Gewißheit (Ich = Ich), ihre Bestimmungen hervorbringen muß.

Das Wesen in der Jenaer Zeit Hegels

1. Unter Wesen wird hier das verstanden, was die *Wissenschaft der Logik* unter Wesen versteht: einerseits das Wesen als die sich auf sich beziehende Negativität, die reine Vermittlung oder das Anundfürsichsein noch in der Weise des Ansichseins, andererseits das Wesen als den Mittelteil der *Logik* überhaupt in seiner Trichotomie von Reflexion, Erscheinung und Wirklichkeit (Substanz).

Dies ist deshalb anzugeben, da der für die Jenaer Zeit bezüglich der Logik entscheidende Text, die *Jenaer Logik und Metaphysik*,[1] das Wesen in dieser Weise nicht zur Darstellung bringt. Daraus ergibt sich, daß es die Aufgabe unserer Untersuchung ist — allerdings nicht in bloß historischer Weise[2] —, die Genesis der bekannten Gestalt der reifen Logik Hegels in den Jenaer Werken, soweit sie bereits veröffentlicht sind, in den Grundzügen darzustellen.

Indem wir so einerseits die Genesis der Wesenslogik aus den Jenaer Texten erschließen wollen, andererseits bereits das Wesen als Zielpunkt dieser Entwicklungsperiode Hegels ansehen, kann die Frage nach der Berechtigung eines solchen Unternehmens gestellt werden. Schellings Perioden seines Denkens hinterließen Systementwürfe, die durchaus nicht notwendig — auch wenn dieser Denker sich so interpretiert — zu seiner Spätphilosophie forttreiben. Bei ihm und vielleicht auch bei anderen Denkern kann es fragwürdig erscheinen, von der letzten Systemgestalt her das Vorhergehende zu durchleuchten. Bei Hegel hingegen ist die Betrachtung seiner Jenaer Zeit vom enzyklopädischen System her schon insofern motivierbar, als die Entwürfe der Jenaer Zeit von Hegel selbst nicht veröffentlicht wurden. Berechtigt ist diese Betrachtung aber dann, wenn sich herausstellen sollte, daß in diesen Vorstufen zum bekannten System der Mangel, das forttreibende Negative, der Widerspruch vorhanden ist, der erst in der Logik der Nürnberger Zeit überwunden wird. Dann ist mit der Jenaer Zeit so zu verfahren, wie die dialektische Methode als Methode der Sache selbst mit den Kategorien verfährt. (Oder die Geschichte der Philosophie mit den „verschiedenen“ Systemen.) Freilich ist gerade der Gesichtspunkt, den wir hier wählten, das Wesen, vielleicht nicht der adäquate, von dem ausgegangen werden muß! Dies soll sich allerdings in der Untersuchung selbst erweisen: sollte die Stellung des Wesens selbst der Grund für die bestimmte Gestalt des Jenaer

---

[1] Die *Jenaer Logik und Metaphysik* wird hier nach der Ausgabe von G. Lasson, Leipzig 1923 (Neudruck Hamburg 1967), unter Angabe der Seitenzahl, die *Phänomenologie des Geistes* nach der Ausgabe von Hoffmeister, 6. Auflage, Hamburg 1952, und die *Jenaer Realphilosophie* (*Manuskripte zur Philosophie der Natur und des Geistes* 1805/06) nach der Edition von Hoffmeister, Leipzig 1931 (Nachdruck Hamburg 1969), zitiert.

[2] Übrigens kann man in einer solchen Fragestellung nicht historisch verfahren. Es wird im Folgenden ein Beispiel angeführt, das zeigt, daß der bloß historische Versuch scheitert.

„Systems“ sein, ist das, was Hegel im Hinblick auf die Tradition nicht bewältigt hat, hier darstellbar, dann ist der Ausgangspunkt adäquat gewählt. Dort aber, wo die Untersuchung bei der bloßen Feststellung der Verschiedenheit stehenbleibt und für dieselbe historische Gründe angibt, dort ist unsere Untersuchung gescheitert. Schließt sich der philosophische Zirkel[3] in diesem Jenaer Entwurf, dann ist er selbst kein Entwurf, sondern ein System, das für sich genommen werden kann und befragt werden kann, ob die fundamentalphilosophischen Probleme in ihm bewältigt wurden.

Als zweiter Punkt, der sich aus unserer Fragestellung ergibt, wird die Frage nach der „Logik der Phänomenologie“[4] auftauchen. Die *Phänomenologie des Geistes* — immerhin ein Jenaer Werk — kann nämlich gegen die Frage nach dem „Wesen“ bei Hegel nicht gleichgültig dastehen, und es ist zu sehen, ob sich nicht manches, was sich in den früheren Systemansätzen als zu mangelhaft erweist, in ihr aufhebt. Indem es bei einer philosophischen — nicht bei einer bloß historischen — Untersuchung, gemäß dem bereits oben Bemerkten, unmöglich ist, das an den fundamentalphilosophischen Fragen orientierte System beiseite zu stellen, ist es auch unerläßlich, stets im Zusammenhang der Tradition zu denken, was *in concreto* heißt, daß nicht nur die Auseinandersetzung Hegels mit seinen Vorgängern (insbesondere Schelling und Kant) — wenn auch in der äußerlich notwendigen Abbreviatur — in die Untersuchung eingehen muß, sondern ebenso die Frage, wieweit das mit dem Wesen und damit natürlich mit dem Begriff Erreichte gegenwärtig entweder übertroffen oder unterboten wird, gestellt werden muß. Dies kann aber hier nur beiläufig angedeutet werden.

2. Zunächst ist auf einen Unterschied des Jenaer Systementwurfs der Logik und Metaphysik (und der Naturphilosophie) zu der *Nürnberger Logik* hinzuweisen, der gleichfalls gegen das Wesen nicht gleichgültig ist: das Vorhandensein einer Metaphysik neben der Logik. Hier stellt sich die Frage, ob es tatsächlich ein „neben“ ist und falls es dies ist, wodurch sich diese Dichotomie innerhalb der Fundamentalphilosophie ergibt. Fest steht allerdings damit, daß das Spekulative damit noch nicht der Logik angehören kann, sowie daß die Dialektik hier eine andere Bedeutung haben muß als die, die absolute Vermittlung zu sein. Wenn sie letztere nicht ist, kann sie dann die reine Vermittlung sein? Wird hinsichtlich unserer Frage auf den Unterschied der Jenaer von der Nürnberger Logik

---

[3] Hegel, *Wissenschaft der Logik* (I), hrsg. v. G. Lasson, 2. Auflage, Leipzig 1934, S. 56: „Das Wesentliche für die Wissenschaft ist nicht so sehr, daß ein rein Unmittelbares der Anfang sei, sondern daß das Ganze derselben ein Kreislauf in sich selbst ist, worin das Erste auch das Letzte und das Letzte auch das Erste wird.“

[4] Diese Frage stellt sich ebenfalls nicht nur aus dem historischen Anlaß, daß sowohl die *Phänomenologie* wie auch die *Logik* auf dieses Entsprechen hinweisen, sondern gerade deshalb, weil im System Hegels kein Nebeneinander von transcendentaler und ontologischer Reflexion möglich ist.

äußerlich reflektiert, so scheint das, was dem ersten Teil der Wesenslogik entspricht, die Behandlung der Wesenheiten, in die Metaphysik dieses Systementwurfes zu fallen, in das „System der Grundsätze“[5], während die Momente, die das Wesen als Erscheinung und Wirklichkeit bedeuten, in die Logik des Seinsverhältnisses fallen, wobei das dem Seinsverhältnis gegenüberstehende Verhältnis des Denkens sicher nicht das meinen kann, was dem Begriff und überhaupt der subjektiven Logik entspricht, wiewohl hier — und es wurde schon öfter auf den Unterschied hingewiesen — eine dialektische Behandlung der formalen Logik vorgenommen wird, und das gleichsam die Synthesis des Seins- und Denkverhältnisses bildende Kapitel über die „Proportion“ sehr viel von dem, was den Abschnitt der subjektiven Idee in der *Wissenschaft der Logik* ausmacht, an sich hat. Diese äußere Reflexion, sosehr ihr Bemerken richtig ist, indem sie aufzeigt, was einander entspricht, ist aber ebenso in Ansehung ihres Resultates falsch, indem die absolute Reflexion der Grund der Identität und des Unterschiedes ist. D.h. bezüglich unserer Situation: Mit der bloßen Feststellung dessen, was sich entspricht, ist zugleich die Verschiedenheit des Systementwurfs und der *Logik* angesprochen, aber der Unterschied, die bestimmte vorläufige Systemgestalt nicht begriffen. Der Vergleich muß sich also zu dem erheben, was die reife *Logik* intendierte, wenn sie die gesamte philosophische Tradition auf den Begriff zu bringen trachtete.

Betrachtet man nun die Seinslogik der *Jenaer Logik* näher, so läßt sich feststellen, daß gegenüber Kant einerseits, der philosophischen Konstruktion Fichtes und Schellings andererseits, bereits die „bestimmte Negation“ als die Notwendigkeit der „transcendentalen Deduktion“[6] vorhanden ist, aber es gibt zugleich Bedenken, sie schon als Bewegung der Sache selbst zu denken, was aber mit dem „Wesen“ zusammenhängt, dessen Bewegung nicht allein im Sinne der bestimmten Negation gefaßt werden kann, worauf dessen Antizipation in der „Metaphysik“ verweist. Außerdem steht die transcendentale Geschichte Schellings, die hier von Hegel bereits als Logik begriffen wird und statt der Dialektik der beiden Tätigkeiten des Ichs in der bestimmten Negation ihren Motor hat, vor einem Epochenproblem: diese ist genötigt, um sich nicht selbst als eine Weise der Konstruktion zu deuten, einen Punkt zu finden, in dem sich die Negation auf sich selbst bezieht, welchen Punkt man als den der reinen Vermittlung bezeichnen kann, die selbst aber noch Voraussetzungen hat, mithin nicht die absolute Vermittlung ist. Es ist nun anzunehmen, daß wenn das Wesen

[5] „Das Erkennen als System von Grundsätzen“, *Jenaer Logik*, S. 132ff.

[6] Die Unzufriedenheit mit Kants „metaphysischer Deduktion“ der Kategorien aus den Urteilsformen sowie dem Ich (im Sinn der Kantischen transcendentalen Deduktion) als Prinzip, insofern es nur als Prinzip angesehen wird, findet im Vernunftkapitel der *Phänomenologie* eine Lösung dieses Problems, die ein Aspekt der *Logik* ist.

als diese Bestimmung nicht explizit vorhanden ist, dieser Punkt anderswo zu geben versucht wird.

So ist aber nicht die Wirklichkeit oder die Substanz als Seinsverhältnis der erste Versuch, die bestimmte Negation zur reinen Vermittlung werden zu lassen, sondern bereits das Unendliche der Seinslogik dieser Periode in der Gefahr, im Sinne des Wesens verstanden zu werden. Denn die Unendlichkeit wird als der „absolute Widerspruch“ und nicht etwa als der „daseiende Widerspruch“ (was dem Werden und seinen Fortbestimmungen entspräche) angesehen. Sie ist weiters die

> „einfache Beziehung, die reine absolute Bewegung, das Außersichsein in dem Insichsein“ [7] —

so kommt sie dem „Wesen“ nahe. Andererseits wird sie als „bestimmte Negation“ in dem pejorativen Sinn angesprochen, der über das Sein nicht hinausführt. Im Sinne der bestimmten Negation ist so die Unendlichkeit Moment der Seinslogik, als absolute Bewegung oder absoluter Widerspruch aber das Wesen. Sieht man von den Schwächen ab, die überhaupt diese Weise der bestimmten Negation an ihr hat, so hat hier weder die Terminologie der Vermittlungsmomente ihre Festigkeit, noch die Differenz zweier in der Dialektik unterschiedenen Vermittlungsweisen ihre Bedeutung gewonnen, zumal auch aus dem folgenden zu erkennen ist, daß die Unendlichkeit ausscheidet, jener oben angegebene Punkt zu sein. Im Anschluß an die Platonische Dialektik[8] ist die Substanz das nächste Moment, in dem scheinbar die Wesensdialektik zum Zuge kommt. Sie ist Seinsverhältnis, als unmittelbar affirmative Unendlichkeit bestimmt, aber Einheit, die aus dem Gegensatz selbst begriffen werden soll.

Wenn man auf die *Nürnberger Logik* blickt, so ist dort der Begriff Insichreflektiertheit oder Insichvermitteltheit, die ebenso absolute Vermittlung ist — von ihm unterscheidet sich Substanz als die unmittelbare Wirklichkeit, die absolutes Insichreflektiertsein ist, und ist damit sowohl vom reflexionslosen Sein wie von der noch nicht vollendeten Insichreflektiertheit der Erscheinung zu unterscheiden. Nicht so in der *Jenaer Logik*:

> „Die Substanz vergeht in ihrem Wirklichwerden, oder ihr Wirklichwerden ist vielmehr das Entstehen einer anderen Substanz!“

Die formale Analogie, die auch hinsichtlich der Modalitätskategorien mit dem entsprechenden Abschnitt der *Wissenschaft der Logik* besteht, darf nicht darüber hinwegtäuschen, daß dieser Substanzbegriff noch weniger als das Ding der Erscheinung im Hinblick auf das Insichreflektiertsein bedeutet, indem er — das

---

[7] *Jenaer Logik*, S. 31.
[8] Ebd. S. 33.

„Entstehen und Vergehen"[9] weist darauf hin — ein Verhältnis reflexionslosen Seins bedeutet, zugleich aber auch, wie das Unendliche überhaupt, nicht bedeuten darf. Dies zeigt sich folgendermaßen:

Einerseits sind die Substanzen Entstehende und Vergehende und die Wechselwirkung ist nicht das, was sie in der *Nürnberger Logik* ist: die prästabilierte Harmonie auf den Begriff gebracht, sondern nur die Spinozische Substanz, die alle endliche Substantialität zum Verschwinden bringt (die verfehlte Auslegung des Absoluten in der *Logik*[10]). Andererseits kann die Dialektik der Modalitätskategorien nicht mehr allein im Sinne des Seins gefaßt werden, die Möglichkeit als „aufgehobene Bestimmtheit, als durch das Unendliche hindurchgegangen".[11] Dieses Aufheben, das die Bedeutung des Seins anzeigt, steht dem gegenüber:

> „die wahrhafte Substanz ist dieser Widerspruch, daß das Wirkliche ein Mögliches, oder das Mögliche das Wirkliche ist".[12]

Wäre die Substanz letzteres, so wäre sie das „Umschlagen ins Entgegengesetzte", jene Bewegung, die der Substanz in der *Logik* zukommt und eine erreichte Einheit von Seins- und Wesensfortbewegung darstellt, welche hier nicht entwickelt ist, entwickelt sein müßte, aber auf Grund des Topos der Substanz nicht entwickelt werden kann.

Auch in der impliziten Leibniz-Kritik[13] zeigt sich gleichfalls jene Zweideutigkeit im Begriff der Substanz, einerseits Verschwindendes zu sein, andererseits der Monade zu entsprechen (wie sich hier überhaupt die Frage stellt, ob dieser Substanzbegriff Leibniz gerecht werden kann). Denn dieses unmittelbare Aufheben der Substanzen zeigt nicht nur die mangelhafte Entwickeltheit der Methode an, sondern ebenso, daß von hier aus kein Übergang zum Begriff erfolgen kann, wobei allerdings vorwegnehmend darauf hingewiesen werden kann, daß die „Metaphysik" dieser Leibniz-Darstellung geradezu widerspricht.

Die Wechselwirkung, in der Bedeutung, Indifferenzierung aller Bestimmtheiten zu sein, ist zugleich — wieder analog dem Übergang in der *Nürnberger Logik* — Allgemeinheit, mit welcher die subjektive Logik, das „Verhältnis des Denkens" anfängt. Diese Allgemeinheit — das wäre in allen Schritten derselben zu zeigen — kann nicht die sein, die dem Begriff des reifen Hegel entspricht,

---

[9] Ebd. besonders S. 72f. Später sind Entstehen und Vergehen keine Bewegungsweisen, die der Substanz zukommen, sondern lediglich Aspekte des Werdens.

[10] Hegel, *Wissenschaft der Logik* II, S. 162ff. Der Modus als die Wahrheit der absoluten Substanz, „dessen Reflexion in sich" (Ebd. S. 169).

[11] Hegel, *Jenaer Logik*, S. 37.

[12] Ebd. S. 39.

[13] Ebd. S. 45: „Der oberflächliche Begriff, der nicht zur Unendlichkeit wird, legt das absolute Fürsichsein der Substanzen zum Grunde und bezieht dann diese aufeinander". Diese Stelle, die sich zweifellos nicht nur auf Leibniz bezieht, gegen die Ausführungen der „Metaphysik" gehalten, drückt überhaupt das Dilemma dieses Systementwurfs aus.

sich in die Einzelheit zu kontinuieren. An ihr zeigt sich, daß das Fehlen bzw. Nichterreichen jenes Punktes, der mit dem Wesen angegeben wurde, auch das Fehlen des Begriffes mit sich bringt. Die Substanz ist noch nicht Subjekt. Es könnte somit das Verhältnis des Denkens das nächste sein, das für das Wesen Ersatz bieten könnte. Aber der Übergang bleibt die Versicherung, daß unsere Reflexion des Seinsverhältnisses die Reflexion desselben selbst in sich als Begriffsverhältnis werden solle. Die Dialektik der bestimmten Negation setzt sich bloß fort — eine dialektische Behandlung, nicht die Bewegung der Sache. Damit hat aber Hegel auch noch nicht das Identitätssystem Schellings überwunden, denn die Auslegung des Absoluten, die Notwendigkeit desselben, sich zu dirimieren, nicht der Konstruktion eines äußeren Verstandes anheimzufallen, ist nur motivlich als die Tätigkeit seiner Selbstvermittlung vorhanden. Gegenüber Kant ist es die Einsicht Hegels, daß die Unfähigkeit des Verstandes und seiner Kategorien, das Absolute zu fassen, nicht ein Problem ihrer Anwendung bedeutet (Schematismus, Subsumtion),[14] sondern daß ihre Endlichkeit als bestimmte Negation zu fassen ist, die ihr Dasein als Unendlichkeit des vermittelnden Widerspruchs hat, der sich zunächst einseitig als Verhältnis des Seins in den Kantischen Kategorien der Relation auslegt und dort die relative Festigkeit (die „Hartnäckigkeit") des Verstandes erreicht hat, die zugleich auf der höheren Stufe transcendentaler Geschichte (gemäß der Einsicht in die Bedeutung der „metaphysischen Deduktion" der Kategorien Kants[15]) in den Urteilsformen sich als Verhältnis des Denkens darstellt, der Schluß aber, oder die spekulative Mitte, der Grund, eine Einheit beider Verhältnisse herstellt, der die absolute Vermittlung auf die Mathematik und ihr Erkennen beschränkt.

Wir haben hier zwar ebensowenig die Möglichkeit, hinsichtlich der dialektischen Entwicklung der jeweiligen Verhältniskategorien ins Detail zu gehen, als es uns hier möglich ist, die „Proportion", die Gleichheit beider Verhältnisse im mathematischen Erkennen durchzugehen. Wiewohl dieser Abschnitt der *Jenaer Logik* Wesentlichstes der „subjektiven Idee"[16] vorwegnimmt, ist doch sein

---

[14] Die Auseinandersetzung mit diesem Problem findet sich in: Hegel, *Werke*, Jubiläumsausgabe, hrsg. v. H. Glockner, Band XIX, S. 569f. Einerseits ist diese Verbindung als „eine der schönsten Seiten der Kantischen Philosophie", andererseits als oberflächliche Weise der Verbindung „wie ein Holz und Bein durch einen Strick" anzusehen.

[15] Unterschieden von der transcendentalen Deduktion (Kant, *KdrV*, A 65, B 117) kann die metaphysische Deduktion der Kategorien (analog zur diesbezüglichen Unterscheidung in der transcendentalen Ästhetik) die Deduktion derselben aus den Urteilsformen heißen.

[16] Die subjektive Idee ist die Idee des Erkennens (Hegel, *Wissenschaft der Logik* II, S. 429ff.) in der Doppelheit von Idee des Wahren und Idee des Guten. Idee ist allgemein die Identität von Begriff und seiner Verwirklichung. Was hinsichtlich der Idee des Wahren in der *Logik* ausgeführt wird, findet in der „Proportion" der *Jenaer Logik* ihre Vorwegnahme, welche in dieser Form insofern konsequent ist, als Metaphysik und Logik hier noch getrennte Systemteile sind.

Topos am Ende der *Logik* der Beweis dafür, daß in der so konzipierten Logik das eigentlich Spekulative nicht erreicht wird. Die Proportion kennt das „Wesen, das Fürsichsein oder das Zurückgekehrtsein in sich selbst“, die Gleichheit von Definition und Selbsterhaltung.[17] Sie wird aber dadurch wieder aufgehoben, daß die Bestimmtheit nur als Besonderheit vorhanden ist, oder das Allgemeine sich nicht in die Einzelheit kontinuiert. Wo der Begriff nicht als Begriff erreicht wird, ist in der späteren Logik diese Differenz das Bewegende der Dialektik. Hier ist also nur von dem negativ in sich Reflektierten die Rede, nicht von der Vermittlung selbst, die das Insichreflektierte ist. So kommt die Substanz nicht dazu, die Bewegung ihrer Vermittlung zu sein — damit scheidet aber auch dieses Erkennen aus, die reine Vermittlung darzustellen.

Indem diese überhaupt — das ließe sich an jedem Schritt dieser Logik der Jenaer Zeit zeigen — verfehlt wird, bleibt sie (die Logik), unter Hintanstellung der ontologischen Problematik, ein Ringen um das topologische Problem der „transcendentalen Deduktion“. Sie läßt überhaupt das eigentlich Spekulative zugunsten der adäquaten Idee Spinozas, den Begriff, nicht in der Logik zu seiner Wahrheit gelangen. In ihr ist auch kein Begriff individueller Substanz möglich — dieser wird erst in der spekulativen Metaphysik in, verglichen mit der reifen Logik, eigentümlicher Weise gewonnen.

3. Sowohl das Unendliche, wie die Substanz der *Jenaer Logik* sind nicht jene Momente, die den oben erwähnten Punkt der reinen Vermittlung, die sich zum Kreis in sich selbst entfaltet, angeben könnten. Die Substanz ist ein bloßes Verhältnis des Seins geblieben.[18] In der Metaphysik, dem Erkennen, ist aber, gemäß der äußerlichen Betrachtung des Entsprechens, das aufzufinden, was thematisch der Reflexionslogik der *Nürnberger Logik* zukommt.

Aber das Erkennen geht als „Seele des Inhaltes“ in die „Welt“ über, ist als fürsichseiende Vermittlung „Ich“, und als Wahrheit des „höchsten Wesens“ ist das Ich „absoluter Geist“. An den vorhergehenden logischen Momenten hat sich allerdings dieses Erkennen nicht als Seele bewährt und nicht sich damit begründet. Deswegen ist es noch nicht die Bewegung der Wesenheiten, sondern diese stehen einander noch als Grundsätze gegenüber. Wie in der vorhergehenden Logik die — von Kant her gesehen — Momente der Relation und der Modalität in eine Bewegung der bestimmten Negation (mit den bereits angedeu-

---

[17] Hegel, *Jenaer Logik*, S. 109: „Das Subjekt, das seiner Definition gleich und nichts als diese ist, ist hiemit nicht ein einzelnes; seine wesentliche Bestimmtheit ist diejenige, in welcher das Subjekt gegen andere Besondere gekehrt und in diesem gegen sie Gekehrtsein sich selbst erhält“. Inwiefern hier Hegel den Aristotelischen Wesensbegriff erst in die *Logik* aufzunehmen sucht, wäre gesondert darzustellen.

[18] Dieser Substanzbegriff, der die Insichreflektiertheit zwar nicht gänzlich ausschließt, indem die Substanz als Notwendigkeit gefaßt wird, steht dem Begriff der Monade in der Metaphysik entgegen.

teten Amphibolien) gepreßt werden, wodurch auch die Vermittlung derselben fraglich wird, so bedeutet das Auftreten der Wesenheiten in der Form von Grundsätzen zunächst eine Weise der Fortsetzung von Reflexionsphilosophie. Indem aber doch schon von Hegel versucht wird, die Bewegung der Wesenheiten aus der Natur des Wesens oder hier des Erkennens darzustellen (in freilich sehr unvollkommener Weise), tritt nicht nur in der Logik der Mangel an eigentlich dialektischer Vermittlung, die immer auch das positiv Vernünftige berücksichtigt, sondern auch in der Metaphysik eine Zweideutigkeit auf, die erst in der reifen Logik eliminiert ist. Es ist nicht so, daß man sagen könnte, das negativ Dialektische sei in der Logik vorherrschend und die Metaphysik hätte das Spekulative ausschließlich ergriffen. Vielmehr kommt das Dialektische in beiden Systemteilen zu kurz und das Vernünftige wird in der Metaphysik zu sehr noch „aus der Pistole geschossen".

Die Beschreibung der Natur des Erkennens trifft den Sinn, die reine Vermittlung erreicht zu haben, aber die in sich doppelte Negativität, die dem späteren „Wesen" eigen ist, ist nur umschrieben, zumal auch der Hervorgang desselben aus der Unmittelbarkeit nicht im Sinne der Selbstnegation gefaßt wird. Die negative Reflexion dessen, was der Metaphysik als Seinslogik vorausgeht, das Übergehen, Verschwinden usf. soll hier in den Kreis der Beziehung des Negativen auf sich gebracht werden.

> „Das Erkennen, indem es das Aufheben der differenten Beziehung der Logik ist, entreißt die Momente der Idee dem dialektischen Fortgehen und Aufheben, setzt sie als bestimmt als indifferent oder für sich seiend und negiert von ihnen dies Aufheben".[19]

Mit der Einschränkung der Grundsätzlichkeit ist die Indifferenz so als Grund der logischen Momente Grundsatz, Satz der Identität und ebenso des Widerspruchs. Der Übergang aus dem, was hier dem Sein entspricht, in die Sphäre der Reflexion ist, äußerlich gesehen, analog zur späteren Logik, aber es fehlt sowohl die Entwicklung des Seins zur Indifferenz, wie das Wesen, als noch äußerliche Bewegung des Erkennens vorgestellt, seine Bewegung an derselben realisiert. Denn „es, das sichselbstgleiche Reflektieren, reflektiert die ganze Logik" und ist so „System des absoluten Fürsichseins". Das Fürsichsein hat hier gerade den Sinn der verständigen Hartnäckigkeit, die eigentlich in Bewegung versetzt werden müßte — ein Unternehmen, das aber gleichwohl im Ansatz vorhanden ist. Im gleichen Sinn, in dem im späteren System die jeweils höhere Stufe der Grund der vorhergehenden ist, ist der Inhalt der Metaphysik, näher hier des Erkennens, Grund der vorhergehenden Logik.

> „Jene anfangende Einheit ist Resultat, aber daß sie Resultat ist, dies wird gar nicht ausgesprochen".[20]

---

[19] Ebd. S. 132; vgl. S. 135: „Hier hingegen ist absolute Sichselbstgleichheit gesetzt, eine Negation der Reflexion überhaupt, des Übergehens in ein anderes".

Es zeigt sich im weiteren Verlauf der Metaphysik, daß der scheinbar reflexionsphilosophische Anfang derselben im absoluten Geist wieder aufgehoben wird. Gleichwohl ist, gegenüber dieser absoluten Vermittlung, die reine Vermittlung als die Selbstbeziehung der Negativität noch in der Weise von Grundsätzen, in denen die Stellung des Setzens zur absoluten Reflexion noch nicht genügend bedacht ist, vorhanden.

Das Setzen der Reflexion, die Sichselbstgleichheit oder Identität ist Negation der Reflexion überhaupt,[21] damit zugleich Negation des Übergehens in eine andere Bestimmtheit. Der Widerspruch (denn alle Differenzen des Unterschiedes kennt hier die Metaphysik noch nicht) ist die Entgegensetzung, die die Identität als reinen Schein an ihr hat. Daß hier die Indifferenz von Identität und Widerspruch nicht vollziehbar ist, somit eine Kategorie des Seins und damit nur ein Moment der Identität ist, wird hier nicht gesagt, ist aber im Satz des ausgeschlossenen Dritten offenbar. Derselbe besagt, daß das Viele nicht das mannigfaltige Außereinander, sondern das Gesetztsein in einer Einheit, eben als Entgegengesetztsein ist. Von hier aus gesehen, stellt sich die Frage, welche Bedeutung die in der Logik enthaltene Problematik der Substanz enthält. Die Antwort, daß es sich dort um einen auf Erfahrung restringierten Verstandesbegriff handelt, der nicht das zu denken vermag, was Gegenstand der Metaphysik ist, dürfte einleuchtend sein. Die Logik dürfte somit die Kantische transcendentale Analytik ersetzen. Indem die bestimmte Negation der Motor der „Deduktion“[22] geworden ist, kann auch das negativ Dialektische der transcendentalen Dialektik derselben nicht fremd sein und muß somit alle Antinomien enthalten, während das, was an die Stelle der transcendentalen Dialektik tritt, die Metaphysik, das positiv Vernünftige zum Gegenstand hat. Dies ist dadurch möglich geworden, daß das, was den „Deduktionsgrund“ enthält, die eigentümliche Beziehung der Grundsätze im Sinn der Fichteschen *Wissenschaftslehre* von 1794, in Beziehung auf die Bewegbarkeit des Verstandes als Grund (im Sinne des Systems) gefaßt wird, wobei der Beweis, daß dieselben die Natur des Subjekt-Objekts ausdrücken und wie sie dieselbe ausdrücken, den Fortgang zum absoluten Geist bilden.

Von wesentlicher Bedeutung erscheint uns hier auch zu sein, daß Hegel seine in der Wesenslogik vorhandene Leibniz-Deutung, besonders hinsichtlich des

---

20 Ebd. S. 134. Die Rückkehr der anfangenden Einheit, die dem System des Erkennens eigen sein soll, unterscheidet aber nicht die Reflexion in sich und die absolute Vermittlung.

21 Ebd. S. 135; vgl. S. 131: „Das Erkennen als different zugleich gegen dies kommende und verschwindende ist selbst diese negative Beziehung desselben“.

22 Deduktion in dem Sinne, der dem Vernunftkapitel der *Phänomenologie* entspricht. Die bestimmte Negation ist die Antwort auf die bekannte Frage Jacobis (Hegel, *Wissenschaft der Logik* I, S. 81ff.).

Individuationsprinzips und des Indiscernibilienprinzips, noch nicht besitzt.[23] Analog ist selbstverständlich die Stellung des Grundes, der als Grundsatz lautet:

> „Das Bestimmte ist nämlich schlechthin das andere seiner selbst oder Eins mit seinem Gegenteil".

(Als Grundsatz hat er ja auch noch nicht jene Vermittlung und Differenziertheit der Sprache notwendig, die der späteren Wesenslogik eigen ist.) Die Genesis der Bestimmtheit aus dem Grund

> „ist nichts anderes als, daß dieser sich selbst gegenübertritt, sich zu einer Seite macht und als Gegenteil seiner selbst sich gegenübersteht" (*Jenaer Logik*, S. 140),

und:

> „Der Grund zeigt sich hiemit als die Reflexion des Erkennens selbst, als das in sich geschlossene Einfache" —

oder absolute Reflexion. Der Grund als absolute Reflexion (Erkennen, das einen Inhalt hat) wird als das Übergegangensein des Seinsverhältnisses „in die Ruhe der Allgemeinheit" begriffen. (Dieser Übergang wird in der *Logik* von 1812/16 analog, mit dem bedeutenden Unterschied, daß das Substantialitätsverhältnis nicht als bloßes Seinsverhältnis gedacht wird und die Allgemeinheit nicht die des Grundes ist, sondern über die Wechselwirkung als Begriff zu sich kommt, vollzogen.) So ist der Grund einfach die Idealität der vielen Substanzen, wobei sich bereits ein — gemessen am Seinsverhältnis — neues Leibniz-Verständnis ankündigt. Aber von der wahrhaften Allgemeinheit, dem Begriff unterscheidet den Satz des Grundes noch die Gleichgültigkeit gegen das Entstehen und Vergehen des Seins. Trotzdem vollzieht sich hier ein bedeutender Übergang, der das, was als reflexionsphilosophischer Rest in dieser Metaphysik erschien, zunichte macht: der Grund als Totalität fällt unmittelbar mit „Seele" zusammen (die „Seele des Inhaltes", der das Wesen als die absolute Negativität ist). Damit ergibt sich aber auch, daß nicht das, was anscheinend die Vorwegnahme des dritten Teils der Wesenslogik war, die Darstellung der Relationskategorien, sondern vielmehr die gesamte Metaphysik der Objektivität deren Antizipation bedeutet. Oder die letztere wird im Zusammendenken mit der ersteren zur Wesenslogik. (Eingeschlossen die Thematik der Kantischen „Amphibolie der Reflexionsbegriffe" [Kant, *KdrV*, B 316ff.].)

Dies ist nun näher zu erläutern:

---

[23] Hegel, *Werke*, Jubiläumsausgabe, hrsg. v. H. Glockner, Band XIX, S. 473: „Das Wichtige bei Leibniz liegt in den Grundsätzen, in dem Prinzip der Individualität und dem Satze der Ununterscheidbarkeit". Letzteres Prinzip hat seinen „näheren" Sinn, „daß Jedes an ihm selbst ein Bestimmtes, sich von Anderem an ihm selbst Unterscheidendes sei" (S. 458). Vgl. Hegel, *Wissenschaft der Logik* II, S. 38ff. Dieses Prinzip ist in die Negativität des „Erkennens" noch nicht eingegangen, weshalb der Übergang in die Metaphysik der Objektivität auch der Dialektik ermangelt.

4. Der Grund, der als absolute Reflexion gegen den Inhalt different ist, Bestimmen ist, das sich im Bestimmen negiert, oder Negieren, das sich negiert in dem Doppelsinn, Herstellung der Unmittelbarkeit sowie Selbstbezüglichkeit der Negativität zu sein, in seiner Dialektik dargestellt, muß auf das führen, was als die drei „Arten" der Reflexion später in die Wesenslogik einleitet. Hier wird der Grund schlicht Seele genannt. Wobei von ihr prädiziert wird, daß sie „Substanz als Subjekt" (S. 145) ist, nicht bloß Differenz der Akzidentien zu sein, sondern dieselben als Möglichkeiten aufgehoben zu haben (womit somit klar ist, daß die Modalitäten nicht in das Sein fallen können). (Der Substanzbegriff der *Jenaer Logik* wird zum Ding der Erscheinung.) Als Seele ist das Wesen in der Indifferenz von Subjektivität und Objektivität als die Mitte zwischen Sein und Begriff anzusetzen. Diese Dreiteilung ist in der Gliederung von Logik, Metaphysik der Objektivität und Metaphysik der Subjektivität im Ansatz vorhanden. Aber eben nur im Ansatz: denn die Dialektik als die Methode, die das Ich der transcendentalen Reflexion vorschreibt, gestattet es nicht, die Verstandeskategorien einer Logik gegenüber den spekulativen Bestimmungen einer Metaphysik stehen zu lassen. Dies ist jener unausgetragene Widerspruch dieses Entwurfes, von dem wir eingangs sprachen.

Die Seele als Substanz, die Subjekt ist, ist aber diesem ihrem Begriffe noch nicht adäquat:

> „Die Seele ist also weder das Eins der Substantialität und Subjektivität und weder wahrhafte Substanz noch wahrhaftes Subjekt". (S. 146)

Substanz nicht, wegen des Substanzbegriffes der *Jenaer Logik*, der Gleichgültigkeit der Akzidentien, und Subjekt nicht, weil die Bestimmtheiten nicht in die Einzelheit reflektiert werden (im Sinne des Begriffes). Die Seele selbst ist so durch anderes bestimmt (so entspricht sie nicht mehr dem reinen Wesen, sondern der Substanz im Sinne der *Logik* von 1812/16). Voraussetzend und zugleich selbst vorausgesetzt ist sie Welt. Die Subjektivität der reinen Vermittlung tritt so durch sich selbst in ihre Entäußerung. Als diese wechselseitige Vorausgesetztheit der Seelen oder Substanzen, die im Sinne der „Welt" als Monaden bezeichnet werden, wird hier die Wechselwirkung derselben durchaus schon, wie in der reifen Logik, von der prästabilierten Harmonie her verstanden.

> „Die Welt würde nichts anderes als die in völlige Ruhe zusammensinkende Wechselwirkung der synthetischen Reihe sein, aber sie hält sich dadurch auseinander und in Bewegung, daß die sich so Aufeinanderbeziehenden nicht nur diese Beziehung auf die anderen, sondern auch in Wahrheit in Beziehung auf sich selbst sind, indem sie aus dieser in sich selbst zurückgehen und in ihrer Notwendigkeit frei sind". (S. 148)

Diese Stelle des Jenaer Entwurfes enthält den Schlüssel für verschiedene Probleme der Auslegung der *Nürnberger Logik*. Nicht nur hinsichtlich der verstreuten Leibniz-Anmerkungen und — wie wir schon mit unserer Untersuchung ankündigten — für das Problem des Wesens als der reinen Vermittlung, sondern auch hinsichtlich einer sogenannten ontologischen Freiheit[24] und ihres Auftretens in der späteren Seinslogik. (Daß gerade die *Jenaer Logik und Metaphysik* das Ringen Hegels um die Vereinigung von Formmetaphysik (Aristoteles, Leibniz) und Transcendentalphilosophie (Kant, Fichte), durch Schellings Methode der Sache selbst[25] hervorgerufen, deutlich zu erkennen gibt, muß eigentlich nicht extra erwähnt werden). Daß nämlich die wahrhafte Unendlichkeit die Vermittlung selbst ist, wird erst mit dem „Wesen" offenbar, im Sein ist sie erst an sich (auch als Fürsichsein) und wird dort notwendig verfehlt. Die Freiheit hat so, äußerlich gesehen, verschiedene Bedeutungen: von der Gleichgültigkeit gegen Anderes, in der sie selbst in das Andere übergeht, zur Selbstbezüglichkeit, die aber in Wahrheit nur die Beziehung des Negativen auf sich ist. Letztere Freiheit ist mit dem Wesen erreicht und wirklich als Monadenwelt, solange nicht die Freiheit zur Sprache kommt, die apperzipierender Monadizität eigen ist und auch noch die reine Vermittlung in die objektive Logik drängt. Faßt man Leibniz' prästabilierte Harmonie nicht vom sogenannten psycho-physischen Problem her auf, sondern in der intendierten universellen ontologischen Bedeutung, die ihr von den Prinzipien (insbesondere dem Indiscernibilienprinzip) her zukommt, so ist sie die reine Vermittlung — aber noch nicht die absolute des Begriffes. Es wäre gesondert zu zeigen, wie hier in der Metaphysik der Objektivität Hegels Leibniz-Interpretation ins Detail geht. Daß sie die Metaphysik von Leibniz in die objektive Logik, die Wesenslogik aufzunehmen trachtet — und dies entgegen dem, was die *Jenaer Logik* als Logik begonnen hat — scheint uns so sicher zu sein, wie man umgekehrt damit sagen kann, daß die Wesenslogik erst durch dieses Aufnehmen entsteht und wir in dem Jenaer Systementwurf nur dem Werden derselben zusehen.

Aus dem Bisherigen ergibt sich, daß das „Erkennen" nicht von der apperzipierenden, sondern von der perzipierenden Monadizität her verstanden werden muß. Daraus folgt aber auch, daß die Notwendigkeit der Doppeldeutigkeit der späteren Reflexionslogik, sich sowohl auf die ontologische wie auf die transcendentale Problematik zu beziehen zu Ungunsten der letzteren, in die Metaphysik noch nicht eingegangen ist. So wird unmittelbar die Reflexion, die „in ihrem Bestimmen selbst bestimmt ist" und „unmittelbar eine Mehrheit Ansichseiender in sich selbst Reflektierter" ist, eine Kette von Synthesen, — im Sinne der nun ontologisch interpretierten Substanzen. Wenn man davon absieht, daß in die bestimmte Negation noch nicht die Bewegung der Kategorie, sich zum Begriff

[24] Unter ontologischer Freiheit wird hier die Selbständigkeit (Fensterlosigkeit) der Monade verstanden. Wird von derselben ausgegangen, ist es unmöglich, die Freiheit der apperzipierenden Monade festzuhalten. Einer der Gesichtspunkte, unter denen Hegels *Logik* zu interpretieren ist, ist dieser, dieses Problem in ihr bewältigt zu finden. Die *Jenaer Logik* hat zwar das Ich als den Grund aller Vermittlung angegeben, aber in ihrer Dichotomie nicht durchgeführt.

[25] Schelling, *Werke*, hrsg. v. K. F. A. Schelling, Stuttgart/Augsburg 1856-61, Band X, S. 108.

zu erheben, eingegangen ist, so ist die „Welt“ als Resultat der bestimmten Reflexion der „Wirklichkeit“ der *Nürnberger Logik* entsprechend.

> „Denn die Bestimmtheit jener (der Seele) ist nichts anderes als dies, daß sie ursprünglich in ihrem Ansichsein ebensowohl Moment eines anderen, als auch wieder ein anderes ihr Moment ist“ (S. 148) —

die prästabilierte Harmonie als „Wirklichkeit“ auf den Begriff gebracht.

Die Schwäche der nur unvollkommen vorhandenen Wesensdialektik nötigt Hegel, die ontologische Freiheit der Substanzen besonders hervorzukehren, welche er später (man denke an die Kritik von Leibniz' Magnetbeispiel) ausdrücklich kritisiert hat. Es sind dann später andere Kategorien, welche verhindern, daß die Freiheit selbst zu einem Verstandesbegriff dogmatischer Metaphysik herabsinkt (z. B. die Repulsion des Eins in der Seinslogik oder die ausgeführte Wesensdialektik usf.). Hier aber wird die „Selbstbestimmung“ der Monade noch gebraucht, weil die Vereinigung des Transcendentalen und des Ontologischen in der Logik noch aussteht. Die ausdrückliche Unterscheidung der „Harmonie“ von der Kategorie der Wechselwirkung belegt dies. Dennoch ist Hegel genötigt, diese ontologische Freiheit als das Zugleichsein von Freiheit und Notwendigkeit von der Freiheit des Ichs zu unterscheiden.

> „Die Freiheit ist das auf sichselbstbezogene Passive, das ebendann Moment gegen anderes ist, und diese Beziehung ist seine Notwendigkeit, die unmittelbar wieder als Reflexion in sich in Freiheit übergeht, zur Beziehung auf sich selbst“. (S. 149)

Freiheit und Notwendigkeit sind so Momente eines und desselben Ganzen — nicht Betrachtungsweisen des äußeren Verstandes: Reflexion in sich und Reflexion in Anderes. Die Monade ist so „fürsichseiende Totalität“, indem sie die Insichreflektiertheit von Reflexion in sich und Reflexion in anderes ist.

Die Tätigkeit der Substanz, sich zu individuieren, in sich zu reflektieren, aus ihrer Bestimmtheit in sich zurückzukehren, ist zugleich die Erhebung des „Diesen“ zum Allgemeinen. (Abgesehen von den Realphilosophien, in denen diese Bewegung immer wieder auftaucht, ist die Selbsterhaltung des Lebendigen, die der Tod des Einzelnen und Realisieren der fürsichseienden Allgemeinheit ist, am Ende der Wesenslogik impliziert und dann in der unmittelbaren Idee (des Lebens) ausgeführt.[26]) Die Gattung, die aber hier erreicht wird, ist die absolute Gattung:

> „Die Gattung aber muß als das Allgemeine, als das, was dasselbe ist, in dieser Form der Existenz sein, oder sie in ihrer Existenz und sie als das Sichselbstgleiche müssen sich gleich sein“ (S. 156),

---

[26] Hegel, *Wissenschaft der Logik* II, S. 428f.: „Die negative Identität, in der die Gattung in sich zurückkehrt, ist, wie einerseits das *Erzeugen der Einzelheit*, so andererseits *das Aufheben derselben*, ist somit mit sich zusammengehende Gattung, die *für sich werdende Allgemeinheit* der Idee.“

das höchste Wesen. Das höchste Wesen ist aber hier nicht das schlechte Absolute der Verstandesmetaphysik, sondern die absolute Substanz im Sinne Spinozas. (Man kann daran erinnern, daß der dritte Abschnitt der Wesenslogik den umgekehrten Verlauf nimmt: dieses Absolute bedeutet dort die erste Kategorie der Wirklichkeit.) Hier ist es gleichsam die Wahrheit der prästabilierten Harmonie der Substanzen, und es scheint so, als ob Hegel hier der Schellingschen Leibniz-Interpretation folgte.[27]

> „Dieses Absolute ist das unendlich Herausgekehrte, das unendlich erschaffen hat, aber dessen Schöpfung, insofern in ihr sich das Einzelne als Individuelles absondert, in der Tat nur die Negation ist". (S. 160)

Damit hat dieses Absolute „als Resultat eines Beweises, dem die Bewegung und der Ausgangspunkt des Beweises voranging" (der ontologische Beweis als Definition bei Spinoza — wohl auch bei Schelling), das Individuelle nur als seine Negation sich gegenüberstehen und ist somit selbst die „absolute Negation". Später wird Hegel in der *Wissenschaft der Logik* diese absolute Negativität mit dem Kreis des „Erkennens", mit dem die Metaphysik begann, identifizieren, weshalb sie dann dort auch nicht mehr die unmittelbare Genesis des Begriffs bedeuten kann.

Denn, indem die absolute Negation als das absolut Einfache ist, ist sie „als absolut einfache Reflexion in sich selbst, als Ich oder Intelligenz". Damit soll sich also über die absolute Substanz der Gegenstand der Metaphysik der Subjektivität vermitteln. Ich als die „absolute Einheit der Einzelheit und Allgemeinheit", der als Begriff existierende Begriff, der aus der Dialektik der absoluten Substanz resultiert (der verglichen mit der Entwicklung der *Nürnberger Logik* hier eher dialektisch konstruiert erscheint), ist nun einerseits theoretisches Ich als „in seiner Einzelheit absolut Allgemeines" (S. 165), das alles Fremde nur als Allgemeines gegen sich hat, aber nicht zur Entgegensetzung gegen dasselbe kommt, andererseits praktisches Ich (Idee des Guten) als die Entwicklung dieses Gegensatzes, indem das Ich sich selbst „als ein bestimmt in sich Reflektiertes" sich als einfachem Ich gegenüberstellt. (Die Unendlichkeit des Ichs in der Theorie, seine Endlichkeit als Praxis).[28]

---

[27] Schelling, *Werke*, Band X, S. 54: „Sein [Leibnizens] Verhältnis zu diesem [Spinoza], dessen er gleichwohl selten und stets nur im Vorübergehen erwähnt, war indes nicht sowohl das eines Gegners als das eines klüglich zurechtlegenden und zu vermitteln suchenden Auslegers." Nicht erst in der *Logik*, sondern schon hier zeigt Hegel, daß er Leibniz besser als Schelling auf den Begriff zu bringen wußte: während Spinoza nur zur bestimmten Negation gelangte, erreichte Leibniz das „Insichreflektierte Negative".

[28] Hegel, *Grundlinien der Philosophie des Rechts*, § 13 Anm.: „Der Intelligenz als *denkend* bleibt der Gegenstand und Inhalt *Allgemeines*, sie selbst verhält sich als allgemeine Tätigkeit. Im Willen hat das Allgemeine zugleich wesentlich die Bedeutung des Meinigen, als *Einzelheit*, und im unmittelbaren, d. i. formellen Willen, als der abstrakten, noch nicht mit seiner freien Allgemeinheit erfüllten Einzelheit. Im Willen beginnt daher die *eigene*

Dort aber, wo im Entgegengesetzten das Allgemeine selbst ist, ist die Bestimmtheit als absolute Bestimmtheit gesetzt.

> „Das Ich ist als theoretischer Geist überhaupt, als realisiertes praktisches Ich, für welches die Bestimmtheit selbst absolute Bestimmtheit ist, absoluter Geist".

In der *Logik* wird dann derselbe von der absoluten Idee unterschieden, hier ist sie mit dem absoluten Geist identisch:

> „Alle Bestimmtheit hat sich aufgehoben, oder ist die absolute Allgemeinheit selbst". (S. 172)

Die Metaphysik hat für Hegel hier die Bedeutung, „Moment des Geistes, der sich selbst gefunden hat", zu sein, der

> „an sich ist, in seinem Anderen sich selbst findet, das dem Erkennen Entgegengesetzte wird selbst Erkennen, der Inhalt wird des Geistes, wird selbst Geist, und so hat sich der Geist in seinem Anders, für sich selbst gefunden". (S. 184)

In diesem Sinn ist der Geist allerdings nur als Idee (die Metaphysik sein Werden) und der einfache Kreislauf in sich selbst. Erst indem er als Natur sich anders wird, als Natur sich unendlich auf sich bezieht und im Anderen sich selbst anschaut, ist er als absoluter Geist realisiert.

Diese Ausführungen treffen, wenn man von später notwendig gewordenen weiteren Differenzierungen absieht, mit den diesbezüglichen Vermittlungsschritten in der *Logik* von 1812/16 zusammen. Nur widerspricht die vorliegende Systemkonzeption in ihrer Dichotomie von Logik und Metaphysik dem absoluten Geist der Metaphysik. Inwiefern dieser Widerspruch im Einzelnen nicht ausgetragen ist, haben wir bereits angegeben. Auch die der Metaphysik vorangehende Logik soll gemäß den Ausführungen am Ende der Metaphysik zur Genesis des absoluten Geistes gehören:

> „Das Unendliche wurde in seinem Werden unser Gegenstand, sein Anderswerden war auch ein anderes für uns, als die Bewegung des Erkennens". (S. 184)

Letztere aber, die Methode selbst, wurde zunächst reflexionsphilosophisch angesetzt und bedeutete eine Trennung von Logik und Metaphysik, welche Trennung keinesfalls nur terminologische Bedeutung hatte. Indem sie aber die Genesis des absoluten Geistes bedeutet und in ihrem Kreis selbst als die reine Vermittlung auftreten muß, um sich von der absoluten zu unterscheiden, in der alle Bestimmtheit selbst absolute Allgemeinheit ist, das Verständige und seine Dialektik nicht einfach gegen das Vernünftige abgrenzen kann, macht sie jene Trennung zunichte. Damit ergeben sich aber noch weitere Probleme, die die neue Wissenschaft, in der Logik und Metaphysik zusammenfallen, zu lösen hat:

Endlichkeit der Intelligenz [...] Diejenigen verstehen daher wenig von der Natur des Denkens und Wollens, welche meinen, im Willen überhaupt sei der Mensch unendlich, im Denken aber sei er oder gar die Vernunft beschränkt."

vor allem den Weg zu zeigen, in welchem sich der endliche Geist notwendig in den absoluten Geist aufhebt, die gleichsam endliche Vermittlung in der absoluten Vermittlung sich aufgehoben weiß. Oder anders formuliert: Die transcendentale Seite, die in dem Jenaer Entwurf, gerade auch durch die Teilung der Wissenschaft verkümmert ist, muß wieder hervortreten und zeigen, in welchem Sinn die Bestimmtheit absolute Bestimmtheit ist. Es wurde nämlich in der *Jenaer Logik und Metaphysik* kein Schritt in die Richtung gegangen, welche die „Metaphysik der Subjektivität" andeutete. Der zunächst endliche Geist muß erst erweisen, daß er die Wahrheit der Spinozistischen Substanz ist, muß zeigen, wie sich durch die Verstandeslogik hindurch das Spekulative realisiert: dies ist die Aufgabe der *Phänomenologie*, die im Hinblick auf die Jenaer Metaphysik erst mit dem absoluten Geist in der *Jenaer Logik* Ernst macht.

5. Wie es nun immer um die Datierung Hegelscher Fragmente stehen mag — aus dem Folgenden ebenso wie aus dem bereits Gesagten erscheint uns die neueste Datierung der *Jenaer Logik und Metaphysik* (so knapp vor dem Erscheinen der *Phänomenologie des Geistes*) etwas bedenklich zu sein — die *Realphilosophie II* steht sicher zwischen beiden Systemansätzen. Ihre Logik ist zwar nur in dem Bekannten

> „a) spekulative Philosophie: absolutes Sein, das sich Andres (Verhältnis) wird, Leben und Erkennen; und wissendes Wissen, Geist, Wissen des Geistes von sich"[29]

vorhanden. Aber die Logik ist in ihr bereits mit der spekulativen Wissenschaft identisch. Unserer Untersuchung zufolge müßte sich bereits hier eine Spur für die Mittelstellung der Wesenslogik finden lassen.

Das absolute Sein deutet auf den Anfang mit dem reinen Sein hin. Damit scheint es aber zugleich ausgeschlossen, daß das Sichanderswerden, Ins-Verhältnis-Treten, noch als das doppelte Verhältnis, wie es in der *Jenaer Logik* auftritt, gefaßt werden kann. Wahrscheinlicher ist es, daß keines der beiden Verhältnisse damit gemeint ist, sondern die Verhältnisse, die sich aus dem Sein im Sinne der bestimmten Negation ergeben (z. B. das quantitative Verhältnis), damit angesprochen werden. Das Leben tritt vor dem Erkennen auf und bezeichnet somit Stufen der Idee. Daraus folgt, daß das Erkennen nicht mehr das bedeuten kann, was es als Ersatz des Wesens in der *Jenaer Logik und Metaphysik* bedeutet. Denn das „Leben" verhindert eine solche Interpretation. Wissendes Wissen und Geist wird vermutlich die Stufe der Idee darstellen, die später als praktische Idee (Idee des Guten), vor dem Wissen des Geistes von sich (der absoluten Idee), auftritt. Damit ist aber alles, was zwischen reinem Sein und unmittelbarer Idee (von der *Nürnberger Logik* her gesehen) auftritt, nicht angegeben.

---

[29] Hegel, *Jenaer Realphilosophie*, S. 272.

Man könnte nun annehmen, daß „Verhältnis" zumindest im Sinne des Seinsverhältnisses der *Jenaer Logik*, die Mitte zwischen Sein und Idee einnimmt. Dies bleibe auch die einzige Möglichkeit, diese Leere zu überbrücken, zumal die Bestimmung des Ich:[30]

> „Ich ist diese untrennbare Verknüpfung des Einzelnen und des Allgemeinen und der Einzelheit als allgemeiner aller Natur und des Allgemeinen, aller Wesenheit, alles Denkens" (*Jenaer Realphilosophie*, S. 272),

keine Möglichkeit mehr bietet, ein Denkverhältnis dem Verhältnis des Seins entgegenzustellen. Bliebe aber das Seinsverhältnis im Sinn der *Jenaer Logik* erhalten, müßte die Substanzmetaphysik in das Leben fallen, was aber zufolge der erwähnten Definition des Ich auch nicht vollziehbar wäre. Somit kann aber das Verhältnis nur eine Vorwegnahme der Wesenslogik bedeuten, deren bestimmte Gestalt uns aber unbekannt bleibt. Aber die Verknüpfung der Einzelheit als allgemeiner und der Wesenheit zeigt die Notwendigkeit der Mittelstellung des Wesens in der spekulativen Wissenschaft an. Es darf allerdings angenommen werden, daß die Darstellung der „ontologischen Differenz", wie sie später in die Wesenslogik einleitet, noch nicht vorhanden ist und somit noch eine Verwirrung zwischen Seinsverhältnis und Reflexion des Wesens vorherrscht.

Im Hinblick auf die Logik und Metaphysik von 1804/05 läßt sich von dieser Logikskizze der Realphilosophie (auch im Hinblick auf das Ich-Zitat) sagen, daß das „Wesen" von ihr gefordert wird, aber sich — wohl im Unterschied zu den ersten Logikentwürfen der Propädeutik — in ihr nicht eindeutig belegen läßt.

6. Damit sind wir beim zweiten Punkt unserer Untersuchung angelangt, der Frage nach der „Logik der Phänomenologie" und damit der Frage, was das „Wesen" mit der *Phänomenologie des Geistes* zu tun hat. Es wurden schon viele Versuche[31] gemacht, diese Frage zu beantworten, und eine Annahme O. Pöggelers[32] erscheint uns der Sache adäquat zu sein.

---

[30] Die untrennbare Verknüpfung des Einzelnen und Allgemeinen meint das, was in der Begriffslogik als das Sichkontinuieren, als eine Weise der dialektischen Fortbestimmung, auftritt. Als Verknüpfung der allgemeinen Einzelheit und der Wesenheit ist aber der Begriff oder das Ich die „Einheit" von Sein und Wesen.

[31] Wir beziehen uns hier insbesondere auf die Untersuchungen von O. Pöggeler, „Die Komposition der Phänomenologie des Geistes", in: *Hegel-Tage Royaumond 1964*, Bonn 1966, Hegel-Studien, Beiheft 3, S. 27ff., und H. F. Fulda, „Zur Logik der Phänomenologie von 1807", ebd. S. 75ff. Zitiert werden diese Beiträge nach dem Abdruck in: *Materialien zu Hegels Phänomenologie des Geis*tes, hrsg. H. F. Fulda und D. Henrich, Frankfurt/Main 1973.

[32] Vgl. *Materialien*, S. 359 hinsichtlich der „Zwiesel"haftigkeit von *Logik* und *Phänomenologie*, nicht hinsichtlich der Behauptung, daß beider Werke Gliederung einander entsprechen müssen.

Ausgeschlossen ist es sicher, die *Jenaer Logik und Metaphysik* als die Logik der *Phänomenologie* anzusehen. Diese fordert wohl am Ende eine Phänomenologie, welche aber mit dem doch noch an Kant orientierten Aufbau derselben unvereinbar ist. Aber auch ein Versuch, die oben erwähnte Logikskizze der Realphilosophie im Sinne der *Jenaer Logik und Metaphysik* zu modifizieren und auf die *Phänomenologie* zu beziehen, wie es H. F. Fulda[33] unternommen hat, erscheint uns unmöglich zu sein. Z.B.:
Was hat das „Verhältnis Selbständiger", das offensichtlich an das reflexionslose Verhältnis des Seins denkt, mit der Dialektik des Anerkennens zu tun, wenn man nicht nur bei einer vagen Strukturähnlichkeit stehenbleiben will? Das Selbstbewußtsein kann doch nur der Stufe des Begriffs entsprechen, von dem die *Jenaer Logik* nichts weiß. Oder: Die Verhältnisse des Denkens, bestimmten Begriff, Urteil und Schluß in den weiteren Gestalten des „Selbstbewußtseins" wiederzufinden, übersieht nicht nur, daß dasselbe nicht im Sinne lebendigen Daseins gefaßt werden kann, sondern auch Subjektivität bedeutet, die nicht zur Idee (Vernunft) fortgeführt werden kann, wie überdies keinerlei Strukturähnlichkeit hier expliziert werden kann. Diese Deutung übersieht überhaupt alle Bedeutung, die die Stufen (bzw. Epochen) sowohl innerhalb der Logik von 1804/05 als auch in der *Phänomenologie* selbst haben. Die „Strukturähnlichkeit" erscheint uns deshalb ein völlig ungeeignetes Mittel zu sein, das Spekulative des Entsprechens von Logik und Phänomenologie darzustellen.

In unserer Vermutung, daß das Wesen in der *Jenaer Realphilosophie* bzw. in ihrem Logik-Abriß schon enthalten ist, treffen wir uns allerdings mit Fulda, der das „reine Wesen" im Wahrnehmungskapitel der *Phänomenologie* ansetzt. Hinsichtlich der *Phänomenologie* ist diese Annahme begründet, hinsichtlich der *Realphilosophie* aber nicht. Denn die Dialektik der Wahrnehmung, aber auch von Kraft und Verstand läßt sich nur vom Wesen her verstehen, Fulda setzt aber das Seinsverhältnis der *Jenaer Logik*, in dem das spätere Erscheinungsverhältnis der Kraft mit der Substanz vermengt ist, als die logische Grundlage des Verstandeskapitels an. Damit wird sowohl verkannt, daß die Logik der *Realphilosophie* bereits über die *Jenaer Logik* hinausgegangen ist, wie das Wesen dort angesetzt, wo es im Rahmen der letzteren nicht anzutreffen sein kann. Überdies wird der Sinn der Wissenschaft der Erfahrung des Bewußtseins verkannt, zu zeigen, in welcher Weise im Sinne der spekulativen Logik die transcendentale Vermittlungsproblematik gelöst werden kann, wie die Epochen der Logik auch die Epochen des Bewußtseins sind, ohne in das Anwenden im Sinne Kants zurückzufallen.

Indem mit dem Wesen auch der Begriff im eigentlich Hegelschen Sinn (der Begriff der *Jenaer Logik* ist nur Denkverhältnis) erreicht ist, hat sich nicht nur die Unterscheidung von Logik und Metaphysik als unbegründet erwiesen, auch

[33] Ebd. Siehe besonders S. 418ff.

die Substanz ist nicht mehr nur Kategorie (die daher im Verstandeskapitel aufscheinen könnte), sondern ebenso Monade. Daher kann sie nur als das der „verkehrten Welt“ Entsprechende angesehen werden.

Es ist zunächst zu zeigen, daß das Wesen im Sinne der reifen Logik im Text der *Phänomenologie* vorhanden ist, sowie überhaupt deren Trichotomie von derselben vorausgesetzt wird. Beides deckt zunächst die Stelle der Vorrede (wäre sie nur der Vorrede eigen, so wäre damit schon die oben erwähnte Ansicht Pöggelers erwiesen):

> „Denn die Vermittlung ist nichts anderes als die sich bewegende Sichselbstgleichheit, oder sie ist die Reflexion in sich, das Moment des fürsichseienden Ich, die reine Negativität oder, auf ihre reine Abstraktion herabgesetzt, das *einfache Werden.*“ (*Phänomenologie*, S. 21)

Bewegende Sichselbstgleichheit steht wohl ebenso wie die reine Negativität und Reflexion in sich für die Wesensdialektik, die vom Begriff her gesehen, also vom fürsichseienden Ich her, Moment ist, das Werden hingegen für die Bewegung der Seinslogik überhaupt. Damit ist nicht nur die Dreiteilung der Logik, sondern ausdrücklich auch die Natur des Wesens angegeben. Die Unterscheidung von „Werden des Daseins als Dasein“ vom „Werden des Wesens oder der inneren Natur der Sache“ (S. 36) spricht wohl für sich.

Die Substanz nimmt gleichfalls die Stellung ein, die ihr in der *Wissenschaft der Logik* zukommt:

> „Das innere Entstehen oder das Werden der Substanz ist ungetrennt Übergehen in das Äußere oder in das Dasein, Sein für anderes, und umgekehrt ist das Dasein das sich Zurücknehmen ins Wesen“ [Hegel, *Phänomenologie*, S. 36].

Hiermit wird die „absolute Notwendigkeit“ expliziert, die ohne die Wesenslogik nicht darzustellen wäre.[34] Die Stelle

> „es ist aber weit schwerer, die festen bestimmten Gedanken in Flüssigkeit zu bringen als das sinnliche Dasein. Der Grund ist das vorhin Angegebene; jene Bestimmungen haben das Ich, die Macht des Negativen oder die reine Wirklichkeit zur Substanz und zum Elemente ihres Daseins, die sinnlichen Bestimmungen dagegen nur die unmächtige abstrakte Unmittelbarkeit oder das Dasein als solches“[35],

entspricht der Anm. zu § 113 der *Enzyklopädie* (1830), in der die Differenz zwischen Sein und Wesen so angegeben wird:

> „Die Gedankenlosigkeit der Sinnlichkeit, alles Beschränkte und Endliche für ein *Seiendes* zu nehmen, geht in die Hartnäckigkeit des Verstandes über, es als *ein mit sich Identisches, sich in sich nicht Widersprechendes*, zu fassen.“

---

[34] Es ist entscheidend für das Kapitel „Wirklichkeit“ der *Logik*, die Bewegung der Substanz als eine Identität von „Übergehen“ und „Scheinen“ zu fassen, die also an sich die Bewegung des Begriffes ist.

[35] Hegel, *Phänomenologie*, S. 30f.

Bezogen auf die Bedeutung der *Phänomenologie* überhaupt und ihres Standpunktes, die Differenz von Logik und Metaphysik überwunden zu haben, ist das Vernunftkapitel, wie schon oben erwähnt, aufschlußreich:

> „Die *Kategorie*, welche sonst die Bedeutung hatte, Wesenheit des Seienden zu sein, *unbestimmt* des Seienden überhaupt oder des Seienden gegen das Bewußtsein, ist jetzt *Wesenheit* oder einfache *Einheit* des Seienden nur als denkende Wirklichkeit, oder sie ist dies, daß Selbstbewußtsein und Sein *dasselbe* Wesen ist"[36]

(nicht in der Vergleichung [Reflexionsphilosophie], sondern an und für sich). Dies bedeutet aber nun, daß die transcendentale Vermittlung ebenso die ontologische Vermittlung ist. Diese Identität vollzieht sich aber in der Logik, die *Phänomenologie* hingegen stellt nur die eine Seite dar. Damit ist aber die Entsprechungsfrage bis dorthin, wo die eigentlich transcendentale Problematik ihren Abschluß findet, zu lösen:

Sein = sinnliche Gewißheit
Wesen = Wahrnehmung und Verstand einschließlich der verkehrten Welt
Begriff = Selbstbewußtsein
Idee = Vernunft, vom Sichfinden im Organismus bis zum Geist, welcher hier der absoluten Idee entspricht.

Mit dem Geistkapitel tritt überhaupt eine andere Weise von Dialektik auf als die des Ansich, Fürons, Fürsich, welche zugleich bewirkte, daß die jeweilige Dialektik des Ansich nicht expliziert wurde.

Es wäre hier eine bloße Behauptung, zu sagen, bis einschließlich der „Vernunft" ließe sich das Entsprechen mühelos durchführen, hinsichtlich des Geistes der *Phänomenologie* träte eine Methode ein, die sich als der „spekulative Empirismus" auch der Geschichtsphilosophie darstellen ließe. Aber die „Phänomenologie" der *Enzyklopädie*[37] spricht für diese Annahme. In diesem Sinne hätte das Entsprechen sowie das Wiedererkennen der logischen Momente[38] eine doppelte Bedeutung: bis zu dem oben genannten Punkt ist die *Phänomenologie* eine Gestalt der Logik, freilich in der Differenz des „Bewußtseins". Im „Geist", der sich in die Triade von Sittlichkeit (objektiver Geist) Moralität (subjektiver Geist) und Religion (absoluter Geist) auseinanderlegt, erkennt man wohl die Stufen von Unmittelbarkeit, reiner Vermittlung und Insichvermitteltheit wieder, mithin

---

[36] Ebd. S. 178.

[37] Hegel, *Enzyklopädie* (1830), §§ 413-439.

[38] Hegel, *Phänomenologie des Geistes*, S. 562: „entspricht jedem abstrakten Momente der Wissenschaft eine Gestalt des erscheinenden Geistes überhaupt", und: „Die reinen Begriffe der Wissenschaft in dieser Form von Gestalten des Bewußtseins zu erkennen, macht die Seite ihrer Realität aus, nach welcher ihr Wesen, der Begriff, der in ihr in seiner *einfachen* Vermittlung als *Denken* gesetzt ist, die Momente dieser Vermittlung auseinanderschlägt und nach dem innern Gegensatze sich darstellt." Hier stellt sich die Frage, ob unter Bewußtsein, hinsichtlich dessen jenes Entsprechen angesetzt ist, auch der Geist zu subsumieren ist.

eine schon und selbstverständlich an der Logik orientierte Darstellung der Rückkehr aus der Entäußerung des Geistes, die aber ebensowohl einen neuen Anfang der Vermittlung bedeutet, als sie nicht mehr auf jene Stufen der Logik, die explizit die transcendentale Logik ablösen, zurückbezogen werden kann. Denn es ist nunmehr der als Begriff existierende Begriff, dessen Weise der Vermittlung diesem zweiten Abschnitt der *Phänomenologie* zu Grunde liegt.

Gleichwohl kann man sich hier der Kronerschen Deutung anschließen, die die *Phänomenologie* doch als ein Ganzes ansieht, indem sie diese für eine Gestalt des spekulativen Schlusses auffaßt. Nimmt man sie jedoch für eine — vom System der *Enzyklopädie* her gesehen — antiquierte Systemgestalt, welcher Interpretation wir keinesfalls folgen können, so kann man sie auch nicht auf irgendeine uns überlieferte Logik der Jenaer Zeit beziehen.

7. Wir kommen nun zur Zusammenfassung: Es war die Absicht Hegels, was sich auch noch in der Vorrede zur *Nürnberger Logik* ausdrückt, die durch die Revolution Kants und seiner *Kritik* möglich gewordene Metaphysik darzustellen. Er erkannte, daß sowohl die Reflexionsphilosophie Fichtes unfähig war, diese zu geben, es sei denn unter Preisgabe der durch die Tradition der Philosophie erarbeiteten Substanzmetaphysik (z. B. von Leibniz), als auch, daß der Spinozismus Schellings keine Alternative (abgesehen vom *System des transzendentalen Idealismus*) im Sinne der Methode darstellt.

So versuchte er zunächst die Endlichkeit des Verstandes als Darstellung der negativen Vernünftigkeit — als Logik durchzuführen. In derselben ist die bestimmte Negation eine, gemessen an der Differenziertheit der späteren Methode, lineare Bewegung, obgleich sie in Anlehnung an Schellings transcendentalen Idealismus Epochen zu kennzeichnen versucht. Die Darstellung der positiven Vernünftigkeit, die Metaphysik versucht, ausgehend davon, die dialektische Methode prinzipiell zu fassen, die Substanz (die Monade) in ihren Grund, in die Substanz-Subjektivität des absoluten Geistes zurückgehen zu lassen, was den spekulativen Schluß für das System selbst fordert. Damit zerfällt, indem diese Forderung hier noch nicht erfüllt ist, die Vermittlung überhaupt in eine transcendentale und in eine ontologische, wobei sich die letztere gewissermaßen hinter dem Rücken der ersteren herstellen soll. Das Ende der *Jenaer Logik und Metaphysik* fordert aber geradezu die Darstellung der Erhebung des endlichen Geistes zum absoluten Geist. Damit ist aber auch die Verteilung des Dialektischen (im engeren Sinn) und des Spekulativen an zwei Wissenschaften nicht mehr möglich. Es bedarf somit einer Mitte, die gewährleistet, daß die Methode die der Sache (der Substanz) selbst wird und zugleich die Bewegung transcendentaler Vermittlung einschließt. Damit das Spekulative, das Konkrete jeweils jedem Schritt einer bestimmten Stufe der Wissenschaft selbst angehört, ist es notwendig, daß die Vermittlung, die sich zunächst noch reflexionsphilosophisch in der Weise von Grundsätzen ausgesprochen hat (implizit zwar auch schon in der *Jenaer Logik und Metaphysik* aufgehoben wurde), sowohl Reflexion im Sinne der Bewegung transcendentaler Vermittlung als auch Reflexion als Bewegung der Vermittlung der Substanz im ontologischen Sinne bedeutet. Die Durchführung derselben als Wesenslogik zeigt in der Weise der spekulativen Philosophie auf ihre Weise, was die *Phänomenologie* als Geschichte des Selbstbewußtseins leistet, die absolute Form, absolute Negativität als sich zur Monadenwelt (im Sinne der Metaphysik der Objektivität) entwickelnd auf. Indem gezeigt wird, daß das Wesen zum Moment des Begriffs, der die Einheit von Sein und Wesen ist, wird, ist von der Seite der Logik her das geleistet, was die *Phänomenologie* bereits in ihrem ersten Kapitel aufzeigt: Jede Unmittelbarkeit, auch die, die bei Kant als Naturzweck im Sinne seiner Darstellung der transcendentalen Vermittlung in der *Kritik der reinen Vernunft* in die Aporie gerät, ist absolut vermittelt — nicht im Sinne einer Substanzontologie, der ewig das transcendentale Problem bleiben muß, sondern im Sinne der Rückkehr des Geistes aus seiner Entäußerung, in der das, aus dem zurückgekehrt wird, erst im Zurückkehren ist.

Die Dialektik der Aristotelischen Freiheitsdefinition

Gegenüber gegenwärtig in der Scheinalternative von Determinismus und Indeterminismus[1] stehender Auseinandersetzung mit dem Freiheitsproblem ist die Aristotelische Bestimmung der Freiheit mit Recht bewundert worden. Das „Spekulative“, das Hegel in allen ontologischen und geistesphilosophischen Werken des Stagiriten rühmt, findet sich ebenso in dessen Ethik[2] und hier vornehmlich in dessen Freiheitsdefinition. Aber, wenn auch Aristoteles als der Nüchterne mit den trunkenen Originaldenkern vor allem „empiristischer“ Herkunft nicht verglichen werden kann, so ist doch das Dialektische und Spekulative an seiner Bestimmung der Freiheit von ihm selbst nicht so betrachtet worden, daß es auch systematische Gestalt annehmen konnte. Diese Grenze, die sich nicht nur in der Ethik, sondern ebenso in der Lehre vom *nous*, wie in dem Faktum der formalen Logik an Aristoteles findet, kann man im Sinne E. Heintels als die Differenz von Formmetaphysik und Transcendentalphilosophie bezeichnen. Die unmittelbar auf Aristoteles geschichtlich folgenden dogmatischen Systeme beginnen bereits neben seiner Ontologie auch seine Ethik in Frage zu stellen und die diesbezügliche Auseinandersetzung mit Aristoteles führt bis in die neuzeitliche Transcendentalphilosophie herauf, von welcher gesagt werden kann, daß sie den im Begriff der Freiheit implizierten Anfang des philosophischen Systems auch als solchen gesetzt hat. Es ist im Folgenden nur daran gedacht, die Notwendigkeit des Hinausgehens über Aristoteles in dem angegebenen Punkt, ohne Rücksicht auf die näheren geschichtlichen Bezüge, herauszustellen. Es geht also darum, die Aristotelische Freiheitsdefinition in ihrer spekulativ-logischen Gestalt einzusehen.

Zunächst zu dem Zusammenhang, in dem Aristoteles die Freiheit behandelt: Die sittliche Tüchtigkeit (ἀρετή) hat sich im Handeln (πρᾶξις) zu bewähren. Im Hinblick auf sie gibt es Lob (ἔπαινος) und Tadel (ψόγος), und weil ein solches Bewerten der Sittlichkeit nur Sinn hat, wenn Handlungen im Zeichen der Freiwilligkeit stehen, ist es notwendig, daß die Ethik klarlegt, was diese ist. (*Nikomachische Ethik*, III/1) Zumindest seit Platons *Hippias minor* ist die Differenz von ontologischem *bonum* (E. Heintel[3]) und dem *bonum*, das der Freiheit aufgegeben ist, ein Problem des philosophischen Systems, und dennoch versucht auch Aristoteles die *arete* analog dem *bonum* in der *physis* zu fassen (*Nikomachische Ethik*, I/1). Es ist insofern konsequent, die Freiheit als Freiwil-

[1] Als Beispiel: *Seminar: Freies Handeln und Determinismus*, hrsg. v. U. Pothast, Frankfurt/Main 1978.

[2] Im Folgenden beziehen wir uns hauptsächlich auf: Aristoteles, *Nikomachische Ethik*, III/1-4 (1110-1112).

[3] Hiezu besonders §§ 9 und 11 in: *Die beiden Labyrinthe der Philosophie*, Band 1, Wien – München 1968 (*Überlieferung und Aufgabe*, Band 6).

ligkeit (ἑκούσιον) eine wichtige Bestimmung im Rahmen der Ethik sein zu lassen, sie aber nicht zum Fundament derselben zu erheben. Denn das οὗ ἕνεκα ist die *eudaimonia* und diese liegt in der dem Wesen des Menschen als *animal rationale* (ζῷον νοῦν ἔχον) eigentümlichen Energie. (Es ist beinahe überflüssig zu erwähnen, daß dieser Begriff der *eudaimonia* — auf die Kantische Tafel der „praktisch materialen Bestimmungsgründe" (Kant, *KdpV*, § 8) geblickt — nicht auf der Seite der subjektiv-inneren, sondern auf der der objektiv-inneren Gründe zu suchen ist.) Aber diese Konsequenz, die zugleich an der Identität von *animal rationale* und daseiender Freiheit vorbeigeht, ist auch der innere Mangel der ontologisch fundierten Ethik.

Der Schein, als wäre die Aristotelische Freiheitsdefinition nicht dialektisch, rührt davon her, daß man meint, daß sie in (Kantisch gesprochen) „zwei Stücken" gegeben worden wäre:
a) Abwesenheit von Zwang,
b) keine Unwissenheit darüber, was geschieht, so daß nun im Zusammenkommen dieser beiden Umstände die freiwillige Handlung bestünde. Im Sinne dieser Interpretation hätten auch die Liebhaber des „Unbewußten" eine Chance, ein Drittes zwischen bloßem Geschehen und Handlung, die im Zeichen der *prohairesis* (προαίρεσις) steht, anzusetzen.

Nur, wenn die Aristotelische Freiheitsdefinition dialektisch ist, dann besteht sie nicht aus zwei Stücken und kommen nicht zwei Umstände äußerlich zusammen. Zunächst gibt Aristoteles in [*Nikomachische Ethik*, III/1] nur die Bestimmungen an, unter welchen eine Handlung als unfreiwillig (ἀκούσιον) anzusehen ist: unfreiwillig ist, was unter Zwang (βία) oder aus Unwissenheit (δι' ἄγνοιαν) geschieht. In diesem Sinn gibt es zwei Möglichkeiten der Unfreiwilligkeit:
a) entweder Gezwungensein ohne Wissen davon und
b) Gezwungensein mit Bewußtsein dieser äußeren Notwendigkeit.

Die freiwillige Handlung *aber* hat nicht zwei Möglichkeiten, die da wären
a) aufgehobener Zwang und
b) Wissen von dem aufgehobenen Zwang, sondern sie ist nur als sichwissende Selbstbestimmung denkbar.

Letzterer Freiheitsbegriff resultiert aber aus der zunächst die beiden Bestimmungen, Zwang und Unwissenheit, isolierenden Betrachtungsweise.

Zwang (βία, βίαιον) herrscht dort, wo der Handelnde in keiner Weise mitwirkt (μηδὲν συμβάλλεται) und schaltet überhaupt Handlung aus, ist wesentlich äußerer Zwang (Beispiel vom Sturmwind). Obwohl Aristoteles hinsichtlich der Beispiele, die in der Alternative Leben und Tod stehen, temperiert (μικταὶ μὲν οὖν εἰσιν αἱ τοιαῦται πράξεις), ist doch der Sinn der (ἐοίκασι δὲ μᾶλλον ἑκουσίοις), daß in keinem von ihnen von Zwang, sondern von freiwilliger Handlung und Entscheidung die Rede ist (αἱρεταὶ γάρ εἰσι τότε ὅτε πράττονται, τόδὲ τέλος τῆς πράξεως κατὰ τὸν καιρόν ἐστιν). Sonach läßt sich nun die Abwesenheit von äußerem Zwang, weil es keinen inneren Zwang gibt, der nicht Selbstzwang, also freiwillige Handlung bedeutete, positiv formulieren: das bewegende Prinzip (ἡ ἀρχὴ τοῦ κινεῖν) liegt im Menschen (ἐν αὐτῷ). (Das In-der-Macht (ἐφ' ἡμῖν) -Stehen, zu handeln oder nicht zu handeln, steht ebenso im Zeichen der Freiwilligkeit.) Der Zwang, dem man unterliegen kann oder auch nicht (ἀνάγκη, ἀναγκασθέναι) unterliegen kann, ist nicht mehr jener Zwang, der Freiwilligkeit ausschaltet, ist nur dem Namen nach (ὁμώνυμον) Zwang.

Bescheidene Denker, die in ihrer Realitätsnähe ihren Abstraktionen unterliegen, wären mit dem Bisherigen, mit der Gegenüberstellung von freier Handlung und Zwang, schon zufrieden. (Die Handlungsfreiheit im Sinne Humes und Schlicks). Obwohl Positivisten von dem ἐφ' ἡμῖν gar keinen Begriff haben können, genügt ihnen dieser Begriff, den sie nicht haben. Aristoteles ist jedenfalls nicht so bescheiden, die Negation des äußeren Zwanges, diese *steresis*, schon als die Form der menschlichen Freiheit anzusetzen.[4] Ebensowenig begnügt sich Aristoteles damit, die positive Formulierung, daß der Handelnde zum Zeitpunkt (κατὰ τὸν καιρόν) seiner Handlung bewegendes Prinzip (ἀρχὴ τοῦ κινεῖν) ist, für den konkreten Begriff menschlicher Freiheit auszugeben. Es ist ihm durchaus klar, daß mit dieser Feststellung, wo die ἀρχὴ τοῦ κινεῖν liegt, noch nicht das Wesen menschlicher Freiheit begriffen ist.

Man muß sich fragen, ob Aristoteles nicht konsequenter gewesen wäre, wenn er dort haltgemacht hätte, wo die Positivisten die Freiheit ansetzen. Denn der Freiheitsbegriff, der das bewegende Prinzip in das Wesen des Menschen setzt, ist ontologisch. Die Wesensverwirklichung gegen den äußeren Zwang, der dem ἐμποδίζον in der entelechialen Bewegung überhaupt entspricht, ist die *eudaimonia* alles natürlich Seienden und so dessen Freiheit im ontologischen Sinn. Jedes φύσει ὄν, das sein Wesen verwirklicht, ist frei zu nennen und demgemäß auch der Mensch, insofern er seine *humanitas* verwirklicht. Gegen diese Freiheit steht der äußere Zwang, das αὐτόματον der *physis*. Wenn das Wesen des Menschen sich in der Definition ζῷον νοῦν ἔχον ausspricht, so wären die von Aristoteles näher bestimmten ethischen und dianoetischen Tugenden (ἀρεταί) nur die Freiheit des Menschen als eines Naturwesens, würde man ihn so als eine Art unter anderen Arten des natürlich Seienden fassen. Der Widerspruch der formallogisch angesetzten spezifischen Differenz (*rationale*) zum *genus* (*animal*) ist freilich von Aristoteles noch sowenig durchschaut, wie sein Hinausgehen über solch einen ontologisch angesetzten Freiheitsbegriff ihm als inkonsequent erschien. Indem aber dieser Widerspruch in der Definition des

[4] Auch Schopenhauer (*Preisschrift über die Freiheit des Willens*) bleibt bei diesem abstrakten Moment stehen und kommt damit nur allzu konsequent zu seinem bekannten Resultat, *causa efficiens* und Motiv nicht unterscheiden zu können.

Menschen nicht gesehen wird, wird auch der Widerspruch der menschlichen gegen die ontologische Freiheit nicht als solcher eingesehen. Aber er wird dennoch ausgesprochen. Denn gerade die ontologische Freiheit sinkt im Hinblick auf die in der *prohairesis* angesprochene menschliche Freiheit zur Unfreiheit herab. (In diesem Sinne hat auch die Stoa die Konsequenz gezogen, daß das ὁμολογουμένως τῇ φύσει ζῆν für den Menschen in der Einsicht in den *logos* besteht). Es zeigt sich, daß das Bewegungsursache-Sein noch nicht ausreicht, um die „Kausalität aus Freiheit" [siehe Kant, *KdrV*, B 472] zu fassen. Das zwanglose „Handeln" des Lebendigen, das darin nur sein Wesen (im Sinne des ἄτομον εἶδος) verwirklicht, ist noch kein Handeln. Der Satz πράττει δὲ ἑκών wird durch das ἐφ' ἡμῖν begründet. Aber was dieses ἐφ' ἡμῖν bedeutet, läßt sich bloß ontologisch nicht einsichtig machen. (Dort, wo die Freiheit ausschließlich ontologisch verstanden wird, im Neuplatonismus, wird sie daher auch nur zum Prädikat des Einen).

Hier aber gibt es zunächst mehrere Möglichkeiten:

1. Man bleibt bei der Definition der Freiheit im Sinne der Zwanglosigkeit (oder auch Handlungsfreiheit) stehen, mit dem freilich der Begriff ontologischer Freiheit vorausgesetzt wird (sowenig Hume und seine Nachtreter dies mögen) oder

2. Man setzt die durch das Wesen des Menschen als eines ζῷον λόγον ἔχον durch das wissende Sichbestimmen gekennzeichnete Freiheit als eine spezifische Weise ontologischer Freiheit an (analog dazu, wie man das *animal rationale* als Definition einer bestimmten Art des natürlich Seienden fassen möchte) oder

3. Wird der Widerspruch, von dem oben die Rede war, ernstgenommen und die Freiheit als Selbstbestimmung (Ich, das sich im Sinne Fichtes als bestimmend das Nicht-Ich setzt) gefaßt.

Aristoteles schwebt zwischen 2. und 3. und dies ist auch das negativ-dialektische Moment seiner Freiheitsbestimmung, das Aporetische an dem Ganzen seiner Ethik, die einerseits die Unvergleichlichkeit menschlicher Freiheit mit entelechialer Notwendigkeit sieht, andererseits das *telos* menschlicher Praxis in der *eudaimonia*, analog dem bloß natürlich Seienden, ansetzen möchte. Das Dialektische spricht sich darin aus, daß zunächst die Freiheit in das Bewegungsursache-Sein gesetzt wird, aber zweitens nur als solches angesetzt werden kann, wenn dieses Ursache-Sein Selbstbestimmung im Sinne der sich als Ursache wissenden Ursache ist. Die Freiheit wird zunächst als ontologische gesetzt, nachher aber ebenso aufgehoben: καὶ γὰρ ἡ ἀρχὴ τοῦ κινεῖν τὰ ὀργανικὰ μέρη ἐν ταῖς τοιαύταις πράξεσιν ἐν αὐτῷ ἐστίν. Denn daß die Glieder des Leibes von einem inneren bewegenden Prinzip regiert werden, ist zunächst nur die Idealität der ersten Entelechie (πρώτη ἐντελέχεια) gegen die

Teile des Leibes. Daß das Selbstbestimmen ein solches des sich als Begriff wissenden Begriffes ist, ist darin noch nicht impliziert. Weswegen Aristoteles in seiner Erörterung des „zweiten Stückes“ dazu übergehen muß, das hier geforderte Wissen näher zu bestimmen. (Es darf, um Mißverständnisse zu vermeiden, angemerkt werden, daß vom Standpunkt der äußeren Reflexion, freilich jene beiden Stücke auch vom abstrakten Recht vorausgesetzt werden, damit eine Handlung als solche angesehen werden kann. Ihre Differenz und ihre dennoch dialektische Einheit (Person und Subjekt) zeigt sich im Übergang von Recht in die „Moralität“ in Hegels *Rechtsphilosophie*. Das Bestimmtsein eines Geschehens durch die Wirklichkeit des Wesens ist noch keine Handlung. Erst die sich als Ursache wissende Ursache (Subjekt) ist handelnd. Sowenig das Fehlen von Zwang ein Geschehen zu einer Handlung macht, sowenig ist das bloße Wissen von einem Geschehen ein Sichbestimmen im Sinne der Freiheit. Erst das sichwissende Bestimmen ist freies Handeln.) Daraus ergibt sich aber, daß die beiden Stücke gerade nicht Teile des Freiheitsbegriffes sind, sondern daß die Freiheit als Zwanglosigkeit ihre Wahrheit in der Freiheit als Selbstbestimmung hat. Es ist daher auch sinnlos zu fragen, ob sichwissendes Bestimmen nicht doch in diesem Bestimmen einem Zwang unterlegen wäre. Zwang ist die Abwesenheit freier Selbstbestimmung bzw. nur im Gegensatz zu dieser zu bestimmen (wenn man noch nicht die Differenz von freier Willkür und freiem Willen berücksichtigt), nicht aber vom Begriff des Zwanges als eines Äußeren ausgehend die Freiheit zu bestimmen. Letzteres Unternehmen muß den falschen Schein der beiden Stücke hervorrufen, wenn man mit Aristoteles den analytischen Weg beschreitet. Es ist also nicht möglich, das erste Stück, die Zwanglosigkeit, für sich zu nehmen, was dazu führen würde, den äußeren Zwang einer ontologischen Freiheit entgegenzustellen, sondern selbst die ontologische Freiheit sinkt zu einem Äußeren und Zwingenden herab, wenn sie nicht von Freiheit als sichwissender ergriffen wird. Wenn Aristoteles das bewegende Prinzip als im Menschen liegend gegen den äußeren Zwang stellt, so bleibt er hier in der Zweideutigkeit, dieses Prinzip entweder im Sinne der Entelechie oder im Sinne der Freiheit verstanden zu haben. Um dieser zu entgehen (welches Entgehen den Vertretern der „Handlungsfreiheit“ nicht möglich ist), nachdem man einmal mit dem Begriff des Zwanges begonnen hat, ist es notwendig, den inneren Zweck im Sinne der Entelechie von dem Zweck, der aus Freiheit ist und sichwissend sich bestimmt, zu unterscheiden, und deswegen geht Aristoteles zur näheren Bestimmung jenes Wissens über, ohne welches von freier Handlung zu reden keinen Sinn hat.

Aristoteles' Methode ist es hier, wie auch sonst, das, was man schon immer unter Freiwilligkeit im Sinn der Zurechenbarkeit verstanden hat, in seinen Momenten zu betrachten (freilich im Einklang mit seiner Ontologie). So beschreitet er den Weg von Freiheit überhaupt (ihrem bloß abstrakten Begriff) zu dem Begriff menschlicher Selbstbestimmung. Zunächst wird das Wesen des *animal*, dann das *rationale* (das Wissen der Freiheit) betrachtet, woraus sich schließlich ergibt, daß man von vornherein vom Begriff des sich als Ich bestimmenden Prinzips ausgehen hätte müssen. Dies zeigt sich auch darin, daß bei Aristoteles der Begriff des Zwanges zwar richtig den „inneren" Zwang als ein Unding abweist, aber andererseits nicht bloß mit dem Zwang das die Verwirklichung hindernde Geschehen meinen kann, zumal auch die Wesensverwirklichung (im Sinne der Entelechie des Lebendigen) zu einem der Freiheit Äußerlichen herabsinkt. Überdies ist sein Argument gegen den inneren Zwang selbst in jener Amphibolie des ontologischen und des aus Freiheit gesollten Guten stehend: τούτων (τῶν ἡδέων καὶ τῶν καλῶν) γὰρ χάριν πάντες πάντα πράττουσιν: die sittliche Gesinnung faßt sich hier noch als ein Erstreben des καλοκαγαθόν. Im Sinne der Aristotelischen Ontologie sollen Wesensverwirklichung und freiheitliche Selbstbestimmung zusammenfallen, die Differenz von Sein und Sollen ist ethisch in der Verwirklichung der Form, die sich in bestimmte Mitten (μεσότης) besondert, ebenso aufhebbar, wie das eigentliche Menschsein sich im Bereich der θεωρία, nun nicht mehr in der vernünftigen Formung der παθῶν im Kampf mit den Extremen herumschlägt, sondern verwirklicht. Im Hinblick auf diese *eudaimonia* muß freilich wiederum die Freiheit in der Praxis (πρᾶξις) zu einem Untergeordneten herabsinken. Es ist nun klar, daß die Aristotelische Philosophie von ihren ontologischen Voraussetzungen her nicht mit dem „Ich als Prinzip der Philosophie" (Schelling, *Vom Ich als Prinzip der Philosophie* (1795)), d.h. mit der Freiheit anfangen konnte und daß der Weg, den Aristoteles in seiner Untersuchung über die Freiheit beschritten hatte, in gewisser Weise wieder systematisch konsequent ist. Aber das Inkonsequente ist die Natur der Freiheit selbst, ein solch Widersprüchliches als das *animal rationale* zu sein und der intendierten ontologischen Freiheit, die sich negativ als Abwesenheit alles Hindernden und positiv als Wesensverwirklichung versteht, zu widersprechen. Aristoteles steht in diesem Widerspruch der Sache, die auch noch seine mühevolle Betrachtung der Sklavennatur leitet (Aristoteles, *Politik*, 1255), abstrahiert nicht einfach vom Widersprüchlichen, wie großzügig moderne Denker, bleibt aber hier doch in einer verständigen Betrachtung stehen, die Mühe hat, in dem Zirkel von φρόνησις und σωφροσύνη der Freiheit noch jene Bedeutung zu lassen, die sie, gegen das „Sokratische Wissen" gehalten, in der Ontologie nicht haben kann.

Der Zwang steht als das Zufällige gegen die Wesensverwirklichung. Aber die menschliche Freiheit hebt die Wesensverwirklichung als das schlechthin Vernünftige und Freie auf, so daß beide Entgegengesetzten zu dem der Freiheit Äußerlichen werden. Das Wissen der Selbstbestimmung ist kein zu der Wesensverwirklichung im Sinne des ersten Momentes Hinzukommendes und ebensowenig ein aus derselben Ableitbares, es sei denn, man hält das *animal rationale* für eine bestimmte Art des natürlich Seienden. Aristoteles steht überhaupt in dieser Aporie und sein Freiheitsbegriff ist davon nur ein Beispiel. Wie bereits angedeutet, kann man das Auseinanderhalten der beiden Bestimmungen auch im Sinne der Differenz von bloß daseiender Freiheit (Person als mögliche Wirklichkeit der Freiheit) und Freiheit als Form des Entschließens (in ihrer Wirklichkeit als Subjekt) sehen (wie sie die *Rechtsphilosophie* Hegels entwickelt), und von hier aus sind sowohl die Aristotelischen Unterscheidungen zwischen οὐκ εἰδώς und ἀγνοῶν wie seine Differenzierungen jener Umstände, worüber Unwissenheit möglich ist, nicht angreifbar. Sowenig aber die Darstellung des „objektiven Geistes" bei Aristoteles auf dem Fundament der Freiheit ruht, sowenig kann auch die Differenz von freiem Willen (προαίρεσις, *liberum arbitrium*) und freiem Willen, der den freien Willen will (Autonomie),n seinem System entwickelt werden.

In seiner Unterscheidung von οὐκ εἰδώς und ἀγνοῶν (*Nikomachische Ethik*, III/2) stellt Aristoteles eindeutig fest, daß ein Geschehen δι' ἄγνοιαν überhaupt als nicht freiwillig anzusehen ist. Damit wird ein Freiheitsbegriff in dem beschriebenen ontologischen Sinn abgelehnt. Die Unfreiwilligkeit wird auf das bestimmte Nichtwissen hinsichtlich der sechs Umstände eingeschränkt, wobei sich zeigt, daß sowohl eine Unwissenheit über alle sechs Umstände, wie eine hinsichtlich des ersten: wer handelt (τὶς πράττει) ein Zurückfallen auf das ἀκούσιον bedeutet, so daß — von der psychologischen und damit unbedeutenden (Bedauern) Unterscheidung von nicht-freiwillig und unfreiwillig abgesehen — nur fünf Momente, in denen eine Handlung als in bestimmter Hinsicht unfreiwillig anzusehen ist, übrig bleiben. Diese Unterscheidungen, die aber die Differenz von Vorsatz und Absicht auf der einen Seite, von der Tat auf der anderen Seite betreffen, klären nur näher, daß das Mindeste, daß von einer freien Handlung gesprochen werden kann, dies ist, daß ich mich als das Bestimmende und Handelnde weiß und nicht nur im Sinne der ersten Bestimmung (ἀρχὴ τοῦ κινεῖν) mein Wesen verwirkliche. Von hier aus wäre erst die Bedeutung des ersten Stückes klar. Sie besagte nämlich dann nicht Freiheit in dem ontologischen Sinn, sondern nur das als Person Dasein des Individuums: ein der Möglichkeit nach freies Bestimmen, ein Herabsetzen aller gegebenen Zwecke zu möglichen Motiven zu sein. Die Zwanglosigkeit ist es demnach, in dem Wissen von sich das Bestimmende zu sein, alle Triebansprüche zu bloß möglichen Zwecken herabzusetzen, womit auch das Leben aufgehört hat, in der „Freiheit" der entelechialen Notwendigkeit zu stehen.

Logisch notwendig ist von dieser Freiheit als der Möglichkeit des Sichbestimmens, die, hält man sie abstrakt fest, die Indeterminiertheit bedeutet, das wirkliche Sichbestimmen (Subjekt-Sein) zu unterscheiden, das Entscheiden im καιρός und Handeln, das sich als solches, gemäß dem ersten Moment, weiß.

Ebenso notwendig ist allerdings das *Übergehen* von der Indeterminiertheit in die Bestimmung, in das wirkliche Sichentschließen. Diese logische Notwendigkeit im Freiheitsbegriff kommt bei Aristoteles nicht zur Sprache, wenngleich er sie voraussetzt. Wenn der Schlechte (ὁ μοχθηρός) nicht weiß (ἀγνοεῖ), was er tun soll und sich damit von dem Nachsicht (συγγνώμη) findenden Handelnden unterscheidet, entscheidet er gleichfalls durch Nicht-Handeln, denn auch das der Entscheidung (προαίρεσις) Ausweichen ist, als zunächst in der möglichen Selbstbestimmung stehend, eine Wirklichkeit derselben.

Von hier aus gesehen ist klar, was der Satz πράττει δὲ ἑκών bedeutet; indem der Mensch *animal rationale* ist, im Wissen des Naturzweckes diesen zu einem nur möglichen Zweck (Motiv) herabsetzend ist, ist er auch frei in dem abstrakten Sinn der Zwanglosigkeit, und alles Gezwungenwerden im Sinne der kasuistischen Alternativen ist in Wahrheit ein Übergegangensein aus der möglichen in die wirkliche Freiheit, auch wenn es den Verlust des Daseins der Freiheit (des Lebens) zur Folge hat.

Daraus folgt aber ein für die Ontologie, die das *animal rationale* als ein ἄτομον εἶδος interpretieren möchte, Verhängnisvolles: sowenig es möglich ist, von der Selbständigkeit (ontologischer „Freiheit") des wahrhaft Seienden (ὄντως ὄν, οὐσία) ausgehend, die menschliche Freiheit zu begründen, indem man die Freiheit als eine ausgezeichnete Qualität des Willens faßte, der ohne diese nur das Begehren (ὄρεξις) wäre, sowenig ist es möglich, die Eudaimonie als die dem Menschen eigentümliche Vollkommenheit (*ens et bonum convertuntur*) als das οὗ ἕνεκα des Handelns anzusetzen. Gerade aber dieser Ansatz ließ diese sich in die vielen materialen Werte differenzieren, die Gegenstand der Aristotelischen Ethik sind. Hätte Aristoteles die logische Natur seines Freiheitsbegriffes eingesehen, könnte freilich seine Ethik nicht die vorliegende Gestalt haben, würde daher auch nicht mit dem Eudaimoniebegriff, sondern mit dem Freiheitsbegriff, dann aber auch wiederum nicht mit der Definition des Zwanges, sondern mit dem ersten Moment der Freiheit begonnen haben, obwohl der Zwang zwar bereits den Freiheitsbegriff impliziert, aber dennoch zunächst in der Amphibolie ontologischer Freiheit steht und damit zu dem Unding der „Handlungsfreiheit" führt (letztere führt dann weiter zu der logischen Verwahrlosung, die Freiheit vom καιρός der Handlung betrachtend, zu quantifizieren, was keineswegs aber in der Intention Aristoteles' gelegen ist). Eine weitere Differenz, nämlich die von Entscheidungs- und Wahlfreiheit, verknüpft mit dem Problem des ἀδιάφορον, schließt sich ohnehin auch geschichtlich an die Fassung des Aristotelischen Freiheitsbegriffes an. Ebenso ergibt sich für Aristoteles selbst aus der Nichteinsicht in die Logik der Freiheit das Problem seiner Prohairesisdefinition, die sittliche Entscheidung auf die Mittel (τὼς πρὸς τὸ τέλος) einzuschränken, woran sich wiederum das Scheinproblem des die Mittel heiligenden Zweckes knüpft, wenn man nicht bedenkt, daß Aristoteles die *prohairesis* nicht als Entscheidung überhaupt, sondern schon als wesentlich sittliche gefaßt hat. Jenes Mißverständnis hat aber wiederum die logische Berechtigung, auch die Entscheidung zum Bösen ebenso wie das ἀγνοεῖν des Schlechten als Wirklichkeit der Freiheit anzusehen. Der Grund freilich aller dieser sich in der Tradition an die Aristotelische Freiheitsdefinition anschließenden Probleme liegt darin, daß Aristoteles trotz seiner Kritik an dem simplen Verständnis des „Sokratischen Wissens" auf dem Boden desselben steht. Denn die Ontologie der Natur, die auch die „daseiende Transcendentalität" (E. Heintel) in sich begreifen möchte, kann letztlich die Freiheit als ein „Vermögen des Guten und des Bösen" (Schelling, *Philosophische Untersuchungen über das Wesen der menschlichen Freiheit*) mit dem *ens et bonum convertuntur* nicht zusammenbringen. Statt der im Begriff der Moralität geforderten rigorosen Gegensätzlichkeit von Gut und Böse, möchte sie lieber das Böse das Schlechte heißen und in der Privation (στέρησις) eines bestimmten Wertes in der Hierarchie der Werte ansetzen und somit auch das Unentschlossensein des Schlechten nicht als wirkliche Freiheit sehen und die Entscheidung (προαίρεσις, *arbitrium*), soferne sie als defizient erscheint, in einem Verfehlen der Mittel zum Ziel, der *eudaimonia*, erblicken.

Aus der logischen Natur der Freiheit ergibt sich deshalb auch die freie Entscheidung zum Bösen, weil es in ihrem Begriff liegt, nicht nur formell zu sein (Willkür[5]), sondern sich selbst zu wollen (an und für sich freier Wille, Autonomie). Letzteres ergibt sich aus dem notwendigen Übergang der Möglichkeit in die Wirklichkeit und Bestimmung, dessen Wahrheit aber das In-sich-Sein der Freiheit ist, d.h. auch nichts Endliches affirmieren zu können, ohne sich als die Wahrheit dieser Endlichkeit zu manifestieren.[6]

Es entspricht der bewunderungswürdigen Tiefe Aristoteles', gegen die Konsequenz der Ontologie in die Dialektik des Freiheitsbegriffes eingestiegen zu sein, dabei hinsichtlich dieses Problems weit über gegenwärtige Abstraktionen zum Konkreten fortgeschritten zu sein. Hinsichtlich jenes Systems, das er dabei selbst in Frage gestellt hat, hat er aber der Philosophie, deren Prinzip das Ich und die Freiheit ist und auf deren Boden wir stehen, dessen „Aufhebung" — nicht dessen Vernachlässigung — aufgegeben.

---

[5] Dieses Problem wird vielleicht auch noch dadurch deutlich, daß die lateinische Übersetzung von *prohairesis arbitrium* lautet und bei Kant mit „Willkür" identifiziert wird (z. B. *Metaphysik der Sitten*, Ausgabe Leipzig 1907, S. 14). Die *prohairesis* muß dort zur Freiheit der Willkür herabsinken, wo klargeworden ist, daß die Aristotelische *eudaimonia* (das ontologische *bonum*) zu einem heteronomen Bestimmungsgrund des Handelns durch das Wesen der Freiheit selbst herabsinkt.

[6] Hegel, *Rechtsphilosophie*, §§ 5-7.

Ontologie und Transcendentalphilosophie

Im Gegensatz zu jenen, die vorgeben zu philosophieren, indem sie sich an Ideologien und Verstandeswissenschaften anlehnen oder nominalistische, sogenannte Sprachphilosophien und Wissenschaftstheorien betreiben, sieht Erich Heintel die Hauptaufgabe der gegenwärtigen Philosophie in der Vereinigung von Substanzmetaphysik und Transcendentalphilosophie. Insofern stünden wir immer noch vor jenen Problemen, deren systematische Auflösung in den großen Systemen des Deutschen Idealismus unternommen wurde. Gegenstand der folgenden Ausführungen wird der Versuch sein, diese Differenz zwischen den beiden Ansätzen unserer Tradition nochmals zu betrachten und die Möglichkeit beider Vereinigung zu untersuchen.

In der ersten Vorrede zur *Wissenschaft der Logik* stellt Hegel fest, daß die Revolution der Denkungsart, welche mit den Hauptwerken Kants begonnen hat, „noch wenig Einfluß auf die Gestalt der *Logik* gehabt" [Hegel, *Logik* I, Frankfurt/Main 1986, S. 13] hätte. Sehen wir von den Einflüssen dieser nun vorliegenden *Logik* ab und stellen wir nur die bescheidene Frage, ob das, was sich in der Philosophiegeschichte nach Hegel ereignet hat, dem Begriff der Kantischen Revolution der Denkungsart entspricht, so werden wir wohl (von wenigen Ausnahmen abgesehen) feststellen müssen: der sogenannte Zusammenbruch des Deutschen Idealismus ist nur das mehr oder weniger geschickte Vorbeischleichen an dem, was Kant begonnen hat: man hat sich durch „anthropologische" Wenden, „positives" Philosophieren, Sprachanalysen und in der Begeisterung für reine Formen, die nichts mehr formen, gleich dem Konkreten zugewandt. Aber unmittelbar beim Konkreten zu sein, heißt nichts anderes, als nur im Abstrakten zu verharren. Die genannten Positionen gaben sich als antimetaphysisch aus — und dem ist auch zuzustimmen, insoferne die schlechteste Metaphysik den Namen Antimetaphysik verdient. Manche, die sich über derartige Standpunkte erhoben haben, meinen im Geiste Hegels zu denken, wenn sie berechtigten Anliegen in diesen Positionen nachforschen, zumal doch unsere Zeit eine andere wäre, aber diese Rechtfertigung mit dem „ganz Anderen" ist fadenscheinig, zumal die Zeit nicht die Macht über den Begriff ist und nicht die Anstrengung des Begriffs erspart.

1. Zum Begriff der Ontologie

Insofern auch noch die Antimetaphysik Metaphysik ist, sosehr sie auch nur in gleichsam speziellen Disziplinen (Psychologismus, Biologismus, Soziologismus, Physikalismus etc.) auftreten mag, so hat sie im Sinne der Unterscheidungen der einstigen Schulphilosophie auch ihre generelle Metaphysik, also Ontologie, Prinzipienwissenschaft, zur Voraussetzung.

Sie mag als sophistische Variante des Eleatismus (Gorgias) oder als positivistisch-psychologischer Skeptizismus, der freilich nie zur Selbstanwendung fortschreitet (Hume), auftreten und ob dieser Bescheidenheit viele Epigonen (Mach etc.) haben, aber die, gemessen an dem Christian Wolffschen Hauptwerk, dünne, vorausgesetzte Ontologie läßt sich unschwer rekonstruieren (z.B. hinsichtlich des zuerst Genannten: der Gegensatz zum Eleatismus in seinem berühmten Satz schließt eine unhaltbare Fassung des Identitätsprinzips, des Satzes vom Grunde usf. ein, sowie sein Gegensatz von Erkenntnis und Sprache den Nominalismus sogenannter analytischer Philosophie ahnen läßt, die Ontologie Humes freilich würde den Bestimmtheiten ehemaliger dogmatischer Ontologie nur das Wort „Gewohnheit" [siehe z.B. Hume, *An Enquiry Concerning Human Understanding*, 37] beifügen).

Nach Hegel steht alle Philosophie auf dem Fundament, das Parmenides als die Identität von Sein und Denken gelegt hat — aber die bestimmte Fassung dieser absoluten Identität macht den jeweiligen logischen Status aus, der die philosophischen Systeme als abstraktere oder konkretere begreifen läßt. Wer gegen diese Grundlage argumentativ Sturm läuft, möge in die Reflexion aufnehmen, ob er sie nicht gerade in diesem Tun schon voraussetzt. Der Satz des Parmenides ist somit auch die Grundlage aller Ontologie und man könnte den Eleaten als ersten Ontologen bezeichnen, wäre nicht die eine Seite der ontologischen Differenz mit dem schlechthin Nichtseienden gleichgesetzt, sodaß eine Lehre von den Seinsprinzipien ebenso wie ein Substanzenpluralismus ausgeschlossen ist. Auch der Rückfall in die ontische Differenz (Etwas und ein Anderes) im Atomismus beansprucht noch als die schlechte Metaphysik des Zusammengesetzten die Identität von Sein und Denken, die erst mit dem *nous* des Anaxagoras konkreter bestimmt wird und als das Allgemeine, die Idee Platons zum ersten Male systematische Gestalt annimmt. Zusammengefaßt: Die Identität von Sein und Denken ist es nicht, welche den Unterschied (*diaphora*) von Ontologie und Transcendentalphilosophie ausmacht, sondern diese als gewußte, nicht wie in den schlechten Metaphysiken vergessene, macht die Grundlage der *einen* philosophischen Tradition aus (damit ist auch antecepiert, daß wir in den oben Genannten nicht zwei Anfänge des Philosophierens vor uns haben, die ihr Auftreten sogenannten bloß historischen, gesellschaftlichen etc. Umständen verdankten, auf welche sich der die Selbstanwendung scheuende „unvollendete Skeptizismus" (Hegel) beruft. Der Dialektik Platons ist es gelungen, ohne in die ontische Differenz zurückzufallen, den eleatischen Anfang, das wahrhafte Sein (*ousia*) als Idee zu konkretisieren, damit ebenso Erscheinung und Nichtsein nicht zusammenfallen zu lassen (*methexis* der erscheinenden Dinge an der Idee) wie das Erkenntnisproblem (Anamnesislehre) in einer Weise in Angriff zu nehmen, die schon in ihrem Ansatz jeden Empirismus, mag er sich logisch nennen oder nicht, widerlegt. Die *methexis tes ousias* (ontologische Differenz im Sinne Erich Heintels) und das Erkenntnisproblem treten noch nicht auseinander, sowenig die Dialektik als Fundamentalphilosophie von einer sich als formell verstehenden Logik getrennt ist. Vor allem aber gelingt es dem späten Platon (dynamisierte Idee), auch noch die logischen Voraussetzungen auch seines eigenen Eleatismus einzuholen (Dialektik als die spekulative Logik des *Sophistes* und *Parmenides*). Die Dialektik Platons mag man als Ontologie bezeichnen. Da ihr aber dasjenige fehlt, dem sie entgegengesetzt werden könnte, Erkenntnis und Seinsprinzipien nicht getrennt sind, ist damit sowenig gesagt wie über die Lehre des Parmenides, und es ist nicht schwer, die transcendentalphilosophischen Ansätze Platons darzulegen (z.B. Natorp), wie die Differenzen zu Kant (z.B. reines Denken, rationale Psychologie) herauszustellen. Die Ontologie, die nun der Transcendentalphilosophie entgegengesetzt wird, existiert erst seit Aristoteles (wenn wir von den oben erwähnten verborgenen Ontologien der schlechten Metaphysiker begreiflicherweise absehen). Diese tritt natürlich nicht als derselben entgegengesetzt auf, sondern wird von der formalen Logik unterschieden. Anders formuliert: Aus der Einheit von Sein und Denken, die die Platonische Dialektik fortbestimmt hatte, separiert sich eine Wissenschaft der Seinsprinzipien, und eine Wissenschaft von den subjektiven Formen des Denkens tritt dieser wiederum gegenüber, oder: Die Ontologie steht im Zeichen der eleatischen Identität von Sein und Denken, die formelle Logik aber gehört dem bloß subjektiven Denken an. Darüber hinaus aber haben wir auch noch beider Entsprechung als *adaequatio rei et intellectus*, die ihrerseits wiederum ontologisch oder subjektiv gefaßt werden muß (Übereinstimmung der Erscheinungen mit ihrem Begriff [Wesensbegriff] und Übereinstimmung mit der Subjektivität des menschlichen Intellekts).

Die Ontologie des Aristoteles ist einerseits dialektisch (Entelechiebegriff, Repräsentation des *eidos*), andererseits auch wiederum nicht (Ontologisierung des Widerspruchsprinzips und Absehen von der *symploke ton genon*. Die an Aristoteles anschließende Schulphilosophie (bis hin zum „berühmten Wolff" [Kant, z.B. *KdrV*, B XXXV, B 884]) beruht — und das macht auch ihre „Vernünftigkeit", also Leichtverständlichkeit, aus — auf der Arbeit des Hausverstandes, der Aristotelischen *Metaphysik* die Dialektik auszutreiben. Die Erkenntnistheorie des Aristoteles ist einerseits psychologisch-empiristisch, das erreichte Niveau der Platonischen Anamnesislehre unterbietend, andererseits in seiner Lehre vom *nous* auch wiederum nicht sensualistisch, insgesamt aber Intuitivität und Diskursivität nicht vereinigend. Mit der Trennung von Ontologie und formaler Logik ergibt sich auch die Trennung der Dialektik vom Beweis, womit nach Hegel „der Begriff des philosophischen Beweisens verlorengegangen ist" (Hegel, *Phänomenologie des Geistes*, Frankfurt/Main 1986, S. 61). Die Platon-Kritik des Aristoteles ist einerseits im Übersehen der Anamnesislehre schon nominalistisch (Vorwurf der sinnlosen Verdopplung), andererseits hat sie das berechtigte Motiv, die Repräsentation des *eidos* in den natürlichen Dingen nicht in einer abstrakt bleibenden Methexislehre untergehen zu lassen. „Ontologie" enthält von nun an die Amphibolie, entweder als dialektische Fundamentalphilosophie oder als Verstandesphilosophie aufzutreten. (Es bedarf keiner ausführlichen Hinweise darauf, daß Hegels Aristotelesinterpretation fast nur die positive Seite des Aristotelischen Denkens hervorhebt und ebenso Erich Heintels Begriff der Ontologie (die „ontologische Differenz" und ihre Aufhebung) den Dialektiker Aristoteles meint.)

Wie in der Tradition der späte, spekulativ-dialektische Platon vergessen wurde, so hat sich auch der Verstand gegenüber der dialektischen Seite der aristotelischen Ontologie (Universalienstreit) durchgesetzt und die als entgegengesetzt erscheinenden Positionen des rationalistischen Dogmatismus und psychologisch skeptischen Empirismus sind nur zwei Seiten des der Dialektik beraubten Aristoteles, wobei man zugestehen muß, daß die erstgenannte Position nicht ganz so gründlich hierbei vorgegangen ist wie die zweitgenannte. Die Definitionen Spinozas verbergen durchaus spekulativ-Dialektisches und es besteht auch kein Zweifel, daß der Monadenbegriff Leibnizens den der Dialektik angehörenden Entelechiebegriff wiederentdeckt hat, sodaß man die Systeme dieser beiden Denker nur partiell dem ontologischen Dogmatismus subsumieren darf. Während der Dogmatismus sich nachkantisch in wenigen Systemen (von Herbart bis zu Nikolai Hartmann) erschöpft, ist bekanntlich die nominalistisch-empiristische Sekte des Aristotelismus, auch wenn sie sich hie und da um Kant kümmert, in vorkantischem Einfallsreichtum nicht zu übertreffen.

Bis jetzt haben wir von zwei Seiten der Aristotelischen Metaphysik gesprochen und vielleicht den Eindruck erweckt, als ob es möglich sei, diese beiden Seiten zu trennen und den spekulativdialektischen Aristoteles (ontologische Differenz und ihre Aufhebung nach E. Heintel) anzueignen und den ontologischen Dogmatismus als Beiwerk abzustreifen. Das Faktum, daß im Aristotelismus das Gegenteil davon realisiert wurde, ist noch kein zureichender Grund dafür, und der Leibnizsche Versuch, auf dem Boden des neuzeitlich Cartesischen Ansatzes der Philosophie eine solche Reform der Substanzmetaphysik durchzuführen, ist gerade an diesem vermeintlichen Neuanfang gescheitert. Die Möglichkeit dieser Trennung müssen wir vielmehr an der bestimmten Stufe der Identität von Sein und Denken, die das Aristotelische System erreicht hat, sehen.

Hegel hat uns eine Einführung in die *Wissenschaft der Logik* gegeben, in welcher er drei Stellungen des Gedankens zur Objektivität [Hegel, *Enzyklopädie*, §§ 26-78] unterscheidet. Wenn wir von den damals aktuellen Bezügen abstrahieren, so lauten diese drei Stellungen: Metaphysik, Kritische Philosophie und *Wissenschaft der Logik*. Metaphysik, welche hier nicht synonym mit Philosophie auftritt, ist das naive Vertrauen in die *adaequatio rei et intellectus*, das Vertrauen, daß die Grundsätze, die es auch als Axiome ansieht, und Formen, denen das subjektive Denken unterworfen ist, auch die Prinzipien des Seins sind. Wie Hegel betont (§ 26), „lebt" sowohl die „anfängliche Philosophie", wie die Verstandeswissenschaft „in diesem Glauben". Während aber die Verstandeswissenschaften immer in dieser Naivität verharren, verläßt die Philosophie diese „metaphysische" Stellung des Gedankens zur Objektivität und wird nach dem empiristischen Intermezzo „Kritische Philosophie", die gegenwärtig besser, damit keine Verwechslungen mit vorkantisch beheimateten naiven Kritizismen der Gegenwart stattfinden, Transcendentalphilosophie genannt wird. Bezüglich der ersten Stellung betont Hegel auch (*Enzyklopädie*, § 27):

> „Dieses Denken *kann* wegen der Bewußtlosigkeit über seinen Gegensatz ebensowohl seinem Gehalt nach echtes *spekulatives* Philosophieren sein, als auch in *endlichen* Denkbestimmungen, d.h. in dem *noch unaufgelösten* Gegensatze verweilen."

Dieser „Gegensatz des Denkens in und gegen sich" (Ebd. § 26) ist der, in dem jeder Verstandesbegriff wie auch die naive Fassung der Subjekt-Objekt-Differenz ein vermeintliches Bestehen findet. (Um Mißverständnissen vorzubeugen, ist zu bemerken, daß Transcendentalphilosophie nicht mit Erkenntnistheorie gleichgesetzt werden und ebensowenig als eine Art der Letzteren angesehen werden darf — Erkenntnistheorien gibt es im Rahmen dieser ersten Stellung des Gedankens viele: äußerst differenzierte wie die des Aristoteles (trotzdem unhaltbar) oder Abspiegelungstheorien, Sensualismen, evolutionär oder auch nicht, die eher als die Abfallsprodukte der ersten Stellung anzusehen sind.) Hegel behandelt in dem genannten ersten Abschnitt fast ausschließlich die *„bloße Verstandesansicht* der Vernunftgegenstände" [Ebd. § 27], also die klassisch dogmatische Metaphysik, und zeigt uns dort nicht näher, in welcher Weise „echtes *spekulatives* Philosophieren" [Ebd.] auf der Grundlage der ersten naiven Stellung möglich ist und welche Denker an demselben partizipierten. Es ergibt sich aber aus vielen Stellen seines Werks, daß Aristoteles, Platon, z. T. die Neuplatoniker, aber auch Ansätze der neuzeitlichen Philosophie darunter fallen. Hinsichtlich der ersten Frage aber bekommen wir die Antwort, wenn wir bedenken, was das dem „Gehalte nach" [Ebd.] echt Spekulative bedeutet, das zweifellos wie der *logos* des Heraklit in der *Logik* wiederzufinden ist: Die Bestimmungen des Denkens, insoferne sie an ihnen selbst betrachtet werden, insoferne sie im Sinne der *koinonia ton genon* genommen werden, und diese Betrachtung gelingt dem Metaphysiker Aristoteles bezüglich einer schon sehr konkreten Bestimmung, nämlich dem Zweckbegriff, der Substanz als Entelechie, als wahrhafter Einheit (Monade). Dieser Fassung der formenden Form steht aber ebenso die leere Form (formelle Logik), wie in der Ontologie selbst die an Platon vorbeigehende Interpretation des Negativen als der *steresis*, mit der die Form als die schlecht positive Bestimmtheit vorausgesetzt wird bzw. die ontologisierende Fassung des Widerspruchsprinzips die Substanz nur als Substrat faßt (am deutlichsten läßt sich der Kampf zwischen echt Spekulativem und bloßer Verstandesansicht dem Buch Z der *Metaphysik* ablesen).

Man kann daher mit Recht behaupten, daß der wahrhafte Gehalt dieser Ontologie in dem Begriff der ontologischen Differenz und ihrer Aufhebung liegt, welcher in der Kritik der teleologischen Urteilskraft, freilich im Sinne einer merkwürdigen „Heautonomie" genommen, als Naturzweck wiederkehrt. (Daß sich von diesem Zentrum des Spekulativen in der Ontologie aus noch viele andere spekulative Ansätze ergeben, z.B. die Zeitabhandlung in der *Physik*, wird von uns nicht in Frage gestellt.) Dieser bestimmte Inhalt ist es daher auch, von dem zu besehen ist, ob er mit der folgenden Stellung des Gedankens zu vereinigen ist. Zusammengefaßt: Die bestimmte Fassung der ontologischen Differenz und ihrer Aufhebung im Sinne des Aristotelischen Entelechiebegriffs muß — so scheint es — ebenso in der notwendigen Überwindung der ersten „Stellung des Gedankens zur Objektivität" [Hegel, *Enzyklopädie*, §§ 26-36] wiederkehren, wie Platons Anamnesislehre und die dynamisierte Idee über diesen Horizont hinausweisen.

2. Die Aporien der vorkantischen Metaphysik

Im vorigen Abschnitt haben wir kurz das „echt Spekulative" in der Ontologie des Aristoteles von dem, was nur einer Verstandesmetaphysik angehört, unterschieden, zu der Hegel bemerkt:

> „Diese Metaphysik ist jedoch nur in Beziehung auf die Geschichte der Philosophie etwas *Vormaliges*; für sich ist sie überhaupt immer vorhanden, die *bloße Verstandesansicht* der Vernunftgegenstände." (*Enzyklopädie*, § 27)

(Als Philosoph sollte man freilich nicht mehr auf dieser Stufe stehen.) Nun handeln wir von deren Aporien, die sich keineswegs von denen des reflektierenden, einzelwissenschaftlichen Verstandes unterscheiden, zumal sich die Differenz der dogmatischen Philosophie zu den Einzelwissenschaften ja nur durch verschiedene Abstraktionsweisen ergibt (scholastische Weiterführung der Aristotelischen Aphairesistheorie). Für diese erste „Stellung des Gedankens" ist alles Spekulative Aporie (Ausweglosigkeit). Die echte Verstandeswissenschaft hat gegenüber der dogmatischen Ontologie den Vorteil, die Aporien in ihre Voraussetzungen abzuschieben, welche dann in einer Wissenschaftstheorie, die nur nach der Manier einer Einzelwissenschaft vorgeht, gewälzt werden können. Oder sie beseitigt diese durch einen Kalkül (Zenons Aporien), während die Wissenschaft vom Sein als solchen ebenso im Vertrauen auf die widerspruchsfreie, unserem Verstande korrespondierende Wirklichkeit die Aufgabe hat, mit denselben fertig zu werden.

Insoferne diese Metaphysik Ontologie als erste Philosophie betreibt, sind ihre Schwierigkeiten noch nicht allzugroß. Sosehr sie zuerst die formelle Logik von der Seinswissenschaft unterschieden hat, nimmt sie doch diese reinen Formen und die scheinbaren Abwandlungen des nichtssagenden Satzes der Identität, ihrem Vertrauen gemäß, für Seinsprinzipien. Aristoteles versucht durch die Kategorienlehre, Unterscheidung der Kategorien von den Transcendentalien usf., Ordnung in die Platonische Ideenlehre zu bringen und die so erstellte Ordnung liefert ihm ja auch die Grundfrage der Ontologie nach dem seienden Subjekt, welches Substanz genannt wird.

Das seiende Subjekt oder die Substanz ist unterschieden vom bloß logischen Subjekt der kategorischen Urteilsform. Urteilen aber als eine Form des Denkens steht unter dem Prinzip des zu vermeidenden Widerspruchs. Setze ich A als bestimmt durch B, so eben nicht durch Nicht-B. Das seiende Subjekt aber, zumal Aristoteles dabei sofort an die *ousia aisthete* denkt, kann an entgegengesetzten Bestimmungen Anteil haben, aber nicht: zugleich!

Deshalb ist der ontologisierte Satz des zu vermeidenden Widerspruchs nicht ohne Voraussetzung der Zeitordnung möglich. Der Verstand beruhigt sich an dieser Formulierung — aber Aristoteles weiß, daß er damit bloß bei einer Substanz, die *hyle* hieße, ankäme, weiters die Aporie des Übergangs zwischen den Gegensätzen vor sich hätte und bestimmen müßte, was denn die Verschiedenheit der verschiedenen Zeiten ausmacht. Die Wesensverwirklichung als Entelechie ist es aber bei ihm, die diesen Verstandesgegensatz, der auch als der von Zweck an sich und seiner Vollbringung zu sehen ist, aufhebt. Die Substanz als Entelechie ist bereits die Aufhebung des Widerspruchs von Widerspruch und Grundsatz des zu vermeidenden Widerspruchs — nicht aber die individuelle Substanz, insoferne sie von der Schulphilosophie als die *res omnimodo determinata* angesetzt wird. Mit dieser Aufhebung wäre auch die der eleatischen Aporien geglückt, hätte Aristoteles selbst den Zusammenhang mit dem späten Platon hergestellt. Aber die Substanz als seiendes Subjekt ist nur das widerspruchsfreie Abbild des formallogischen Subjekts geworden. „Die Hartnäckigkeit des Verstandes" ist es, gegenüber der

> „Gedankenlosigkeit der Sinnlichkeit, alles Beschränkte und Endliche für ein *Seiendes* zu nehmen […] es als *ein mit sich Identisches, sich in sich nicht Widersprechendes* zu fassen". (*Enzyklopädie*, § 113)

Indem man diese Errungenschaft des Aristoteles für eine des Verstandes nahm und auch meinte, damit hätte man schon die eleatischen Aporien gelöst, konnte man einerseits die Substanzen- und Formenadditionen durchführen und die spekulativen Bestimmungen des Aristoteles willkürlich anwenden, andererseits, da die Substanz in der so verstandenen Fassung das als widerspruchsfrei erscheinende Ding der Wahrnehmung nicht übertraf, gleich bei Letzterem bleiben, woraus natürlich die verschiedenen Gestalten des Nominalismus abzuleiten sind. Die Dürftigkeit der formellen Logik ist auch die der ihr entsprechenden Ontologie, welcher Letzteren man diese Leere erst ansah, als sie in gründlich aufgeklärter Weise vorlag (Wolff).

Aber an den speziell-metaphysischen Disziplinen wurde diese Dürftigkeit, da mit ihnen ja auch der Weltbegriff der Philosophie (Kant) verbunden ist, noch schneller sichtbar: in der Verdinglichung des Ich, in dem Begriff Gottes als der *omnitudo realitatis* und in dem dieser Ontologie entsprechenden Freiheitsbegriff (Leibnizens verunglücktes Magnetbeispiel steht hier nur *pars pro toto* für das Unternehmen des Verstandes, gute Gründe dafür zu suchen, ob die „Qualität" Freiheit dem menschlichen Willen zukäme oder nicht (womit man freilich auch die Dialektik in Aristoteles' Freiheitsbegriff vergessen hatte). Gegenwärtige Untersuchungen über den Freiheitsbegriff bestätigen oft, daß die Beliebtheit der „*bloße*[n] *Verstandesansicht* der Vernunftgegenstände" [Hegel, *Enzyklopädie*, § 27] und damit die der *intentione recta* betriebenen Ontologie als „Lehre von allen Dingen überhaupt", zu welchen auch der Mensch gerechnet wird, nicht zurückgegangen ist.

3. Transcendentalphilosophie

Gegenwärtig ist viel die Rede von „neuzeitlicher Subjektivität". Dieses Schlagwort vernebelt, indem es weder der Differenz, die zwischen Descartes und dem Begründer der Transcendentalphilosophie besteht, gerecht wird, noch den schon bei Descartes stattfindenden Rückfall in die „Erste Stellung" berücksichtigt, die Differenz von psychologischem und transcendentalem Subjekt. Zweifellos hat Descartes den Anfang mit dem Ich eingeleitet und nicht mehr als das. Denn die Verdinglichung des Ich (*res cogitans*) war nicht nur der erste Schritt in die „Metaphysik" der ersten Stellung, sondern fand schon in derselben statt. Die Kantische Revolution der Denkungsart ist mit den Mitteln einer vagen Gegenüberstellung der, auch der ersten Stellung vertrauten Termini „subjektiv" - „objektiv", nicht zu fassen.

Zunächst können wir diese „völlige Umänderung", den „höheren Standpunkt, den das Selbstbewußtsein des Geistes", den die Kantische Philosophie hervorgebracht hat, in folgenden Punkten fixieren:

1. Die von der Ontologie vorausgesetzte formale Logik hat eine Form übersehen, die aber gerade die Voraussetzung dafür ist, daß logische Formen nicht Inhalte eines kombinatorischen Spiels sind, sondern Funktionen (Handlungen) des Bestimmens, nämlich die Form der Formen, die Ich, Selbstbewußtsein heißt.

2. Das logische Ich ist das Prinzip der synthetischen Einheit alles Vorstellungsmannigfaltigen, enthält die Gegenständlichkeit aller Gegenstände durch die logische Formung des raum-zeitlich Mannigfaltigen.

3. An die Stelle der Ontologie tritt die Lehre von den Grundsätzen des reinen Verstandes, den synthetischen Urteilen *a priori*, die die Handlungen erinnern, wodurch der Gegenstand unserer Erfahrung konstituiert wird.

4. Eben die absolute logische Form ist auch das Prinzip des sittlichen Bewußtseins, keine onto-logische Ordnung der Dinge.

5. Damit ist auch alle, das Ich notwendig von ihren Voraussetzungen her verdinglichende Betrachtungsweise, sowohl im Sinne der empirischen Psychologie (Hume) oder der rationalen Psychologie (*res cogitans*), dem Boden der einstigen Ontologie entsprungen, die die Logik als Organon der Wahrheit ansah, als unhaltbar aufgezeigt.

Zusammengefaßt: Das Ich ist Subjekt-Objekt, indem es als allgemein-logische Subjektivität selbst die Objektivität ist. Das Ding an sich, das Sein der einstigen Ontologie, die sich anmaßte, es mit formallogischen Mitteln zu bestimmen, also ihrem Wissenschaftsanspruch nach synthetische Urteile *a priori* auszusprechen, drückt nur den Leerlauf des „transcendentalen Gebrauchs" der Verstandeskategorien aus.

Wenn man die Elementarlehre der Vernunftkritik als Erkenntnistheorie bezeichnen will, so muß man sich vor Augen halten, daß man damit nicht das *genus* angegeben hat, dessen eine Art die kritische Philosophie wäre: ihr steht nur die populäre Naivität der „Ersten Stellung" gegenüber.

Wie B. Liebrucks in seinem 4. Band von *Sprache und Bewußtsein* gezeigt hat, ist aber Ich bei Kant nur „in der Idee existierender Begriff". „Nur Idee" (transcendentale Dialektik) ist aber das Resultat einer alle Dialektik (formale Logik als Organon der Wahrheit) von der Grundfragestellung nach der Erkenntnisdignität formaler Logik notwendig vermeidenden Konsequenz, welche mit Subjektivität in der dritten Bestimmung (Hegel, *Grundlinien der Philosophie des Rechts*, § 25) die Trennung und Entgegensetzung der beiden Kantischen Erkenntnisstämme, ebenso wie die von Ding an sich und Erscheinung ausmacht. Dialektik ist aber die uneingeholte Voraussetzung auch der Kantischen Transcendentalphilosophie. Alle Aporien, in welche als scheinbare Inkonsequenzen die drei Kritiken geraten (schon die, daß es ihrer drei sein müssen), haben die im Aristotelismus nicht zu beantwortende Frage „wie die subjektiven Formen des Denkens, objektive Gültigkeit haben können" [vgl. Kant, *KdrV*, B 121] zur Grundlage: die Trennung des reinen Begriffs von der Anschauung, der theoretischen von der praktischen Vernunft (im Sinne des Faktums der Letzteren und ihres Unvermögens, zu bestimmten Pflichten zu gelangen), sowie das Übersetzen des Naturzwecks (Entelechie) in die dubiose Heautonomie teleologisch reflektierender Urteilskraft, beruhen auf der Einsicht, daß die „Erste Stellung" nur dialektisch (d.h. aber im Sinne Kants im Schein der Eindeutigkeit und Widerspruchsfreiheit) die Identität von Denken und Sein („transcendentales Ideal") ansetzte.

Die widerspruchsfreie Einheit des Mannigfaltigen (Objektivität), welche sich in den Grundsätzen des reinen Verstandes unter dem Prinzip der reinen Apperzeption formuliert, steht notwendig auf dem Boden einer subjektiven Einheit von Denken und Sein. Diese würde völlig falsch verstanden werden, würde man diese Subjektivität psychologisch (subjektiver Idealismus oder gar von einer „Anthropologie" her) verstehen wollen. Subjektiv ist der Zweck, der im „Sollen" verharrt, Idee, die sich die Wirklichkeit nicht gibt und so in den Gegensätzen („Reflexionsphilosophie") bleibt. „Subjektiv" ist daher nicht die „ursprüngliche synthetische Einheit der transcendentalen Apperzeption" [vgl. Kant, *KdrV*, z.B. B 135], sondern nach Hegel der Mangel der Kantischen Nichteinsicht in die in ihr enthaltene Dialektik des Begriffs, welcher Mangel sich schon hinsichtlich der Methodenfrage der Kantischen Transcendentalphilosophie (R. Kroner) zeigt. (Das subjektive Subjekt-Objekt ist dasjenige, das nur zur Selbstreflexion, nicht aber zu der in der *symploke* der Gattungen implizierten dialektischen Selbsterkenntnis kommen kann.)

Die Ontologie, gemäß ihrer positiven Beziehung auf die formlose formelle Logik, durfte nicht dialektisch sein, obwohl sie dies überall dort war, wo sie die ontologische Form nicht in der Bedeutung des schlecht-Positiven nahm (dem Kantischen Begriff von Dialektik gemäß, war sie allemal dialektisch, wo sie über den transcendentalen in den transcendenten Gebrauch der Kategorien überging). Die Transcendentalphilosophie Kants (trotz der eben erwähnten Aporien, die sich mit ihr ergeben) ist der höhere, sich in jedem Fall über die Naivität der „Erste[n] Stellung" erhebende Standpunkt — und eine „Versöhnung" mit der Ontologie könnte nur zu der Verdinglichung der absoluten logischen Form, mithin zum Vergessen der „transcendentalen Differenz" führen. Beide Stellungen des Gedankens zur Objektivität haben zwar ein Gemeinsames: die verschiedenen Versionen des „Axioms" des zu vermeidenden Widerspruchs. Während aber die „Erste Stellung" über das Vermeiden des Widerspruchs zum Aufheben desselben übergeht (Entelechiebegriff, „echt spekulatives Denken") zeigt uns die „Zweite Stellung", unter welchen Voraussetzungen und vor allem unter welchem Prinzip wir den widerspruchsfreien Erkenntnisgegenstand (*substantia phaenomenon*) erreichen, sieht aber die Dialektik weder in ihrem Prinzip noch als Voraussetzung ihrer Methode. Dieses Gemeinsame ist nicht das Verbindende (das Reflexionsallgemeine ist dies nur für Eklektiker und die Anstrengung des Begriffs vernachlässigende Integrationsartisten), denn durch den Mangel an der absoluten Form (der reinen sich selbst bestimmenden Allgemeinheit, Ich = Ich) ist die erste Position weit von einer alle Voraussetzungen einholenden Logik entfernt. Bezüglich des Problems der „ontologischen Differenz und ihrer Aufhebung" (innere Zweckmäßigkeit, Entelechie) bedeutet das, daß diese Differenz mit den Mitteln der Ontologie selbst nicht aufzuheben ist. Für die Transcendentalphilosophie aber ergibt sich, daß ihr Prinzip — auch wenn die genannten Probleme bestehen blieben — nicht aufgebbar ist. Anders formuliert: Sie hat den wahrhaften Ausgangspunkt (*anhypothetos arche*) erreicht, scheint aber (zumindest in der Kantischen Fassung) die Vollendung des

Prinzips im System nicht zu gewähren, während die andere „Stellung“ diesen sogleich im Ding vergessen hat.

4. Die spekulative Logik

Die (schlechte) Subjektivität formaler Logik, welcher die scheinbare Objektivität des Begriffs einer seienden Einheit von Sein und Denken gegenübersteht, hat sich in der ursprünglich synthetischen Einheit der transcendentalen Apperzeption aufgehoben. Die erwähnten Gegensätze (Reflexionsphilosophie), die sich in der Kantischen Ideenlehre, dem „Faktum“ der praktischen Vernunft, in den „Verstellungen“ der Moralität und in der Maxime teleologischer Urteilskraft auseinanderlegen, sind Konsequenzen aus der zugunsten der formallogischen Voraussetzungen erfolgten Abweisung der Dialektik in die Subjektivität des sich nicht verwirklichenden Begriffs (Zweck), welcher nun seiner Objektivität in der *natura formaliter spectata* gegenübersteht. Der Gegensatz von neuzeitlich physikalischer und lebendiger Natur (*physis* der Griechen) ist identisch mit dem von Ich als Prinzip und der Wirklichkeit des Vernünftigen (Platon hat diese Einsicht schon in der Aufhebung der Gigantomachie im *Sophistes* antizipiert, welche auch als Motiv der Schellingschen Identitätsphilosophie anzusehen ist, die aber nicht erkannt hat, daß die Aufhebung dieses Gegensatzes allein im Element des Logischen stattfinden kann). Daher geht es bei dem Problem des Zusammenbringens von „ontologischer“ und „transcendentaler Differenz“ nicht um eine Vereinigung von Ontologie und Transcendentalphilosophie, sondern um die Einheit des in die bloße Subjektivität der Vernunft abgeschobenen Widerspruchs mit dem zu vermeidenden Widerspruch (Verstand), dessen Herstellung einer widerspruchsfreien Erfahrungsgegenständlichkeit im Sinne produktiver Einbildungskraft bereits die „unbekannte Wurzel“ ahnen ließ.

Die Voraussetzung formaler Logik und der Verstandesmetaphysik ist es, daß der Widerspruch nur in der psychologisch gefaßten Subjektivität vorhanden sei, die darüber hinausgehende *Metaphysik* des Aristoteles hatte im Begriff der Wesensverwirklichung die Aufhebung (nicht Beseitigung, diese ist identisch mit der Verstandesmetaphysik) des Widerspruchs für die *physis* gefaßt („spekulative Physik“), wozu ihr allerdings die logische Grundlage fehlte. Das Gelingen der transcendentalen Logik hatte die beiden Momente des Logischen (im Sinne Hegels) in der Getrenntheit der beiden Erkenntnisstämme vorausgesetzt, und auf dieser Voraussetzung beruht damit das Sicherfassen des Begriffs als „ursprünglich synthetischer Einheit der transcendentalen Apperzeption“, ebenso aber die Behandlung der „Vernunft“ im Zeichen des Verstandes (eine „Zärtlichkeit“ *gegen* die Dinge, die ihnen mit dem Widerspruch auch die Monadizität abnahm).

Dialektik (im Sinne des späten Platon und Hegels) aber sieht:

a) daß das Prinzip des zu vermeidenden Widerspruchs (Verstand oder die Idee vor ihrer Dynamisierung) schlechthin den
b) Widerspruch voraussetzt, der in aller Bewegung enthalten ist (Zenon, die sich zerstörende „ontische Differenz"), daß somit in dieser Voraussetzung, welche wechselseitig ist (Sein und Wesen)
c) beider Einheit (welche bei Platon in dem *exaiphnes* des *Parmenides* ausgedrückt ist) das *anhypotheton* als Begriff, Leben, Geist ist.

In die Ontologie zurückfliehendes Reflektieren (z.B. später Schelling) versucht aus diesen Momenten der Dialektik wieder Prinzipien (sogar Potenzen) zu machen, dabei nicht bemerkend, daß ein solcher Versuch schon in seinem Ansatz durch die Reflexionsphilosophie zerstört ist, und nicht bedenkend, daß nicht das Prinzip das Wahre sein kann, weil dieses immer nur das fixierte Ansichsein der Selbstbewegung der absoluten Idee ist.

In scheinbar konkreterer Fassung:

Der Zweck (das Gute, *to agathon*) kann niemals verwirklicht werden oder schon als ein zu verwirklichender (Sollen) auftreten, wenn er nicht auch schon verwirklicht ist. Ebenso aber umgekehrt: Der Zweck kann nicht verwirklicht sein, wenn er nicht als ein zu verwirklichender auftritt. Ist der Gegensatz von Sein und Sollen nicht schon aufgehoben, dann sind auch die Entgegengesetzten im Gegensatz und damit dieser selbst verschwunden. Selbstverständlich haben wir damit nur das formuliert, was als die „absolute Methode" Hegels bezeichnet wird, in welcher die Aporien der Kantischen Transcendentalphilosophie (Idee des Lebens und des subjektiven Geistes) uns als aufgehoben erscheinen. Sollte diese Aufhebung „nur Erscheinung" sein, also eine Rückkehr zu einer Prinzipienphilosophie gefordert werden, kann man auch den spekulativen Teil des Aristotelischen Philosophierens nicht retten, dessen Logik weder die formale noch die transcendentale ist.

Zumal aber die Differenz: Ontologie - Transcendentalphilosophie gleichbedeutend mit der von zur Selbstanwendung unfähigem, unvollendetem Skeptizismus und Selbstreflexion der logischen Form aller Formen ist, gäbe es dann keine Alternative, sondern nur: Transcendentalphilosophie.

Zum Freiheitsbegriff Hegels

Die folgenden Ausführungen sollen kein philosophiehistorisches Referat sein, sondern beanspruchen, auf Systematisches hinweisend, Hegels Logik als die dem Freiheitsbegriff adäquate Fundamentalphilosophie darzustellen.

Alle Versuche, politische Freiheit der äußeren Realität einzubilden, beruhten auf Fiktionen, wenn die Vorstellungen von einer Determiniertheit des Menschen, gleichgültig, ob sie sich psychologisch, soziologisch, biologisch oder gleich physikalistisch darstellten, zu Recht bestünden. Wenn der Mensch seinem Begriff nach (an sich) nicht frei wäre, dann könnte er auch nicht handeln oder politische Freiheit erstreben und auch der Begriff des Rechts wäre erschlichen. Wäre nun aber der Mensch an sich — im Gegensatz zu den seichten Vorstellungen von seiner Determiniertheit — frei, aber wüßte sich nicht auch als frei, dann wären alle politisch-rechtlichen Verhältnisse, die er als seinem Begriff entsprechend ansieht, nur zufällige und vergängliche Zustände. Schillers *Die Worte des Glaubens*: „Der Mensch ist frei und würd' er in Ketten geboren“ setzen bereits dieses Wissen voraus.

Nach Hegel ist es der Fortschrift des mit dem Christentum in die Welt getretenen Prinzips, daß der Mensch als Mensch als frei gewußt werde. Hier ist aber wieder zu unterscheiden: dieses Wissen als unmittelbar angesetzt, d.h. es werden die Voraussetzungen, auf denen es beruht, nicht in die Reflexion aufgenommen — andererseits die denkende Entwicklung alles dessen, was jenes bestimmte Wissen impliziert. Das unmittelbare Wissen der Freiheit des Menschen ist ohnehin Voraussetzung nicht nur alles Handelns, sondern auch aller Wissenschaft. Aber die Einholung aller Voraussetzungen des Freiheitsbegriffs und dessen systematische Entwicklung ist die Philosophie. (Es ist nicht entscheidend, ob wir das Thema der Philosophie Gott, Mensch, Welt oder Freiheit nennen. Wenn man Philosophie nicht mit Kreation einer Weltanschauung verwechselt, so muß die wahrhafte Fassung eines dieser Begriffe auch die der anderen ergeben.) Damit haben wir schon zum Ausdruck gebracht, daß es die Alternative: Freiheit oder Determiniertheit gar nicht geben kann. Zumindest aber kann man Ausführungen, die sich als philosophische bezeichnen und zugleich von einer solchen Fragestellung ausgehen, Ahnungslosigkeit bezüglich der Errungenschaften der Epoche von Kant zu Hegel vorwerfen. (Die sogenannte analytische Philosophie glänzt in dieser Naivität.)

Dem vorkantischen, dogmatischen Philosophieren stellte sich das Freiheitsproblem in der auch dem Hausverstand nunmehr bekannten Weise, ob nämlich dem menschlichen Willen die Qualität der Freiheit zukäme oder nicht. Einer solchen Fragestellung liegt zunächst einmal die Voraussetzung verschiedener Seelenvermögen, zumindest die auf Platons *Politeia* zurückgehende Einteilung in Erkennen, Wollen und Fühlen zugrunde (womit freilich nicht behauptet werden soll, daß Platon bei einer Vermögenspsychologie stehengeblieben wäre). Die zweite Voraussetzung ist die Annahme, daß die Gewißheit des Menschen bezüglich seiner freien Selbstbestimmung, welche letztere sofort mit der Willkürfreiheit gleichgesetzt wurde, einer Täuschung, welche durch die sogenannte Endlichkeit und Begrenztheit seines Erkennens und Wissens bedingt sei, unterläge.

Das klassische Beispiel für diese Voraussetzungen des dogmatischen Philosophierens ist (bedauerlicherweise) gerade bei Leibniz zu finden: Hätte der Magnet Bewußtsein, so würde er seine Richtung nach Norden für eine Bestimmung seiner Freiheit halten [vgl. Hegel, *Logik* I, Frankfurt/Main 1986, S. 147]. Nicht die Heranziehung dieses Dings ist der Grund der Unhaltbarkeit dieses Gedankens, sondern die Annahme, daß Bewußtsein (oder besser: Selbstbewußtsein) eine Qualität sei, die ein Wesen neben anderen wesentlichen und unwesentlichen Eigenschaften hätte. Diese Annahme impliziert bereits, daß das „Bewußtsein" als möglicher uns über unsere Beschaffenheiten, zu welchen auch die Freiheit gezählt wird, täuschender Faktor Freiheit dort einreden könne, wo nur blinde Notwendigkeit am Werk sei, oder anders formuliert: Ich weiß mich als frei handelnd, als selbstbestimmend, aber das Wissen ist Täuschung seiner selbst: mit oder ohne Wissen würden wir uns so bewegen, wie uns die Natur eingerichtet hat. Dieses Argument Leibnizens hat später viele Variationen gefunden: Schopenhauers Tautologie des zwingenden stärksten Motivs ebenso wie entsprechende Aussagen bekannter Psychologen. Sogar die Motive zu manchen Strafrechtsreformen beruhen letztlich auf solchen Vorstellungen, daß Selbstbewußtsein und Selbstbestimmung auf Selbsttäuschung gegründet seien: Ein Selbst, das ja erst durch Täuschung entstehen soll, wird somit getäuscht, bevor es getäuscht werden kann! (Einen Ungedanken einmal zu äußern, ist verzeihlich. Denselben aber immer wieder hervorzuholen und auch noch als originell anzupreisen, ist Menschheitsbeleidigung.) Wenn manche Wissenschaftler meinen, daß ihre Wissenschaft die Unfreiheit des Menschen bewiesen hätte, so schließen sie sich ebenso diesem Pseudoargument an und bedenken dabei nicht, daß sie mit der Leugnung der Freiheit ebenso ihre Wissenschaftlichkeit geleugnet haben — denn wenn „Bewußtsein" uns über die sogenannten tatsächlichen Verhältnisse täuscht, dann täuscht es uns auch bezüglich dessen, was wir als wissenschaftliche Erkenntnis bezeichnet haben (der Anspruch, das Wahre erkennen zu können — im Sinne der *adaequatio rei et intellectus* —, setzt zumindest voraus, daß der *intellectus* selbst kein *genius malignus* ist). Es zerstört sich aber nicht nur diese Seite des Beispiels und das Argument gegen die Freiheit, sondern ebenso die zugrundegelegte Psychologie, die Vorstellung von der menschlichen Seele als von einem Sack. Das ist aber hier nicht näher auszuführen, wenngleich sich viele, die die Revolution der Philosophie durch

Kant und Hegel verschlafen haben, noch in diesen Vorstellungen heimisch fühlen.

Hegel antwortet folgendermaßen auf jenes berühmte Leibniz-Argument: Wenn der Magnet Bewußtsein hätte, so würde er seine Gerichtetheit als eine Schranke seiner Freiheit ansehen, diese zu überwinden versuchen und sie auch überwinden, wie wir ja auch durch technischen Fortschritt tatsächlich Schranken überwinden. Diese Antwort ist allerdings noch auf dem Reflexionsniveau des Beispielgebers gegeben (immanente Kritik), denn auf dem Boden bereits der kritischen Philosophie ist jenes Gerede vom „Bewußtseinhaben" des Menschen nicht mehr möglich.

Die Revolution der Denkungsart durch die Kantische Philosophie läßt sich mit einem einzigen Zitat aus der *Kritik der reinen Vernunft* (B 134) darlegen:

> „Und so ist die synthetische Einheit der Apperception der höchste Punkt, an dem man allen Verstandesgebrauch, selbst die ganze Logik, und, nach ihr, die Transcendental-Philosophie heften muß, ja dieses Vermögen ist der Verstand selbst."

Die dogmatische Metaphysik versuchte mit den Mitteln der formalen Logik, unter Voraussetzung des Prinzips des zu vermeidenden Widerspruchs, das wahrhafte Sein zu erkennen. Aber in aller Anerkennung der Prinzipien und Formen dieser Logik hat sie wie diese auf die Form aller Formen, das Prinzip aller Prinzipien, nämlich die Ichheit, welche Kant reine Apperzeption oder logisches Ich (das „Ich denke" [Kant, *KdrV*, § 16]) nennt, vergessen. Ich — das Prinzip der Transcendentalphilosophie ist aber nicht bloß das „Vehikel" aller logischen Funktionen, sondern unter Voraussetzung eines auf rezeptive Weise (Sinnlichkeit) gegebenen Mannigfaltigen Hervorbringen (Synthesis) des Gegenstandes der Erfahrung, welchen wir Natur (genauer: *natura formaliter spectata*, Natur als Gegenstand der Erfahrungswissenschaft) nennen. Nach Kant erstreckt sich daher auch unsere Erkenntnis mit den Mitteln der formalen Logik nicht weiter als auf mögliche Erfahrung. Die Fragen der einstigen speziellen Metaphysik („Gott, Freiheit und Unsterblichkeit") können daher durch theoretische Vernunft bekanntlich nicht beantwortet werden, haben aber als Postulate praktischer Vernunft, d.h. unter Voraussetzung des Faktums des Sittengesetzes („kategorischer Imperativ") Bedeutung. Die Schwierigkeiten der Kantischen Philosophie beruhen vornehmlich auf dieser Trennung der theoretischen von der praktischen Vernunft, welche Fichte dadurch beseitigt, indem er den Inhalt des oben zitierten Satzes Kants konsequent durchführt und Ich, die Tathandlung, als die Wurzel der theoretischen und praktischen Vernunft faßt. Durch die Transcendentalphilosophie Kants und Fichtes wurde die Philosophie von der in der vermeintlichen Autarkie formaler Logik begründeten Verdinglichung der Vernunft, des Selbstbewußtseins und damit auch von der naiven Auffassung der Freiheit als einer Beschaffenheit, die dem menschlichen Willen zukommen oder auch nicht zukommen könnte, befreit. Ichheit, Vernunft, Freiheit sind Synonyme geworden.

Indem damit der Mensch nicht mehr als ein Naturwesen neben anderen Naturwesen, eine Art repräsentierend, gedacht werden kann, kann auch nicht seine politische Freiheit aus der Natur der Dinge abgeleitet werden, sondern alle Momente auch der praktischen Vernunft (Moralität und Recht) müssen durch das höchste Prinzip der Transcendentalphilosophie begriffen werden. Dogmatische Philosophien, die formale Logik als Organon ansahen, suchten das Vorhandensein der Freiheit z.B. auch dadurch zu begründen, daß sie auf das Zufällige in der Natur hinwiesen und die im philosophischen Naturzustand lebenden, die Disziplinierung durch die Transcendentalphilosophie nicht annehmenden Vernünftler unseres Jahrhunderts, auch wenn sie die ehemalige Metaphysik belächeln (Positivisten, die ja nur nominalistische Metaphysiker sind), bewegen sich immer noch in diesen Vorstellungen, die schon die *Kritik der reinen Vernunft* zertrümmert hat. Kants *Kritik der praktischen Vernunft* hat die Philosophie auch davon befreit, Freiheit primär als Willkürfreiheit anzusetzen und nachträglich nach irgendeinem Prinzip der Sittlichkeit oder des Rechts zu suchen. (Gegenwärtig versuchen immer noch einige, Prinzipien oder Gesetze der Sittlichkeit unter dem Kriterium, ob sie auf das Empirische bzw. ihre Vorstellung von Empirie passen, zu finden). Nun stellt sich aber die Frage: Wenn ohnehin die durch Fichte systematisch durchgeführte Transcendentalphilosophie das Ich bzw. die Freiheit als das höchste Prinzip erkannt hat, was konnte dann diesbezüglich Hegel noch leisten?

Die Ansichten, die man gemeinhin über das Hegelsche System und im Besonderen über die *Wissenschaft der Logik* hat, haben auch ihre Tradition, die von den Parolen der sogenannten Linkshegelianer bis zu den Meinungen des aufgeweichten Positivismus (Popper) reicht. Vor allem aber sind es die Punkte scheinbarer Kritik durch die Vertreter der letztgenannten Position, die nicht gerade das breitere Verständnis der Philosophie Hegels fördern: Hegel leugne die Gültigkeit des Widerspruchsprinzips, man könne daher Gegenteiliges aus Hegel ableiten, das „panlogistische“ Geklapper von These, Antithese und Synthese werde auf alle Dinge überhaupt angewendet, alles Individuelle und dessen Freiheit ginge in einem solchen Prozeß unter usf. (wenn jene von Freiheit reden, so weisen ihre Metaphern z.B. „offen“ und „geschlossen“ darauf hin, daß sie, statt Freiheit zu begreifen, nur die Vorstellung vom leeren Raum dem Namen anhängen). Für den, der die Anstrengung des Begriffs auf sich nimmt und einmal die billige Polemik gegen Metaphysik derer, die sich eher „für ein Stück Lava im Monde halten, als für ein *Ich*“ (Fichte, *Grundlage der gesamten Wissenschaftslehre*, I 175, Anm.), beiseite schiebt, wird sich ziemlich schnell die Einsicht einstellen, daß offenbar von zwei Systemen Hegels gesprochen wird: Von 1. dem schriftlich vorliegenden System und von 2. dem nichtexistenten Opus, auf welches sich der Großteil seiner Kritiker bezieht. Indem wir aber damit die Frage nach der Deutung des Widerspruchsprinzips durch Hegel aufnehmen und zu beantworten versuchen, beantworten wir damit ebenso die oben gestellte Frage nach dem Fortschritt der Hegelschen Philosophie über die Transcendentalphilosophie hinaus, wie wir damit auch erst unserem Thema gerecht werden.

In medias res werden wir geführt, wenn wir uns die Stellung der Transcendentalphilosophie zur Geschichte, sowohl der Philosophie selbst als auch zur Weltgeschichte, zu positiver Religion aber auch zu den sittlichen Institutionen (man könnte alle diese Hinsichten auch unter „Sprache" zusammenfassen) ansehen. Für die sich selbst in ihrer Autonomie erfassende Vernunft (Kant, Fichte) muß dem bisherigen Philosophieren nicht mehr als eine dunkle Ahnung des wahrhaften Anfangs zugesprochen und konsequent müßten die Positionen des rationalistischen und empiristischen Dogmatismus als nichtig angesehen werden, denn sie haben die Vernunft, Ichheit, Freiheit wie Erscheinungsgegenstände behandelt; die positive Religion muß dem Primat der moralisch-praktischen Vernunft, dem autonomen, d.i. dem moralischen Handeln untergeordnet werden, bzw. sie muß durch die „Vernunftreligon" ersetzt werden. Was bisher Staat hieß, kann — rigoros betrachtet — nur als Variation des Naturzustandes, der dem vertraglichen Zustand entgegengesetzt wird, angesehen werden (Fichtes *Naturrecht* von 1796 ist hier sicherlich konsequent) und in der vollständigen Disjunktion von Recht und Moralität wird auch die Ehe nur als Vertrag verstanden (Kant). Daß sowohl Kant als auch Fichte, in freilich unterschiedlicher Weise, doch in äußerlicher Konstruktion der Geschichte das Positive überhaupt in die Betrachtung aufnehmen — ist nicht mehr als ein freundliches Entgegenkommen, das sich dahingehend manifestiert, daß Kant den Dogmen der positiven Religion einen vernunftreligiösen Aspekt abgewinnen möchte, während die Wissenschaftslehre Fichtes sich immer mehr neuplatonischer Mystik annähert. Aber auch wegen dieser Konsequenzen kann man nicht die transcendentale Revolution der Denkungsart verlassen oder gar im Sinne derer, die gegenwärtig meinen, sie hätten nicht nur die Sprachanalyse, sondern auch die Sprache erfunden, übergehen. Es ist nicht nur die gründliche Auseinandersetzung mit dem Geschichtlichen und der positiven Religion, die Hegel zur *Wissenschaft der Logik* und damit auch zu den *Grundlinien der Philosophie des Rechts* treibt, sondern ebenso die Einsicht, daß sowohl durch Kant wie auch durch Fichte die im obigen Kant-Zitat erhobene Forderung noch nicht in ihrem Vollsinn verwirklicht wurde, sodaß nämlich bei beiden Denkern immer noch die formale Logik partiell ihre Autarkie bewahrt (Kant versucht z.B. in der Freiheitsantinomie die Denkbarkeit der Freiheit, also ihre Widerspruchsfreiheit, mittels der Platonistischen Entgegensetzung von empirischem und intellegiblem Charakter aufrechtzuerhalten, obwohl er wissen mußte, daß ein solches Unternehmen aufgrund der Resultate des grundlegenden Teils der Vernunftkritik keinen Schritt weiterführen konnte, und Fichtes Synthesen interpretieren sich von vornherein im Sinne einer Beseitigung aufgetretener Widersprüche, also im Sinne einer Autarkie des Widerspruchsprinzips der reinen Apperzeption gegenüber). In Wahrheit ist die formale Logik transcendentale Logik, und das Aussprechen dieser Wahrheit ist die spekulative, die *Wissenschaft der Logik*.

Um die letzteren Thesen zunächst zu erläutern: Die formale Logik und die vorkantische, der formalen Logik folgende Ontologie sehen den Satz des zu vermeidenden Widerspruchs und seine angeblich verschiedenen Formulierungen (Identitätsprinzip und *principium exclusi tertii*) als schlechthin wahre und gewisse Grundlagen allen Denkens und (ontologisch) allen Seins an, und die Frage der ehemaligen Metaphysik ist nur die nach der näheren Bestimmung des wahrhaften, d.h. von dem Widerspruch nicht behafteten Seins, welches Substanz (*ousia*) genannt wurde.

Kant hat uns aber gezeigt, daß wir mit den Mitteln der formalen Logik unter Voraussetzung eines zweiten Erkenntnisstammes (der Sinnlichkeit) und in der Einsicht in die logische Form aller Formen (Ich) nicht das Sein („Ding an sich"), sondern nur den Erscheinungsgegenstand (*substantia phaenomenon*) erreichen und daß wir, diese Bedingungen außer acht lassend, formale Logik als Werkzeug der Wahrheit ansehend, der Dialektik als der Logik des Scheins unterliegen, in welcher wir dasjenige, was niemals verdinglicht werden darf (z.B. die Freiheit), verdinglichen. Nun gehört es aber zum Schicksal der vorkantischen Metaphysik, daß sie ihr vorgebliches Axiom, den Satz des Widerspruchs und damit den Absolutheitsanspruch der formalen Logik, gar nicht so ernst genommen hat. Denn, wenn sie ihm (ihr) treu geblieben wäre, hätte sie niemals über die Position des Eleaten Parmenides (Akosmismus) hinausgehen können: sowohl die Entelechie des Aristoteles als auch die Monade Leibnizens und vorher schon Platons Dynamisierung der Idee haben das widerspruchsfreie, abstrakte Sein verlassen.

Dieses Hinausgehen über die Annahme eines schrankenlosen und unbedingten Geltens des Widerspruchsprinzips ist es auch, wodurch sich zunächst einmal Dialektik im Sinne Hegels charakterisieren läßt, und wir fügen hinzu, daß sich ohne diese Dialektik niemals Wirklichkeit erfassen läßt. Dem Eleatismus (Widerspruchsprinzip als Axiom der formalen Logik) bleiben sowohl die Verstandeswissenschaften als auch die dogmatische Verstandesmetaphysik treu, die erstere den technischen Fortschritt ermöglichend, die letztere die Tautologie nicht verlassend, leerlaufend. Die Transcendentalphilosophie Kants aber hat die Bedingungen und das wahrhafte höchste Prinzip in die Reflexion aufgenommen, wodurch begründet wird, warum Erfahrungswissenschaft nicht mit dem eleatischen Leerlauf z.B. Christian Wolffscher Ontologie zusammenfällt. Spekulative Philosophie aber, deren Methode wesentlich die Dialektik ist — und diese ist auch mit den angegebenen Einschränkungen die Methode der Fichteschen Wissenschaftslehre — sieht, daß das Prinzip des zu vermeidenden Widerspruchs selbst den Widerspruch als daseienden voraussetzt.

Dazu sind einige Beispiele anzuführen:

Setzen wir die uneingeschränkte Gültigkeit des Widerspruchsprinzips: Entgegengesetztes kann einem Etwas nicht gleichzeitig zukommen und daher ist dasjenige, dem Entgegengesetztes gleichzeitig zugesprochen wird, ein Unding, ein Nichtseiendes oder Unmögliches, dann ist jedes Bewegte ebenso wie die Bewegung selbst ein Nichtseiendes und ein Unmögliches. Denn Bewegung heißt, gleichzeitig hier und nicht hier zu sein (wenn wir zunächst an die Ortsbewegung denken). Wenn wir die qualitative Bewegung (Veränderung) denken, so denken wir etwas, das gleichzeitig so und nicht so ist, und wenn wir Wachstum oder Entwicklung überhaupt in die Reflexion aufnehmen, so haben wir in unserer Vorstellung nicht durch das Leere getrennte Ruhezustände vor uns, sondern einen Prozeß, in dem jeder Zustand zugleich seine Negation ist. Der Bewegung, und damit allgemein der Einheit von Sein und Nichtsein, Wirklichkeit zuzusprechen, ist Voraussetzung dafür, das Sichselbstbewegende, nämlich das Lebendige und damit Leben überhaupt zu fassen. Die eleatisch orientierte, exakte Wissenschaft kann daher niemals dazu gelangen, Lebendiges zu erklären, weil diese Erklärung bedeutete, dem Lebendigen mit dem Widerspruch die Bewegung, also das Leben zu nehmen. Lebendiges enthält in seinem Begriffe außerdem nicht nur den Widerspruch von Sein und Nichtsein wie Bewegung überhaupt, sondern als Sichselbstbewegendes ist es Übersetzen von *stasis* in *kinesis* und umgekehrt. Ein Sichselbstbewegendes ist aber notwendig unter den Voraussetzungen exakter Wissenschaft ein Unding (*nihil negativum*). Es ist zu betonen: Unter den Voraussetzungen der exakten Wissenschaft, unter der Voraussetzung der unbedingten Gültigkeit des Widerspruchsprinzips — nicht aber in Wirklichkeit und nicht in Wahrheit.

Eine weitere Reflexion: Der Satz des zu vermeidenden Widerspruchs hätte niemals seine Formulierung erlangen können, wenn das durch ihn zu Vermeidende keinerlei Dasein hätte. Denn wie sollte man das Nichtexistente meiden können? Positiv formuliert: Das Widerspruchsprinzip selbst setzt den daseienden Widerspruch voraus, und alle exakte Wissenschaft, deren Möglichkeit Kant begründet hat, hat die Mittel, den Widerspruch, z.B. der Bewegung, zu vermeiden, eine Phoronomie zu geben, aber setzt ebensosehr diesen Widerspruch voraus: keine physikalische Bewegungslehre beseitigt die Aporien Zenons. (Wenn findige Köpfe meinen, man könne vielleicht doch alle Bewegung auf ruhende Punkte zurückführen, wie man technisch bewirken kann, daß aus diskreten Bildern der Eindruck der Bewegtheit entsteht, so sollten sie dabei nicht vergessen, daß auch der Übergang von einem Bild zum anderen Bewegung ist, welche der Apparat bzw. der Filmvorführer verursacht).

Der Satz des Widerspruchs sagt doch, daß gleichzeitig demselben Ding nicht Entgegengesetztes zukommen könne, also positiv, daß in einer bestimmten Zeit dem Etwas A und in einer anderen Zeit Nicht-A zukommen könne. Dann ist aber die Zeit selbst das Etwas, dem Entgegengesetztes zukommt, abgesehen davon, daß in dem Prinzip selbst das mit sich identische Etwas als ein dem Gegensatz Entgegengesetztes ausgesprochen ist. (Das Widerspruchsprinzip, der Verstand ist selbst das Erzeugen des mit sich identischen Dings und als dieses Erzeugen selbst kein Ding). Wir beenden aber nun diese auf die „Axiome" der formalen Logik bezogenen Ausführungen hier mit dem Hinweis darauf, daß Hegels objektive Logik, die beansprucht, die begriffene transcendentale Logik zu sein, an jeder vom gemeinen und wissenschaftlichen Verstand als fest und ruhend angesehenen Kategorie das Gelten und zugleich Nichtgelten des Widerspruchsprinzips aufzeigt.

Kant hat gezeigt, daß die Freiheit kein Gegenstand der Erfahrungswissenschaft sein kann und daß, weil unser Erkennen auf mögliche Erfahrung eingeschränkt ist, die reale Möglichkeit der Freiheit zu erfassen, der Theorie verwehrt ist. Er wollte aber die vermeintliche Denkbarkeit (Widerspruchsfreiheit) der Freiheit durch die Unterscheidung von empirischem und intellegiblem Charakter aufrechterhalten. Schon in der dritten Antinomie der *Kritik der reinen Vernunft*, dann aber ebenso in der *Kritik der praktischen Vernunft* wie in der *Kritik der Urteilskraft*, hat er sich damit in ein „Nest von Widersprüchen" begeben — aber nicht aufgrund eines zufälligen Rückfalls in dogmatische Ontologie, sondern durch Nichteinsicht in die positiv-dialektische Natur der Freiheit: Wäre die Freiheit formallogisch zu fassen bzw. widerspruchsfrei, dann wäre sie weder denkbar noch wirklich, dann wäre auch Autonomie im Sinne Kants, Moralität, eine Fiktion.

Wie vorher Bewegung und Leben Paradigmen der Wirklichkeit des Widerspruchs waren, so ist auch die Freiheit als ein solches anzusehen. Sie ist aber nicht bloß ein Beispiel, sondern der tiefste Grund des Widerspruchs und als Grund auch die Aufhebung desselben, die im Sinne der Einheit ihrer bekannten drei Bedeutungen (zerstören, höher heben und bewahren) zu fassen ist. Ebenso können wir an dem Widerspruch selbst unterscheiden:

1. den vom Widerspruchsprinzip vorausgesetzten, daseienden Widerspruch von dem
2. expliziten Widerspruch des Widerspruchsprinzips selbst und dieses Moment, das in der Vermeidung des daseienden Widerspruchs besteht (d.h. also dem Sein z.B. der Bewegung wird widersprochen) und diesen wiederum von
3. der Aufhebung der Selbständigkeit der Momente 1. u. 2., welche Aufhebung Hegel auch als die „Identität der Identität und Nichtidentität" [vgl. Hegel, *Logik* I, Frankfurt/Main 1986, S. 74] formuliert hat. (Wir weisen nur darauf hin, daß

diese drei Punkte der Einteilung der *Logik* in Sein, Wesen und Begriff entsprechen).

Die Versuche, Freiheit als einen sogenannten widerspruchsfreien Begriff zu fassen, sind Bestrebungen, vor der Konkretheit ihres Begriffes in abstrakte, ideologische Vorstellungen zu flüchten. Die menschliche Freiheit ist es, die Unmittelbarkeit des Tieres zu transcendieren, also zu negieren, oder dasselbe in der verkürzten Fassung einer sehr bekannten Stelle aus Hegels *Ästhetik* ausgedrückt: der Mensch ist Tier, und indem er weiß, daß er Tier ist, ist er nicht Tier. Derselbe ist Tier und Nichttier und dieses Entgegengesetzte auch noch zugleich. Es ist bequem und dem sogenannten gesunden Verstand entgegenkommend, weil anscheinend den Widerspruch vermeidend, den Menschen aus einer tierischen Natur und einer nichttierischen, geistigen Substanz bestehen zu lassen — aber schlechthin falsch. Es ist so falsch, wie die Vorstellung, daß das Lebendige ein aus toten Dingen Zusammengesetztes sei. In dieser Negation des Tierseins ist der Mensch existierende Freiheit und im Sinne Kantischer Pädagogik sich disziplinierend, Kultur gebend, sich zivilisierend und sich moralisch bestimmend. Indem die Freiheit so Negation der Unmittelbarkeit (des Tierseins) ist, im Begriff der Freiheit die Negation enthalten ist und der Verstand im Sinne des Widerspruchsprinzips nun aber auch die Negation eindeutig fassen möchte, so ergeben sich nun Versuche, das Negative zu fixieren, die Freiheit im Sinne des fixierten Negativen vermeintlich widerspruchsfrei anzusetzen. Die gedankenlose Meinung, daß es viele verschiedene Auffassungen von Freiheit gäbe, die natürlich auch von denen geäußert wird, die von den vielen, verschiedenen Philosophien reden, beruht auf diesen Fixierungen. Da eine der abstrakten, atomistischen Vorstellungen des Negativen das Vakuum ist, identifiziert man dann die menschliche Freiheit mit dieser Leere, oder weil das qualitativ Negative das Andere ist, setzt man die Freiheit in das aussichtslose Unternehmen, sich als ein Anderes zu behaupten (aussichtslos, da jedes ein anderes ist).

Da jeder Verstandesbegriff (Kategorie) auch als Moment des Freiheitsbegriffs angesehen werden muß, sind soviele — allerdings nur abstrakte (denn das Moment ist das Unselbständige) — Interpretationen der Freiheit möglich, als solche Bestimmtheiten gegeneinander festgehalten werden. So kann ebenso in die haltlose Erscheinung, wie in deren Gesetz die Freiheit gelegt werden. Wo sich solche Bestimmtheiten (Kategorien) wie Positives und Negatives zueinander verhalten, können die beiden Seiten auch vertauscht werden, und es kann daher die Freiheit in das jeweils Entgegengesetzte gesetzt werden. So ist z.B. das Verhältnis des Ganzen zu den Teilen, wenn man ahnungslos bezüglich der Dialektik dieser Momente ist, Gegenstand kontroversieller Vorstellungen über die Freiheit (vor allem in ihrer politischen Dimension): Die Frage wird dann gestellt, ob dem politisch Ganzen oder dem individuell Einzelnen das wahre Sein (Substantialität) zukäme, ob der Vorrang dem Ganzen oder den Teilen gebühre. Das Ganze wird als die Summe seiner Teile überragend oder umgekehrt der Teil als Bestehen des Ganzen aufgefaßt. Man übersieht dabei nur, daß dem Ganzen, wenn es „mehr" als die Summe der Teile sein soll, ein eigenes Bestehen neben den Teilen zugeschrieben wird, wodurch es nicht mehr das Ganze der Teile ist, und daß, wenn umgekehrt nur mehr der isolierte Teil das wahrhaft Seiende ausmachen soll, dieser zum Ganzen, das wiederum Teile hat, geworden ist. Meint man nun, die Beziehung des Individuums auf den Staat werde durch dieses Verhältnis ausgedrückt: so wird einmal die politische Freiheit in das Verschwinden des Individuums gesetzt und als das Aufgehen des Teils im Ganzen verstanden, während die Annahme der entgegengesetzten Position bedeutete, daß der Staat als verschwunden angesehen wird, wenn auch nur ein Bürger bezüglich eines Gesetzes Unzufriedenheit äußerte. Ein Ganzes, das in diesem Sinne mehr sein will als seine Teile, erweist sich zuletzt immer als ein totes Ganzes. Der Teil, der sich als der Endzweck dieses Ganzen interpretiert, aber gleichfalls. Hingegen lebt ein Staatsganzes vermittelt durch die Institutionen in der Gesinnung seiner Bürger, die in ihm ihr Freiheitsbewußtsein auch der äußeren Realität eingebildet sehen. Hier aber sehen wir, daß das Reflexionsverhältnis (der Gegensatz, in dem die Entgegengesetzten ihre Unabhängigkeit voneinander erklären) des Ganzen und der Teile nicht hinreicht, die konkrete Natur politischer Freiheit zu fassen (unter diese abstrakte Freiheitsinterpretation fällt auch die Vorstellung, der Staat sei Resultat eines Vertrages und könnte durch das Zusammentreten der ursprünglich isolierten Individuen gegründet werden).

Wir haben gerade vorhin auf die Möglichkeit der Vertauschung des Positiven und des Negativen hingewiesen. Diese Möglichkeit ist allerdings nur unter der einseitigen, wiederum abstrakten Sicht ihres nebeneinander Bestehens gegeben und diese wiederum besteht in der unbedachten Verräumlichung des Logischen. (Einer der tiefsten Denker unseres im Erfassen des Logischen nicht gerade begabten Jahrhunderts, nämlich Bruno Liebrucks, hat in seinem großangelegten Hauptwerk *Sprache und Bewußtsein* u. a. gezeigt, daß formale Logik Spatiologie ist, daß in ihr Sprache immer schon von der Schrift her gesehen wird.) In Wahrheit ist das Positive das Gesetzte und das Negative als das Sichnegierende das Setzen. Als das Setzen aber (Fichte!) ist es Ichheit und daher jenes Transcendieren des Tierseins (Wissen), von welchem oben die Rede war. Formallogisch denkt man bei der Erwähnung des Negativen immer an das Leere, das sich räumlich neben dem Vollen befinden soll — man denkt nicht das Negative selbst.

Es gehört auch noch der Abstraktion an, wenn man Freiheit als Wesensverwirklichung bestimmt, wenngleich dieser Gedanke konkretere Gestalt als die vorher erwähnten Verfehlungen des Freiheitsbegriffs annimmt. Sein Wesen, seine Artgesetzlichkeit, individuell zu repräsentieren und in dieser Repräsentation den

Naturzweck zu erreichen, charakterisiert die Vollkommenheit des natürlich Konkreten, des Lebendigen (z.B. die „Freiheit" der Eichbäume bei Hölderlin oder die „Freiheit" der Natur, die [Marquis] Posa bei Schiller preist). Das Wesen wird hier verwirklicht, wenn kein äußeres Hinderndes dazwischen kommt. Aber das Naturwesen handelt nicht und weiß sich nicht als zweckverwirklichend (die „Instinkthandlung" ist in dem Nebel anzutreffen, in dem sich Ideologien befinden). Diese „Freiheit" des Lebendigen ist — indifferent gegen den Gegensatz von Gut und Böse — nicht die Freiheit des „als Begriff existierenden Begriffs", des Menschen. Die Kyniker, also diejenigen, die den Menschen als ein Naturwesen unter anderen Tierarten ansehen wollen, oder die Naturalisten insgesamt, setzen die Freiheit in die Verwirklichung der Tierheit. Dieser Naturalismus kann als Hedonismus, Utilitarismus usf. die menschliche Freiheit leugnen oder als das Marx-Freudgemisch einer bekannten, eine sogenannte Studentenrevolution initiiert habenden Schule, die Sinnlichkeit von der Tyrannis des Geistes befreien wollen — sein Wesen ist „logischer Tiefschlaf" (Liebrucks).

Nach dieser Erwähnung einiger, die Freiheit durch die Mißinterpretation des Negativen verfehlender Positionen, kommen wir nun bei den Momenten des konkreten Freiheitsbegriffs an, welche in den berühmten §§ 5-7 der *Grundlinien der Philosophie des Rechts* enthalten sind. (In diesen §§ ist die *Wissenschaft der Logik* so wie der Eichbaum in der Eichel enthalten). Zwar ist im § 5 vom Willen die Rede. Aber dieser hat hier nicht mehr die Bedeutung eines Seelenvermögens neben den aus der Tradition bekannten anderen, sondern ist die praktische Vernunft, wobei wiederum ergänzt werden muß, daß es die Vernunft selbst ist, sowohl theoretisch als auch praktisch zu sein (schon von Fichte her gesehen eine Selbstverständlichkeit). Diesem Willen das Adjektiv „frei" anzuhängen, wäre ein Pleonasmus, würde man nicht in ständiger Auseinandersetzung mit Positionen stehen, die stets verdinglichen und — das entspricht dem Begriff des Verdinglichens — die Verdinglichung selbst in den Dingen vergessen. So ist das erste Moment die reine Unbestimmtheit, absolute Abstraktion, Ich = Ich. Hier handelt es sich um Synonyme, deren noch mehrere auftreten, die aber deshalb alle erwähnt werden, weil die Tradition diese Synonymität nicht durchschaute (z.B. die Unbestimmtheit als die von der Form unterschiedene Materie fixierte, die Abstraktion als ein nur subjektives Tun und nicht als absolute Negation verstand oder nach dem Verhältnis von Wesensallgemeinem zum Geist (Ich) fragte oder noch im Gefolge Descartes das „Ich denke" verdinglichte (*res cogitans*)). Dieses erste Moment bezeichnet nicht nur die Möglichkeit, von allem zu abstrahieren, sondern diese Abstraktion ist immer schon wirklich: als Handelnder hat sich der existierende Begriff (Mensch) immer schon sowohl der äußeren Realität wie den Bestimmungen, die er im Sinne z.B. der tierischen Natur in sich findet, entgegengesetzt (diese absolute Abstraktion heißt daher auch „absolute Negativität"). Dieses absolute Unterscheiden in der Selbstbeziehung (Ich = Ich) ist Setzen, Hervorbringen einer Welt (die Einsicht Kants, die im obigen Zitat enthalten ist). Oder, um diesen wichtigen Punkt von einer anderen Seite zu beleuchten: Was ist der Grund alles bestimmten Wissens? Hier wird nicht nach den Bedingungen und Umständen gefragt, durch welche Gaius Kenntnis von den Vorgängen in Rom erlangt hat. Der philosophisch Naive könnte meinen, daß diese Frage erforderte, das Insgesamt der Bedingungen dieser Kenntnis vom Urknall bis dato aufzuzählen, wie uns die evolutionäre Erkenntnistheorie diesbezüglich eine Geschichte erzählt. Sondern: Der Grund alles Wissens ist die Form „Ich weiß", und diese ist schlechthin aus keinem Ding oder einem Zustand der Dinge abzuleiten. Die Ichheit als die absolute Form alles Wissens ist, als sich selbst setzend, Setzen des Objekts, von welchem sie sich ebenso als Subjekt unterscheidet (sich entgegensetzt). Dieses Sichunterscheiden des Produzierens des Objekts von seinem Produkt spricht sich als Ich = Ich aus und ist die Identität des Negativen, des Setzenden, mit sich selbst, daher die absolute Abstraktion, nicht das beliebige Weglassen von Bestimmungen des Konkreten, nicht ein zufälliges, willkürliches, relatives Negieren.

Wenn aber dieses erste Moment der Freiheit, das des Sichselbstsetzens, unmittelbar als ihre Wirklichkeit verstanden wird, so ergibt sich die „Freiheit der Leere" [Hegel, *Rechtsphilosophie*, Frankfurt/Main 1986, S. 50], die Raserei der Negation, der Fanatismus und, in der gemilderten Form der politischen Phrase, die ziellose Progressivität, die in ständiger Enttabuisierung und Gesellschaftskritik dazu gelangt (wenn ihr die beliebte Gleichsetzung des Menschen mit dem Tier allmählich langweilig wird) das Perverse hochzuschätzen. Die absolute Abstraktion, die ebenso die Möglichkeit der Askese wie die der Entleibung des existierenden Begriffes oder auch das stoische Freiheitsbewußtsein in sich enthält, ist aber die Grundlage der folgenden Momente und wie oben angegeben (Ich als das Produzieren des Objekts) das theoretische Moment der Freiheit, d.h. die ganze theoretische Vernunft in sich schließend.

An sich ist das erste schon das zweite Moment. Dieses ist (§ 6) Ich als das

> „Übergehen aus unterschiedsloser Unbestimmtheit zur *Unterscheidung*, *Bestimmen* und *Setzen* einer Bestimmtheit als eines Inhalts und Gegenstands".

Es ist nur die Explikation dessen, daß das Ich in seiner Selbstbeziehung ebenso das logische Werden des Nicht-Ichs ist, wodurch es sich selbst beschränkt. Handeln im Sinne der praktischen Vernunft heißt Selbstbegrenzung, nicht theoretisch von einem nur Möglichen zum anderen schweifen (nach Aristoteles ist es das Merkmal des Schlechten, daß er in der handlungsfordernden Situation nicht weiß, was er tun soll, da es für ihn doch viele Möglichkeiten gäbe — nichts zu tun, statt dessen aber dann den Handelnden sein „kritisches" Bewußtsein zu offenbaren). Das erste Moment ist nicht wirklich ohne das zweite und umgekehrt. Der Übergang zur Bestimmtheit setzt die reine Unbestimmtheit und diese wiederum den Übergang voraus. Freiheit ist nicht der Pseudozustand des

Indeterminiertseins, sondern Selbstbestimmung, die Selbstdisziplinierung, Selbstzwang einschließt.

Wenn wir die Freiheit als Selbstbestimmung bezeichnet haben, daß also Ich nur im Übergehen zur Bestimmtheit die Identität des ersten Moments mit sich ist, oder anders formuliert: gerade in diesem Übergehen sich selbst erhält, dann haben wir auch schon das dritte Moment, das Moment der Einzelheit ausgesprochen. Hegel gibt in der Anmerkung zu dem zweiten Moment (§ 6), indem er Allgemeinheit und Besonderheit als Momente des Freiheitsbegriffes auch der Kantisch-Fichteschen Transcendentalphilosophie zuspricht, die Differenz der Logik zur Wissenschaftslehre, in zwei Sätzen zusammengefaßt, bekannt:

> „Die im Allgemeinen oder Identischen, wie im *Ich*, immanente *Negativität* aufzufassen, war der weitere Schritt" [Hegel, *Rechtsphilosophie*, § 6],

d.h.: an sich ist das Moment der Allgemeinheit schon die Besonderung, während Fichte gegenüber der Thesis (Ich = Ich) noch eine Antithesis und diesem eingeschlagenen Weg entsprechend eine äußerliche Synthesis benötigt, oder (in anderen Worten) noch die leere Unendlichkeit der Freiheit ihrer Bestimmung entgegenhält. Diese als gering erscheinende Differenz impliziert aber den beträchtlichen Unterschied zwischen den beiden ausgeführten Systemen, der z.B., wie vorher erwähnt, bezüglich des Begreifens des Geschichtlichen vorhanden ist. Die Einzelheit, „die zur *Allgemeinheit* zurückgeführte *Besonderheit*" [Hegel, *Rechtsphilosophie*, § 7], ist als das dritte Moment ebenso die ganze Selbstbestimmung. Sie ist das Konkrete, das Individuelle seinem Begriff nach, d.h. [die Einzelheit] ist das, was das Moment der Allgemeinheit schon an sich ist, nun wirklich (für sich). Diese logische Bewegung von der Allgemeinheit zur Einzelheit, die kein Sichverlieren im Besonderen kennt, sondern in allen als zufällig erscheinenden Inhalten bei sich ist, ist dasjenige, was gegenwärtig oft unterinterpretiert, Entwicklung, nach Aristoteles Entelechie, genannt wird und ist ein Fortschreiten, das ein Ziel hat, nämlich das *telos*, den Begriff zu verwirklichen (im Gegensatz zu dem unendlichen Progreß bei Kant und Fichte, wo mit der Verwirklichung einer von aller Differenz abgehobenen absoluten Identität Ich und Welt sich vernichteten). Man darf allerdings diese logische Versöhnung von Leben (Entwicklung) und Selbstsetzen bezüglich der Weltgeschichte nicht so verstehen, daß Hegel damit auch ein innergeschichtliches Eschaton des objektiven Geistes angesetzt hätte, sodaß die Weltgeschichte als Fortschritt im Bewußtsein der Freiheit ein Fortschreiten zu einem künftigen paradiesischen Zustand wäre. Hegel weiß sich sehr wohl mit Hölderlin darin einig, daß, den Staat (den objektiven Geist) zum Himmel erheben zu wollen, bedeutet, ihn zur Hölle zu machen. (Will man demgegenüber in sich wissenschaftlich nennenden Sozialismen das Paradies mit dem Absterben des Staates erreichen, landet man noch schneller in der Hölle.)

Die höchste Stufe, die das Bewußtsein der Freiheit erreichen kann, ist mit dem Prinzip des Christentums gegeben, und ein Fortschreiten ist Bewegung innerhalb dieses Prinzips im Sinne der Einbildung desselben in die äußere Realität. In diesem Sinn begreift Hegel Mittelalter, Reformation, aber auch Aufklärung und Revolution. (Die Fortsetzung der Aufklärung in unserer Zeit, die nur mehr leerlaufende Aufklärerei, hat vergessen, daß sie nur auf dem Boden dieses Prinzips auftreten und Grundrechte fordern konnte.) Im Sinne des logisch fundierten Entwicklungsbegriffs bzw. der Einsicht, daß die Besonderung und Beschränkung keine Verunreinigung, sondern Konkretisierung der Freiheit bedeutet, ja daß sie erst darin mit sich identisch ist, daß sie die Endlichkeit nicht verschmäht, konnte die Geschichte (sowohl der Philosophie als auch der Welt — nicht hingegen der Natur, denn diese hat keine Geschichte) in ihren konkreten Gestalten begriffen werden. Die Aufklärerei jubelt sich grundlos über die Geschichte auch dort hinweg, wo sie sich — freilich nur im Sinne einer reflektierenden Geschichtsbetrachtung — mit ihr beschäftigt, und in derselben steht sie noch in dem unaufgelösten Widerspruch, einerseits aus guten Gründen und vermeintlichen Gesetzen zu erklären, andererseits sie moralisch zu bewerten und drittens sogar noch im Moralisieren Moralität für eine Fiktion zu halten. Im Widerspruch stehenzubleiben, ist die Verweigerung seiner Aufhebung, keinesfalls Dialektik, sondern Beseitigung des abendländischen Verstandes durch seine Propagandisten.

Wie der abstrakte Verstand dadurch die Dialektik der Freiheit ausschalten zu können glaubt, daß er den Menschen als aus einer tierischen und einer geistigen Natur zusammengesetzt vorstellt, so trennt er die ersten beiden Momente der Freiheit und gibt der Allgemeinheit und der Besonderheit des Willens ein getrenntes Bestehen. Darin ist er sich selbst treu, denn dieses getrennte Bestehen setzt er auch an allen anderen Kategorien voraus. Wie sich das an den entgegengesetzten, aber untrennbaren Bestimmungen des Ganzen und der Teile vollzieht, haben wir oben erwähnt, im Besonderen sind aber noch die Momente der Vergleichung: Gleichheit und Ungleichheit, verbunden mit der Unterscheidung des Wesentlichen und des Unwesentlichen, anzuführen.

Jedem existierenden Begriff (dem Menschen) wird notwendig das erste Moment (Ich = Ich) zugesprochen (auch alle naturalistischen Aufklärer, mögen sie Holbach, Feuerbach oder Marx heißen, machen diese Voraussetzung, ohne welche sie alle Reden über Menschenrechte für blanken Unsinn halten müßten — denn kein Körper, aber auch kein *corpus animatum* kann Rechte haben — Rechte kommen nur der existierenden Freiheit, die den Körper als Mittel ergriffen hat, zu. Indem die Freiheit (Ichheit) so jedem Menschen zugesprochen wird, ist diese zugleich das, worin sie (die Menschen) alle gleich sind. Da die Gleichheit ihr Gegenteil, die Ungleichheit mit sich führt, wird diese dann (vom Verstand) in die gesetzte Besonderheit, welche damit zugleich als unwesentlich angesehen wird, gelegt. Daß aber der Freiheitsbegriff nicht mit dem ersten Moment zusammenfällt, sondern das Setzen des Besonderen und die Identität des Ich mit sich in seiner Besonderheit die notwendige Selbstkonkretion der Freiheit ausmacht — bleibt dem Tun des Verstandes verborgen und wird als das Ungleichheit hervorbringende Unwesentliche betrachtet. Selbstverständlich ist das erste Moment der Grund dafür, daß das menschliche Individuum als Person (Rechtssphäre) anzuerkennen ist und in dieser Hinsicht als atomar verstanden wird.

Damit ist aber auch antizipiert, daß Personsein nur die Möglichkeit (Ansichsein) der wirklichen (d.h. in seiner Besonderheit) mit sich erst identischen Freiheit ist. (Daraus folgt keineswegs, daß dem Menschen, der sich im Sinne der oben genannten Möglichkeiten im Praktischen auch nur theoretisch verhält, der auf die tätige Freiheit also verzichtet, das Recht, die Persönlichkeit abgesprochen werden könnte, sondern diese hat er schon im Moment der Möglichkeit. (Wenn man schon vergessen hat, daß das im ersten Moment Verharren auch schon als Verharren, wie das Unterlassen der Handlung, Selbstbestimmung und Handlung ist. Da in diesem Zusammenhang auch immer die Frage nach der Rechtmäßigkeit der Abtreibung gestellt wird, beantworten wir sie auch gleich: Das Wissen darum, daß der Embryo ein werdender Mensch, die wirkliche Möglichkeit individuell existierender Freiheit ist, negiert die Annahme der Erlaubtheit einer solchen Handlung.) Die wirkliche Freiheit ist es, in seinem Anderen bei sich zu sein und dieses Andere ist einerseits die Natur, andererseits der andere individuell existierende Begriff. Im Begriff der Sittlichkeit ist beides enthalten, dem Naturtrieb wird seine — dem Geiste gegenüber — Fremdheit genommen, indem er durch die Freiheit formiert wird, ihm eine sittliche Bestimmung gegeben wird (Ehe, Familie), ebenso wird (worauf das eben Erwähnte schon hinweist) in der sittlichen Liebe die Atomizität und abstrakte Selbständigkeit der Person durch Freiheit aufgehoben (im Staat ist diese Aufhebung im Patriotismus wirklich — sie kann nicht durch die Staatsmacht hergestellt werden).

Das erste Moment der Freiheit gegen ihre Wirklichkeit (3. Moment) im Sinne des Wesentlichen und des Gleichen zu verselbständigen, führt hingegen in dieselbe Barbarei wie die selbstbetrügerische, naturalistische Leugnung desselben, z.B.: derjenige, der meint, frei zu sein, indem er sich über die sittlichen Institutionen (ebenso vermeintlich) erhebt, die Familie, den in der Sprache wirklichen Geist und den Staat für zufällige Schranken seiner pseudoplatonischen Menschheitsliebe hält, also seine „Selbstverwirklichung" betreibt, ist genauso Hedonist wie der Kyniker, der seine *eudaimonia* im Tiersein sucht. Beide nehmen sich das Leben (Hegel formuliert das in dem Kapitel „Die Lust und die Notwendigkeit" in der *Phänomenologie*. Der Schein der Zweideutigkeit ist in Wahrheit die Eindeutigkeit: Die höchste Lust des Hedonisten, der das Leben gewählt hat, ist der Tod, die erste und damit abstrakte Negation des

Lebens, welche auch das gegen die Verwirklichung fixierte 1. Moment der Freiheit ist). Diejenigen, die in der Negation des objektiven Geistes die Liebe überhaupt und neuerdings die „Geschwisterlichkeit“ (auch nur überhaupt) affirmieren, sollten in die Reflexion aufnehmen, was sie da wollen: Das empirische Beispiel einer durch experimentierende Funktionärsunverschämtheit geförderten Kommune hat die entsprechende Antwort schon gegeben.

Die Verselbständigung des ersten Moments wird zum Haß auf alles Konkrete, der nur durch erbauliche Rhetorik übertüncht, als der Widerspruch des alle Vielheit ausschließenden Einen logisch gefaßt ist: dem formallogisch möglichen (A = A), aber wahrhaft-logisch unmöglichen Weltstaat werden die vielen Staaten gegenübergestellt, die alle darin gleich sind, daß sie — ungleich durch Sprache, durch Sittlichkeit oder auch durch Religion — die „freie“ Assoziation oder Aggregation der auf ihre animalischen Bedürfnisse reduzierten und damit vereinzelten Individuen behindern. Im Pädagogischen ist es das Selbstdenken, das dem vernünftig geordneten Inhalt entgegengesetzt wird, welcher damit als ein dem Geist äußerliches Material (sinnlose Silben) erscheinen muß. (Dieses Material, wozu auch alle Fächer humanistischer Bildung, die Sprachen und zuletzt noch die Muttersprache gezählt werden, wird im Hinblick auf die Lebensnotwendigkeit (Überleben des vereinzelten Individuums) nominalistisch geordnet. Der Selbstdenker ist dann frei dazu, Kübel des geistlosen Materials und der aufklärerischen Vokabeln zu sein. Was er hier verliert, kann er aber, dem Praktischen zugewandt, gewinnen: Er kann in die Tiefe seiner Psyche blicken, seine verborgenen und verdrängten Neigungen erforschen, um, diesen Forschungsergebnissen gemäß, in „Beziehungen“ einzutreten oder diese erst „aufzubauen“ (mit solchen Wendungen bezeichnen die Selbstdenker in gereinigter, „wissenschaftlicher“ Sprache dasjenige, was ehemals die Dichter, von denen freilich nicht mehr gewußt wird, schwülstig als Liebe besungen haben). Die wissenschaftliche Erforschung der innerlichen Tiefe, der Abgründe der Seele zeigt uns doch, was immer schon die Welt bewegt hat, fördert die Notwendigkeit der Zärtlichkeil uns selbst gegenüber und verhindert, daß wir etwa durch Selbstdisziplinierung oder gar durch Sittlichkeit uns Leid zufügen. Ebenso werden der einen Religion, dem innigen Glauben an ein Etwas überhaupt (wobei auch schon diese Formulierung zu dogmatisch und „Absolutheitsanspruch“ erhebend, das eigentlich Gemeinte nicht ausdrückend ist), die verschiedenen Religionen gegenübergestellt. Hier stellt sich aber auch eine aufklärerisch einwandfreie Lösung her: Indem man, alle Wahrheitsansprüche zurückstellend, ihre Vertreter in eine vorurteilsfreie Diskussion eintreten läßt, ergibt sich das erstaunliche Resultat, daß die Religionen, abgesehen von ihrer Ungleichheit, doch alle der einen, wahrhaften und inhaltslosen gleich sind. Wenn dem Haß gegen das Konkrete dieses Ergebnis als dürftig erscheint, dann schreitet er dazu fort, negative Glaubensbekenntnisse zu verfassen (wie Bertrand Russell *Warum ich kein Christ bin*) oder Religion als Begleitmusik der weltverändernden revolutionären Praxis zu gebrauchen, nachdem zuvor ihr Wesentliches unter dem Namen der Moral in die Beförderung erträglichen Zusammenlebens gesetzt wurde.

Der aufklärerische Verstand, der so die Freiheit mit ihrem Moment gleichsetzt und die daraus resultierende geistige Leere nicht erblickt, wähnt, er sei aus dem Kampf mit dem Glauben siegreich hervorgegangen und die eigentliche Geschichte der Menschheit hätte mit seinem Auftreten begonnen, hätte eine „Vorgeschichte" (Marx) abgelöst. Er übersieht das, was selbst seiner Manier des Vergleichens des „nur" Verschiedenen zugänglich wäre, daß die Religion der Freiheit (als diese begreift nämlich Hegel die absolute Religion, das Christentum, und behauptet nicht bloß seine Absolutheit) gerade durch ihre wirkliche Substanz, nämlich den Gottmenschen, die Trinität, welche dem Verstand als eine Zumutung erscheinen muß, notwendig sich mit dem eleatisch-formallogischen Anspruch einerseits, aber ebenso mit der Überwindung desselben durch Platon und Aristoteles auseinandersetzen mußte, während sowohl der Polytheismus als auch der abstrakte Monotheismus entweder gleichgültig oder umstandslos mit der Philosophie vereinbar waren. Das umstandslose Nebeneinander wird aber zur Nichtigkeitserklärung einer Seite (Verschwinden der Philosophie im Islam). Im Christentum aber ist der Geist auch für den Geist, sich offenbarend — nicht ein der Vernunft Fremdes, fordert die Philosophie, das begreifende Denken, welches seinerseits das Moment des Eleatismus (verständige Fixierung, formale Logik) enthält. Die Aufklärung ist in diesem Sinne nur als die Verselbständigung dieses Moments und damit des ersten Freiheitsmomentes anzusehen, dem wir z.B. den Rechtsstaat verdanken. Aber diese Verselbständigung ist wiederum nur Moment in der absoluten Religion und die Aufklärung der Aufklärung die Dialektik.

Wenn in der Gegenwart schon mitunter Lessings „Glaubensbekenntnis eines Skeptikers" zum Credo von Theologen geworden ist, stellt sich die (für uns) rhetorische Frage, ob es nicht an der Zeit wäre, die in der Epoche von Kant zu Hegel geleistete Aufklärung der Aufklärung endlich anzueignen.

Die Kategorie Widerspruch

Einer historischen Betrachtung der Philosophiegeschichte der letzten zwei Jahrhunderte, wenn sie das Kriterium der Unterscheidung von Philosophie und Schriftstellerei mitbringt, müßte auffallen, daß die fundamentalphilosophischen Bestrebungen zwischen Kant und Hegel pendeln, denn sie würde von allen Versuchen, *intentione recta* Ontologie zu betreiben, gleichgültig gegenüber deren Richtung, abstrahieren. Absicht dieses Aufsatzes ist es, den Grund dieses Wechselns von Transcendentalphilosophie und spekulativer Logik ausfindig zu machen.

Die den folgenden Ausführungen zugrundeliegende These lautet: Die Transcendentalphilosophie hebt sich auf, indem sich der Widerspruch (die formelle Logik) aufhebt, und die spekulative Logik Hegels beinhaltet diese Aufhebung.

I.

Oftmals wird gerade jenen, die spekulative Logik „rekonstruieren" wollen, die Frage gestellt, welcher Widerspruch es sei, der in derselben zur Sprache kommt, und auch jene, die verschiedene Arten von Dialektik gegeneinander abzugrenzen versuchen, setzen schon damit an dieser Kategorie Differenzierungen an. Aber der Widerspruch ist nichts von dem, was von einer Art ist.

Der Widerspruch, der in der Wesenslogik in seinen Grund zurückgeht, ist im *principium contradictionis* als zu vermeidender formuliert. Indem dieses so berühmte und als Axiom bloß gemeinte, aber nicht gedachte Prinzip den Widerspruch zu beseitigen gebietet, setzt es dessen Dasein voraus, so daß wir sofort den Unterschied von gesetztem und daseiendem Widerspruch vor uns haben, oder: der Satz des zu vermeidenden Widerspruchs widerspricht dem daseienden Widerspruch. Letzterer wird entweder im Sinn einer unmittelbar eleatischen Ontologie (welche immer naiv realistisch „Erste Stellung des Gedankens zur Objektivität" [Hegel, *Enzyklopädie*, §§ 26-36] ist) in die Subjektivität verlegt, oder von der Transcendentalphilosophie Kants in die „Natur" der Vernunft, das Unbedingte als Ding anzustreben, gelegt.

Zwischen diesen beiden „Stellungen des Gedankens zur Objektivität" stehen jene Denker, die entweder im Anschluß an Aristoteles die eigene Dialektik nicht in die Reflexion aufgenommen haben, oder schon explizit wie der späte Platon (*Sophistes*, *Parmenides*) die Aufhebung des Eleatismus unternommen haben. Für die erstgenannte Position ist es substantiell, ihrer seienden Substanz die abstrakte Identität („Gleichheit mit sich selbst") zuzuschreiben und den daseienden Widerspruch in das gleichfalls seiende, weil nur psychologische Subjekt abzuschieben (die Aporien Zenons als Trugschlüsse anzusehen oder zu übergehen und ihre Auflösungsversuche durch die Aristotelische Akt/Potenzdifferenz für ein Werk des Verstandes zu nehmen, manifestiert ihren naiven Realismus). Die empiristische Trennung des Realen und des Logischen (Hume) fällt ebenso noch als nominalistische Metaphysik in die „Erste", noch nicht in die „Zweite Stellung des Gedankens" [Hegel, *Enzyklopädie*, §§ 37-60].[1] Es ist gleichgültig, wohin man also den daseienden Widerspruch verbannt — er kann von einer an der Verräumlichung des Logischen (formale Logik) orientierten Ontologie nicht ausgeräumt werden. Wenn man das Entgegengesetzte demselben Ding nicht gleichzeitig zukommen läßt, so ist die verräumlichte Zeit oder das Ding selbst den Gegensatz enthaltend, mithin — an sich — sich widersprechend. Die großen Metaphysiker der Tradition (vor Kant) hatten den Widerspruch der abstrakten Identität aber nicht nur in die schlechte Subjektivität abgeschoben, sondern auch in ihren die Identität von Denken und Sein (Parmenides) konkret fassenden Prinzipien konserviert: die Substanzdefinitionen Spinozas (ohnehin der ontologische Gottesbeweis und die *causa sui*), vorher schon die mehr oder weniger explizierte *coincidentia oppositorum*, aber ebenso die Monade und ihr Percipieren als Einheit in der Vielheit, die ja Aristotelische Entelechie sein sollte. Daß die Differenz von Logischem und Realem (Hume) als Differenz beider Seiten Identisches und somit beider Identität voraussetzt — diese Einsicht ist erst des die Voraussetzungen des empiristischen Skeptizismus und damit auch des Dogmatismus in die Reflexion aufnehmenden kritischen Philosophierens Eigentum. Daß somit die Differenz von Denken und Sein beider bestimmte Identität voraussetzte, beider vorausgesetzte Identität immer eine bestimmte, also differente ausmachte, gerade weil sie als unmittelbare in dem Sinn, daß das Sein selbst nicht dem Widerspruch, sondern dem Widerspruchsprinzip unterliegen sollte, welches somit das gegen Sein und Denken Indifferente (*veritas aeterna*) war, ist die selbst widersprechende Grundlage sowohl des dogmatischen als auch des skeptischen, dem Schein nach der Sache äußerlichen Betrachtens (Trennung von Dialektik und Beweis).[2]

Das *principium contradictionis* setzt den stattfindenden (daseienden) Widerspruch voraus. Demselben kann aber nach der Ansicht ehemaliger Metaphysik nicht das eigentliche, selbständige Sein (Substanz) unterliegen, sondern nur das Seiende von jener Art (*animal rationale mortale* als *species infima*), dem das Seinserfassen zukommt. Mithin ist wenigstens der Widerspruch in jene Substanz gesetzt, und alle dogmatischen Erkenntnistheorien hatten daher die Aufgabe, den Weg anzuzeigen, auf dem der Mensch die Tatsachenwahrheiten in Ver-

[1] Wir sind uns dessen bewußt, daß damit die Einteilung der *Enzyklopädie*, §§ 26ff. verändert wird. Wir identifizieren die Kritische Philosophie mit B. An die Stelle des unmittelbaren Wissens lassen wir die spekulative Logik treten.

[2] „Nachdem aber die Dialektik vom Beweise getrennt worden, ist in der Tat der Begriff des philosophischen Beweisens verlorengegangen" (Hegel, *Phänomenologie des Geistes*, Frankfurt/Main 1986, S. 61).

nunftwahrheiten umwandelt (Leibniz), sich theoretisch von der Begrenztheit seines Erkennens und Denkens, die ihm als Artrepräsentanten zukäme, zu befreien. Daß das Erreichen jener Freiheit, die Widerspruchsfreiheit sein sollte, ihm gerade deshalb, weil er als etwas von einer Art vorausgesetzt war (auch wenn diese Art sich als die Seinsstufe: apperzipierende Monadizität fassen läßt), unmöglich ist, macht die Einsicht des Skeptizismus aus. Der Gegensatz zwischen Dogmatismus und Skeptizismus ist nur der gesetzte Widerspruch des Abschiebens des Widerspruchs in eine als daseiend gefaßte, schlechte Subjektivität.

Aber dieser Widerspruch ist ebenso der einer als Modus der absoluten Substanz (Indifferenz von Denken und Sein im Unterschied zu beider konkreter Identität) gefaßten Subjektivität, welche sich als das Unterscheiden des abstrakt Identischen, sowohl als dessen immanente wie äußere Reflexion interpretiert. Das Sein wird als unter den Gesetzen formaler Logik stehend gefaßt — dann ist diese Logik das Autarke, dem das Sein unterworfen ist, oder das Sein wird als schlechthin nur seiend gefaßt — dann ist dieses Logische nur sein (unmöglicher) Reflex, und der Widerspruch hat nirgendwo sein Dasein.

Das Unternehmen der Verstandeswissenschaften besteht darin, den Widerspruch des erscheinenden Mannigfaltigen zu beseitigen, d.h. in ihren vergessenen Voraussetzungen zu haben. Verstandesphilosophie geht von der Voraussetzung aus, daß der Widerspruch „eigentlich" nirgendwo ein Dasein hätte und daß es nur darum ginge, das verworrene Bewußtsein durch Definitionen und Distinktionen zu reinigen. So meint sie, in den Aporien Zenons ebenso wie in der Freiheitsantinomie Sophismen vor sich zu haben und die Ansätze zur Auflösung derselben (Platons dynamisierte Idee) als der Vergangenheit angehörende Begriffsakrobatik abtun zu können. Der existierende Widerspruch aber ist nicht in der amphibolischen Subjektivität, welche sich einerseits verständig verdinglicht (Descartes' Schritt vom *cogito* zur *res cogitans*), andererseits als äußerliche Reflexion der Indifferenz von Denken und Sein faßt, sondern die Subjektivität *selbst*.

In diesem Zusammenhang ist auch das Gerede von der „neuzeitlichen Subjektivität" und die Meinung, um deren „Theorie" ginge es, zu erwähnen. Schon dieser Ausdruck zeigt, daß man die „Revolutionen der Denkungsart" (B. Liebrucks) nicht begriffen hat und unter den Voraussetzungen der dogmatischen Metaphysik die Philosophiegeschichte anblickt. Denn in diesem Zusammenfassen sowohl Cartesisch-Spinozischer Ichverdinglichung, Kantisch-Fichtescher Transcendentalphilosophie, Hegelscher Logik mit den dürftigen Ergebnissen „anthropologischer" Reaktionen, zeigt man nur, daß man die Subjektivität in dem oben angegeben Sinn als ein artiges Seiendes verstanden hat.

Die Kantische Revolution der Denkungsart („Kopernikanische Wendung") bricht mit der ersten Stellung des Gedankens zur Objektivität, also mit der im

Zeichen der formalen Logik naiv vorausgesetzten abstrakten Identität von Sein und Denken und sieht das *Setzen* in diesem Vorausgesetzten oder diese Identität als eine hergestellte, womit freilich das ehemalige Sein zur Erscheinung (*substantia phaenomenon*) und die Verstandesform des Logischen zur logischen Handlung wird. War der Widerspruch in den dogmatischen Systemen nicht vorhanden, weil die entgegengesetzten Bestimmungen in ihrer Entgegengesetztheit nicht gesehen wurden, so fängt die Reflexionsphilosophie sofort mit bestimmten Gegensätzen an und endet auch mit solchen. Das logische Ich, die reine Apperzeption ist nicht „Subjektivität" (in dem oben kritisierten Sinn), sondern als existierendes Prinzip, logische *forma formarum*, Subjekt-Objekt. So enthält sie den höchsten Gegensatz als absolute Einheit (im Unterschied zu der letztlich analytischen Einheit des *sum cogitans* des Cartesius) und kann nicht zur Beschaffenheit des Menschen als eines Artrepräsentanten gerechnet werden. Oder auch umgekehrt: Der Mensch kann nicht mehr als „Vernunftwesen" (Fichteisch: „Intelligenz") in eine formallogisch vorausgesetzte Seinsordnung gestellt werden, sosehr auch die Aporien seiner Voraussetzungen Kant von „unserem menschlichen Verstand" reden lassen.

Die ihre Voraussetzung, das ἕτερον Platons, nicht einholende Verstandesmetaphysik, die eleatisch formallogisch die Identität von Denken und Sein der Widerspruchsfreiheit unterstellte, hat (darin konsequent), die Ichheit als logische *forma formarum* im Ding vergessen. Sie konnte ihre speziellmetaphysischen Probleme (z.B. die menschliche Freiheit) im Vertrauen auf die ansichseiende Einheit des Logischen und Realen ebenso wie auch ihre nominalistisch-positivistische Gegenwartsvariante als Scheinprobleme auffassen, denn sie waren an sich schon ontologisch gelöst, nämlich beseitigt. So waren nur die Widersprüche der subjektiv-zufälligen Vorstellungen von der Sache abzuhalten. Der Schein selbst aber als transcendentaler Schein ist mit der Transcendentalphilosophie ein zentrales Problem geworden.

In § 48 der *Enzyklopädie* (1830) findet sich die bekannte kantkritische Anmerkung bezüglich der Antinomik der reinen Vernunft:

> „Dieser Gedanke, daß der Widerspruch, der am Vernünftigen durch die Verstandesbestimmungen gesetzt wird, *wesentlich* und *notwendig* ist, ist für einen der wichtigsten und tiefsten Fortschritte der Philosophie neuerer Zeit zu achten. So tief dieser Gesichtspunkt ist, so trivial ist die Auflösung: sie besteht nur in einer Zärtlichkeit für die weltlichen Dinge. Das weltliche Wesen soll es nicht sein, welches den Makel des Widerspruchs an ihm habe, sondern derselbe *nur* der denkenden Vernunft, dem *Wesen* des *Geistes* zukommen."

Folgende Punkte sind daran festzuhalten:

1) Keine Umkehrung der Kantischen Position ist intendiert, etwa in dem Sinn, daß die Vernunft vom Widerspruch befreit werden sollte, den dann die endli-

chen Dinge zu übernehmen hätten (von welcher Übernahme sogenannte Realdialektiker träumen).

2) Ohne den Widerspruch, den die Verstandesbestimmungen an der Vernunft setzen, ist die Vernunft nicht Vernunft. Er ist ihr als dem „*Wesen des Geistes*" [s.o.] wesentlich (ein Wesentliches, dem kein Unwesentliches gegenübersteht).

3) Ohne das Setzen des Widerspruchs ist auch der Verstand nicht Verstand (die „absolute[n] Macht"[3]). Ihn als die absolute Macht zu begreifen, heißt gerade, die formale Logik als nicht autark anzusetzen, die ja den Widerspruch als daseienden voraussetzt und dieses Vorausgesetzte ebenso wie dasjenige, das sie an die Stelle dieses Vorausgesetzten setzt, für ein Seiendes nimmt, von dem sie beherrscht wird (der naive Realismus, der mit formaler Logik untrennbar verbunden ist).

4) Kant hält den transcendentalen Ansatz nicht durch, indem er das Vernünftige als das vom „Makel des Widerspruchs" [s.o.] zu Befreiende ansieht — eine Befreiung, die der *natura materialiter spectata* durch die *natura formaliter spectata* im Sinne der Grundsätze des reinen Verstandes schlechthin unter der Einheit der Apperzeption zuteilgeworden ist. Gerade sein Versuch, die Idee der Freiheit in der dritten Antinomie vor dem Widerspruch, die sogenannte logische Möglichkeit dem Noumenalen zu bewahren, zeigt an, daß die „Zweite Stellung des Gedankens zur Objektivität" in die erste zurückzufallen droht. Daß die Rettung der Denkbarkeit der Freiheit diese gerade einer vorgestellten Autarkie formaler Logik aufopfert, wäre genauer an der „Auflösung der dritten Antinomie" [Kant, *KdrV*, B 560ff.] zu zeigen, inwiefern nämlich ein „Nest von Widersprüchen" an die Stelle eines Gegensatzes tritt.

Die „Zärtlichkeit" Kants den Dingen gegenüber ist in Wahrheit eine intensive Freundlichkeit gegen die formale Logik und die ihr verschwisterte Ontologie. Den endlichen Dingen den Widerspruchsmakel zu nehmen und gleichzeitig die Vernunft auf die leere Identität zu reduzieren, ist (so gesehen) konsequent. Aber damit ist die Frage nach dem Verhältnis der transcendentalen zur formalen Logik und die nach der Möglichkeit eines solchen Rückfalls noch nicht beantwortet. Dieser Rückfall ist nicht ein zufälliger Irrtum Kants, sondern gehört, in freilich modifizierter Weise auch in der Wissenschaftslehre Fichtes wiederkehrend, zum Schicksal der Transcendentalphilosophie.

Die Transcendentalphilosophie expliziert sich notwendig in Gegensätzen, indem sie das Bewußtsein der Genesis der widerspruchsfreien Einheit von Denken und Sein (beschränkt auf den Erfahrungsgegenstand) ist. Mit der Erwähnung jener Schranke haben wir schon den ersten Gegensatz der transcendentalen Ästhetik vor uns: Ding an sich und Erscheinung (in derselben freilich noch in schlecht-

[3] Hegel, *Phänomenologie des Geistes*, S. 36.

subjektiver Grundlegung). Ebenso aber kann behauptet werden, daß die beiden Momente an sich nicht entgegengesetzt seien, denn dazu fehlte ihnen die gemeinsame Sphäre, sie stehen nicht unter der Gattung: Ding. Die Unterscheidung von Ding an sich und Erscheinung ist selbst nur für uns oder durch uns und ist begründet in der Differenz von ontologischem und transcendentallogischem Verfahren: das Ding an sich gehört der naiv vorausgesetzten Einheit von Denken und Sein an. Indem aber beide Bestimmungen Reflexionsbestimmungen sind und die transcendentale Reflexion sich als die äußerliche Reflexion der setzenden Reflexion faßt (vgl. Amphibolie der Reflexionsbegriffe), ist diese Differenz nicht eine nur der äußeren Reflexion angehörende.

Die Trennung der beiden Erkenntnisstämme ist nach B. Liebrucks' Kant-Interpretation[4] eine transcendental*logisch* notwendige Annahme, nicht Ausdruck eines Unvermögens, Transcendentalphilosophie von Psychologie abzugrenzen. Daraus, daß Psychologie von Vermögen als Tatsachen des Bewußtseins ausgeht, folgt noch nicht, daß die transcendentallogischen Voraussetzungen (die den ersten beiden Prinzipien des *Philebos* entsprechen, ἄπειρον: Sinnlichkeit und πέρας: Verstand), unter denen allein das Widerspruchsprinzip (formale Logik) etwas an der Wirklichkeit erreicht, als psychologische Vermögen angesetzt sind. Natürlich bringt die gesonderte Behandlung der Anschauungsformen, die in dieser Separatheit der untätigen Form der formalen Logik gleichartig scheinen, die Täuschung auch der Trennbarkeit von Erscheinungs- und Erfahrungsgegenstand, ergänzt durch die unglückliche Unterscheidung von Wahrnehmungs- und Erfahrungsurteil in den *Prolegomena*, hervor. Durch die Deduktion aber, ebenso durch das Schematismuskapitel, ist dieser Schein beseitigt.

Die Trennung der beiden Stämme ist im Begriff der hergestellten, gesetzten Einheit von Begriff und Anschauung im Erfahrungsgegenstand, in dem das sinnlich Irrationale der Rationalität (Widerspruchsprinzip) unterworfen ist, enthalten. Die Synthesis ist die Einigung schlechthin Entgegengesetzter, die Logizität des Erfahrungsgegenstandes verdankt sich der ursprünglichen logischen Handlung, in der also die bloße Mannigfaltigkeit der Identität des Denkens mit sich unterworfen wird. Der ruhigen Einheit von Denken und Sein, dem anschauenden Verstand der ersten Epoche des Denkens, tritt das Bewußtsein der logischen Hergestelltheit derselben entgegen.

Soweit hätten wir nur einen Gegensatz von Reflexionsstufen. Aber dieser Gegensatz ist auch der Transcendentalphilosophie immanent, indem — nach der *KdU* — die so hergestellte Einheit mit der inneren Zweckmäßigkeit des Naturzwecks zusammenzubringen als Aufgabe angesehen wird und in dem

---

[4] Ausführlich begründet durch Bruno Liebrucks in: *Sprache und Bewußtsein*, Band 4, Frankfurt/Main 1968.

transcendentallogischen *nihil negativum* eines als „als ob" angesetzten anschauenden Verstandes vollzogen wird.

Diesem spezielleren Gegensatz, in dem sich aber ein mit transcendentallogischen Mitteln nicht auflösbarer Widerspruch (der der Heautonomie der Urteilskraft) verdichtet hat, liegt der allgemeinere zugrunde, den wir im obigen Beispiel (3. Antinomie) schon erwähnt haben, der objektiven Einheit des Selbstbewußtseins in der Gegenstandskonstitution noch die subjektive Einheit der Idee entgegenzuhalten, die nicht nur im Zeichen des Leerlaufens formaler Logik steht, sondern überdies darauf hinausläuft, von einem Vernunftfaktum ausgehend, per Postulat, die Verdinglichung einstiger Metaphysik wieder zu affirmieren und z.B. den Schein zu erzeugen, indem der ontologische Beweis als Postulat der praktischen Vernunft aufgefaßt wird, hätte man sich von dessen immanenter Dialektik befreit. So steht das durch die drei Vernunftschlüsse, die selbstverständlich noch nicht den spekulativen Schluß Hegels ausmachen, differenzierte Unbedingte einerseits als formallogisch gefaßtes Mögliches, andererseits als Regulativ der theoretischen Vernunft und drittens entweder als Vernunftfaktum oder als ebenso widerspruchsfreies Postuliertes der objektiven Einheit des Selbstbewußtseins gegenüber.

Es ist ein vergebliches Bemühen, nachdem die Bedingungen der Einlösung des Erkenntnisanspruchs formaler Logik in der Trennung der Erkenntnisstämme und in der Verstandeshandlung (Synthesis) gesehen wurden, noch mit formallogischen Mitteln der vermeintlich widerspruchsfreien Idee Bedeutung verschaffen zu wollen, ohne in eine vorrevolutionäre Ontologie zurückfallen zu müssen, die sich vor allem in der Methodenlehre der *KdrV* schon populär angekündigt hat.

II.

Wenn wir nun auf die Momente des Widerspruchs eingehen, so überblicken wir von einer Kategorie und dem ihr eigentümlichen logischen Status die logische Idee bzw. wir sehen die Totalität des Logischen von einem in ihr befaßten Punkt. Ein solches Vorgehen hat die Natur einer Anmerkung und beansprucht niemals, eine Metatheorie oder die Vorstellung eines „Ontologiekerns" (D. Henrich) zu geben. Denn ein entsprechendes Unternehmen, analytische Kommentare zu verfassen, setzte eine Autarkie formaler Logik voraus, die, wie vorhin schon bemerkt, auch letztlich das logische Ich vergessen muß.

Der Widerspruch ist keine Gattung, die sich in Arten einteilen ließe, auch keine Struktur, von welcher her „Subjektivität" der Vorstellung näherzubringen wäre, sondern die Subjektivität selbst — nicht aber schon das Subjekt-Objekt (der Begriff). Unter Subjektivität soll hier das verstanden werden, was nicht Genesis des Objekts (Objektivität im dritten Teil der *Logik*) ist, sondern die Prinzipialität des Prinzips, ein *hypokeimenon* überhaupt hervorzubringen, ein mit sich identisches „bestimmungsloses Bestehen". Der Widerspruch ist das Nichts, das (in formallogischer Spatiologie formuliert) „zwischen" Subjekt-Objekt steht, keine Hypostase, sondern das Hypostasieren. — Aber zwischen Subjekt und Objekt steht doch nichts? — Subjekt ist nicht Objekt und Objekt nicht Subjekt. Dieses Nichts, der reine Unterschied, ist gemeint.

Schon die beiden ersten Kategorien der *Logik* haben diesen reinen Unterschied „zwischen" ihnen als den „absoluten Unterschied", der losgelöst von den beiden in der „Meinung" Unterschiedenen ist. So ist dort das Nichts doppelt vorhanden: einmal als das dem Sein Gegenüberstehende und dann als das, was zwischen Sein und Nichts steht. Anders betrachtet: Ich und Nicht-Ich sind entgegengesetzt. Platonisch formuliert partizipieren sie an der Entgegengesetztheit. Aber das Objekt ist es nicht, sich entgegenzusetzen, sondern das Entgegensetzen ist das Subjekt, also Glied des Gegensatzes und das Entgegensetzen selbst. Diesem Entgegensetzen kann man nun nicht wiederum das Setzen (wie es bei Fichte geschieht) entgegensetzen, denn Ich ist es, nur sich im Entgegensetzen zu setzen, ansonsten wäre es schon Spinozistisch verdinglicht. Als Glied des Gegensatzes ist es verdinglicht, als Entgegensetzen und damit Werden des Nicht-Ich ist es das Verdinglichen. (Damit soll freilich nicht behauptet werden, daß der Begriff, die Subjektivität der subjektiven Logik verdinglichtes Ich sei).

Wenn wir nun die Voraussetzung des Satzes: das Ich ist es, nur sich im Entgegensetzen zu setzen, betrachten, so ist die Voraussetzung diese: wir haben das Ich schon wiederum verdinglicht, d.h. ihm als einem *hypokeimenon* das Entgegensetzen zugeschrieben.

Darauf könnte nun geantwortet werden: Wir können eben nicht anders sprechen und daher auch denken, als indem wir allen Prädikaten ein Subjekt zugrundelegen. Es wird also auf das Kategorische der kategorischen Urteilsform hingewiesen. Das ist aber nur der Hinweis auf die Unbedingheit der Verdinglichung, nicht der auf eine Unbedingtheit der Dinge. Die Unbedingtheit der Verdinglichung ist aber nicht die formallogische „Form" des Urteils, sondern dieser liegt die Kategorie der Substantialität als Verstandeshandlung, synthetische Einheit, zugrunde, die als solche aber auch noch nicht die ursprünglich synthetische Einheit (Ich) ist. Also werden wir wieder auf das Prinzip aller Verdinglichung zurückgeworfen. Das Verdinglichte kennen wir in unserer Tradition in entgegengesetzter Bestimmung: als das einzelne Ding und als das angeblich von Platon hypostasierte Allgemeine, in bezug auf welches letztere die Ontologen die Frage stellen konnten, ob es vor oder nach oder in den einzelnen Dingen sei, indem sie in die Falle der Spatiologie der formellen Logik tappten.

Die Antwort aber auf die Frage, wo denn das Allgemeine sei, ist dennoch einfach zu geben: in der reinen Allgemeinheit (Ich = Ich), die keine Arten sich subsumiert, sondern Selbstbestimmen, und in ihrer Bestimmtheit mit sich identisch ist. Platon hat im *Sophistes* gesehen, daß der Grund der Verdinglichung des Allgemeinen in der Fassung desselben als des nur mit sich Identischen liegt, daß diese Identität die Fiktion der Sichselbstgleichheit und damit der Gleichgültigkeit gegen das Andere wie gegen sich selbst ist (1. Parmenideshypothese) und daher das ἕτερον als das die konkrete Einheit fundierende Nichts anzusetzen ist. Die verdinglichende Negativität, das, wodurch Ich als der Grund der Dinglichkeit (noch unterschieden von der Objektivität) anzusehen ist, ist die Einheit von Setzen und Entgegensetzen, von Reflexion in sich und Reflexion in anderes.

„Das Wesen, das als durch die Negativität seiner selbst sich mit sich vermittelnde Sein, ist die Beziehung auf sich selbst, nur indem es die Beziehung auf Anderes ist, das aber unmittelbar nicht als Seiendes, sondern als ein *Gesetztes* und *Vermitteltes* ist." (*Enzyklopädie* (1830), § 112)

Sein, Seiendes, Dasein usf. ist noch nicht Ding oder Verdinglichtes. Letzteres ist erst das als unmittelbar Gesetzte, Sein durch seine Negativität vermittelt.

Die vermittelnde Negativität, das Nichts „zwischen" Subjekt-Objekt, das Nichts als Negieren seiner selbst (Selbstsetzen), darin Negieren des Unmittelbaren als eines anderen und Setzen desselben als eines anderen (Entgegensetzen), ist der Inhalt des Widerspruchsprinzips. Ich ist Identität mit sich selbst nur im Setzen des Nicht-Ich. Das Herstellen des Identischen ist aber Herstellen eines ὑποκείμενον. Nur auf diese Form als Moment der Vermittlung des Begriffs ist zu achten, wenn das Wesen als Subjektivität im Unterschied zu der Vermittlung des „Begriffs" gesehen wird.

Der Satz des zu vermeidenden Widerspruchs duldet in seinem „bloß logischen" Gebrauch (höchster Grundsatz der analytischen Urteile) Entgegengesetztes in Einem nicht. So ist er nur die Form des Wesens. Indem er darüber hinausgeht, Prinzip der analytischen Urteile zu sein (Entgegengesetztes kann demselben nicht gleichzeitig zukommen), schließt er schon Zeitbestimmung (Schematismus bei Kant) ein, und ist die selbst nicht der Zeit unterliegende Hervorbringung des Raumzeitlichen (Platons ἐξαίφνης). Die für „nur" verschieden gehaltenen Formulierungen des Widerspruchsprinzips machen den Unterschied zwischen der „allgemeinen" und der transcendentalen Logik oder zwischen dem Versuch, die Einheit von Setzen und Entgegensetzen in einem Satz unterzubringen, und dem Unternehmen, das Logische als die Einheit zu fassen, die raumzeitlich geordnete Welt hervorzubringen, aus.

So ist die Seinslogik die Wahrheit des notwendig scheiternden Unternehmens, Ich als Sein und, als solches Sein, als seiende Substanz (die nur die knappe Zusammenfassung des daseienden Widerspruchs ausdrückt) oder als unmittelbare Identität (dieselbe Unmöglichkeit als Selbstgleichheit, dort, wo noch kein Selbst und kein Vergleichen auftreten kann) anzusetzen oder die Identität dort anzunehmen, wo der Unterschied allein als das Leere angesetzt ist. Der daseiende Widerspruch, vorausgesetzt vom Grundsatz des zu vermeidenden Widerspruchs, ist Werden, also reine Bewegung, jene Einheit von Sein und Nichts, die Zenon dem verständigen Vorstellen entgegenhielt und dem reinen Verstand entgegensetzte. Der daseiende Widerspruch ist nichts (auch „Nichts") ohne den gesetzten Widerspruch (Satz des zu vermeidenden Widerspruchs, so wie der gesetzte Widerspruch in dem daseienden seine Voraussetzung hat. Es ist aber an der „Voraussetzung" festzuhalten, daß sie einerseits Unmittelbarkeit, andererseits Setzen enthält, also selbst wieder Sein und Wesen (Negativität) in sich befaßt. Der gesetzte Widerspruch als Satz des zu vermeidenden Widerspruchs hat ebenso den daseienden Widerspruch in sich (Unmittelbarkeit *und* Negativität), wie der gesetzte Widerspruch in Seinskategorien in der Gestalt unhaltbarer negativer Einheit auftritt (z.B. als repellierendes Eins). Das Wesen ist Ich als reines Prinzip, Prinzip aller Prinzipien. Es ist jener (nach B. Liebrucks) im Indikativ ausgesprochene Imperativ gegenüber dem Anschauungsmannigfaltigen: „Das: *Ich denke*, muß alle meine Vorstellungen begleiten *können*" [Kant, *KdrV*, B § 16]. Der Satz des Widerspruchs in den beiden oben erwähnten Fassungen bzw. in deren Übergang ist in Wahrheit die Bewegung der absoluten Reflexion, die formallogisch meint, sich in *einem* Satz, der *nur* verschiedene Formulierungen hätte, auszusprechen. Diese verschiedenen Formulierungen sind bekanntlich der Satz der Identität, der Satz des Widerspruchs und das Prinzip des ausgeschlossenen Dritten, während doch der Satz des Grundes und das Indiscernibilienprinzip anderes ausdrücken sollen.

In der Dialektik aber gibt es keine „nur verschiedenen" Formulierungen, denn das „nur Verschiedene" meint das Identische (ταὐτόν) in äußerlicher Reflexion, die sich wiederum nicht als Moment der bestimmenden Reflexion, sondern als die schlechte, daseiend-nichtdaseiende Subjektivität in dem oben angegebenen Sinn versteht.

Der Satz der Identität kann sich, ohne sofort in eine Aporie zu geraten, nur als A = A, d.h. als die Fiktion der Selbstgleichheit aussprechen. In diesem Aussprechen ist aber enthalten, daß das Sein Schein ist. Die Antinomie in dem Satz „*Alles ist mit sich identisch*" [vgl. Hegel, *Enzyklopädie*, § 115] ist: Alles entweder im Sinne des Ganzen, des Zusammengefaßten (das „*Zeitungswesen*" [Hegel, *Logik* II, Frankfurt/Main 1986, S. 183]) oder jedes Einzelne. Wenn Alles, dann ist keines mit sich identisch, wenn jedes Dasein identisch mit sich ist (sich selbst gleich), dann eben nicht alles. In ihm ist also ebenso schon das „wesentliche Verhältnis" [Ebd. S. 166] des Ganzen und der Teile enthalten, wie die Nichtigkeitserklärung des sich selbst gleichen Seins darin ausgesprochen ist.

Der Satz der Verschiedenheit als *principium identitatis indiscernibilium* enthält einerseits, daß alles Dasein sein Bestehen in der ihm äußerlichen Reflexion hat, die ihm als die Reflexion die gesetzte Unmittelbarkeit des Wesens gibt und es damit in den Gegensatz der Gleichheit und Ungleichheit stellt, und weist bereits auf die noch wesentlich-unmittelbare Substanz hin. (Die Transcendentalphilosophie — in der Fixierung der Erkenntnisstämme gegeneinander — mußte hingegen das Indiscernibilienprinzip und damit die individuelle Substanz zugunsten der *substantia phaenomenon* suspendieren).

Der Satz des Widerspruchs setzt nicht nur den daseienden Widerspruch voraus, sondern hat diesen auch in sich, indem er das Identische als ein Entgegengesetztes ausspricht. Insofern er dasselbe nicht *gleichzeitig* an Entgegengesetzten partizipieren läßt, unterwirft er das Werden der Widerspruchsfreiheit, der Identität als dem vom Verschiedenen Verschiedenen. Faßt sich der Satz der Identität als das Negieren des Verschiedenen, so ist das Widerspruchsprinzip das Setzen des Selbigen als des Verschiednen, mithin das Unterscheiden desselben als des ὑποκείμενον von seiner entgegengesetzten Bestimmung. Das „andere" ist das Moment der daseienden Negation, das Setzen als Entgegensetzen die Negativität des Wesens.

Im *principium exclusi tertii* ist das Identische der Entgegengesetzten als das ausgeschlossene Dritte ebenso ausgeschlossen wie als unmittelbar gesetzt: mit sich identisch gegen den Gegensatz und daher eine Seite desselben.

So ist es ebenso das vom Widerspruch Befreite, mit sich Identische, wie dessen Aufhebung. Ist es das mit sich Identische gegen den Gegensatz, so ist es selbst ein Glied des Gegensatzes und steht als das Positive, Gesetzte, dem Negativen als dem Setzenden, der Beziehung des Negativen auf sich selbst, gegenüber, und das Ausschließen des Entgegengesetzten ist das Sichauflösen der Entgegengesetzten im Grund, der als Setzendes (der Grund als das Negative) und Gesetztes (die Folge, das Positive) ist. So geht aus der Identität der Grund als der schon *aufgelöste* Widerspruch hervor, das Moment des *aufgehobenen* Widerspruchs im Wesen.

Der Widerspruch zwischen dem Identitätsprinzip und dem Widerspruchssatz ist in beiden Sätzen selbst enthalten (nichtssagende Tautologie, die durch die Satzform negiert wird, auf der einen Seite, die Identität von Identischem und Entgegengesetztem auf der anderen Seite). So ist das sich im Entgegensetzen Setzende, der logische Inhalt des Satzes vom Grunde, auch schon in diesen Momenten vorhanden. Der Widerspruch ist also a) der daseiende - b) der gesetzte - c) der aufgehobene Widerspruch.

Werden (Bewegung „überhaupt") ist daseiender Widerspruch (Sein und Nichts im absoluten Unterschied), ist ebenso der Widerspruch von Dasein und Werden (von mit Negation behafteter Sichselbstgleichheit, d.h. der gesetzte Widerspruch, aber im „Element" der Sichselbstgleichheit des Seins) und drittens aufgehobener Widerspruch (einerseits in jedem konkreten Moment der Seinslogik, das wahrhaft Unendliche, andererseits in der Rückkehr des Seins zu sich, in der dieses allerdings schon Wesen ist). Der gesetzte Widerspruch enthält wiederum den daseienden, Gleichheit und Ungleichheit bzw. das Positive *und* das Negative, den gesetzten in dem an und für sich Negativen und den aufgehoben Widerspruch als Grund (bzw. Substantialität). Im Begriff entsprechen die drei Momente der gegen die Besonderung fixierten Allgemeinheit, sowie der Besonderheit selbst und dem Einzelnen. Das Sichkontinuieren des Allgemeinen ist das Sichaufheben des gesetzten Widerspruchs. Daß sich aber Sein, Wesen und Begriff als Sphären im Sinne dieser drei Momente zueinander verhalten, begründet, daß er keine Gattung und nichts von einer Art ist und ebenso keine „Struktur", die doch nur die Vorstellung von einem in äußerlicher Zweckmäßigkeit Hervorzubringenden sein kann.

Es ist nicht verwunderlich, daß mitunter Transcendentalphilosophen hinter der Dialektik eine Struktur suchen. Denn in der Transcendentalphilosophie hat die formelle Logik eine *gesetzte* Selbständigkeit, da sie den Begriff selbst noch als Wesen, noch nicht *als* Begriff sieht. Die damit von uns behauptete Sinnlosigkeit des Unternehmens, die spekulative Logik aus übergeordneten Strukturen zu verstehen, betrifft selbstverständlich nicht die Arbeiten von Philosophiehistorikern, zu ergründen, aus welchen guten Gründen und aus welcher Geartetheit von bekanntlich vorhandenen Systementwürfen das Individuum Hegel die *Wissenschaft der Logik* hergestellt hat. Würden die Vertreter des Re*konstruierens* des Spekulativen einmal in die Reflexion aufnehmen, daß Konstruktion ein Herstellen im Zeichen relativer Notwendigkeit und äußerlicher Teleologie ist, die einen nur abstrakten, also bloß mit sich identisch *gesetzten* Begriff, der das Schema für ein Vorstellungsbild hergibt, dort fordern, wo es um die Einholung aller Voraussetzungen (ἀνυπόθετον) geht, dann würden sie auch sehen, daß ihre Forderung schlechthin aller συμπλοκὴ τῶν γενῶν, wie der Einsicht Kants (Fußnote im § 16 der *KdrV*) entgegensteht:

> „Und so ist die synthetische Einheit der Apperzeption der höchste Punkt, an den man allen Verstandesgebrauch, selbst die ganze Logik, und, nach ihr, die Transcendental-Philosophie heften muß".

Überdies vergißt alles Zurückführen auf Strukturen, daß dieser Weg immer bei *einer* Struktur ankommen muß: bei dem berühmten A = A. Aber die Struktur erreicht man nur als vermeintliches Ganzes, wenn man das Ganze des teleologischen Tuns: Anfang vom vorgestellten Inhalt, die äußerliche formende Form (das Reduzieren), und damit das Resultat als Resultat, vergessen hat. Sowenig dem Protagoräischen Fluß der αἴσθησις das mit sich Identische entspringen kann, sowenig ist der Verstand eine Kategorientabelle oder ein Strukturenbehälter. Das „Auge", das „der Tätigkeit eingesetzt ist" (Fichte), ist niemals das Begleiten eines Quasivorganges, die intellektuelle Anschauung kann nur als leeres Denken, leeres Anschauen angesehen werden. Leeres Anschauen ist aber nur die Fiktion jener Identität mit sich, die der Negativität entbehrte.

Der gesetzte Widerspruch ist überall dort anzutreffen, wo von Dingen, Kräften, Gesetzen, Strukturen, sich selbst gleichen Ideen, aber auch von Prinzipien, die der Bewegung entbehren, die Rede ist.

Der daseiende Widerspruch ist der Fluß des Protagoras in seiner Wahrheit (in der Identität von Sein und Denken).

Der aufgehobene Widerspruch als die Einheit des sich aufhebenden und auch schon immer aufgehobenen Widerspruchs (des Guten, das nur als schon Verwirklichtes verwirklicht werden kann) als Identität von „stillestehender und bewegter Zeit" (B. Liebrucks) ist Leben, Ich, Geist.[5]

Es erhellt daraus, daß jede Kategorie diese Momente in sich hat, daß die Kategorie nur dann als mit sich identische Bestimmtheit auftritt, wo sich die Reflexion selbst als eine äußerliche gesetzt hat. Diese Bestimmtheiten sind dann „nur verschieden" (Aristoteles) oder es fällt ihnen die Triplizität zu (Kant) oder das Sichsetzen und das Entgegensetzen werden seinslogisch (daseiender Widerspruch) gegeneinander fixiert, sodaß das Quantitative ebenfalls nicht zufällig (später das Sollen) im Sinne der formallogisch interpretierten Mitte beider Seiten die Vermittlung übernehmen muß.

Das Gesetzte (Positive), mit sich Identische, ist der Widerspruch an sich, das Negative als mit sich Identisches ist der Widerspruch für sich. Das Positive, der verständigen Reflexion (sowohl der Verstandeswissenschaften als auch des Dogmatismus) als das gegebene Unmittelbare oder nur als „Gegebenes" erscheinend, kann deshalb als das gegen die Subjektivität Gleichgültige genommen werden, weil ihm das Negative als die Reflexion selbst, als der ganze Widerspruch, gegenüberzustehen scheint. Indem das Positive der in die Form des Identischen gebrachte daseiende Widerspruch (Werden) ist, enthält es selbst den Gegensatz des mit sich identischen Reflexionsallgemeinen (Materie, Kraft, Gesetz) und der gleichfalls gesetzten, also zur Ruhe gebrachten Erscheinung, sodaß das sich so verdoppelt habende Positive (das Ding der Erscheinung und das Reflexionsallgemeine) als sich nach zwei Richtungen abbildend aufgefaßt werden kann (erste übersinnliche Welt, naiver sensualistischer Positivismus einerseits, der schlechte Platonismus einer Wesensschau andererseits). Der schlechte Platonismus steht immer vor der Frage, wie sich denn die Ideen zum Geist (νοῦς) verhielten, denn diese als *Urbilder* werden eben doch nur als Bilder im Sinne des Positiven genommen. (Freilich darf die Auffassung vom νοῦς als τόπος εἰδῶν nicht in diesem naiven Sinn strapaziert werden.) Aber die erste übersinnliche Welt mit ihrer Verdopplung der Erscheinung ist nur die sich äußerlich gewordene Reflexion (Negativität, Widerspruch), die „Welt" des gesetzten daseienden Widerspruchs, in welcher die Entgegengesetzten, also das Positive und das Negative, nebeneinandergestellt werden.

---

[5] Bruno Liebrucks, *Sprache und Bewußtsein*, Band 6/2, Frankfurt/Main 1974, S. 376.

Der gesetzte Widerspruch als das Verkehren der Entgegengesetzten ineinander (verkehrte Welt, wesentliches Verhältnis) wird hier selbst positiviert und spatiologisch gefaßt: das Ganze steht als die Struktur *neben* oder über den Teilen, die Kraft *hinter* ihrer Äußerung, das Innere *innerhalb* oder *außerhalb* des Äußeren, das Insgesamt des Möglichen wird als *größer* der Wirklichkeit gegenübergestellt, und die möglichen Welten als Behälter stehen der ebenfalls als Faß vorgestellten wirklichen Welt so gegenüber, wie sich die als Struktur gesetzte „Subjektivität" und selbst die gemeinte Prinzipialität des Widerspruchsprinzips den seltsamerweise verschiedenen Tatsachen entgegenstellen, ohne auch nur den Anspruch zu erheben, wenigstens das Stellende zu sein. Daß das Ganze ebenso die Teile, wie nicht die Teile, die Kraft ebenso die Äußerung, wie nicht die Äußerung, das Innere ebenso das Äußere, wie nicht das Äußere ist und Möglichkeit und Wirklichkeit identisch in der Notwendigkeit sind — das ist der fürsichseiende Widerspruch, der die διάνοια antreibt, während diese meint, ihr Tun dem Reichtum der positiven Welt zu verdanken.

Verdinglichen (Hypostasieren) ist das Wesen des Wesens, welches der Satz des Widerspruchs, denselben setzend (das Identische von dem Entgegengesetzten unterscheidend, also positivierend) und denselben voraussetzend (das Identische mit dem Entgegengesetzten identifizierend, also es negierend), in *einen* Satz faßt, welches Fassen einerseits dem Wesen *adäquat* ist, zumal die *Form* des Satzes (S-P) das Entgegengesetztsein des Identischen formuliert, beider Identität aber seinen *Inhalt* ausmacht, andererseits ihm *inadäquat* ist, da das Identische als das Entgegengesetzte als unmittelbar vorausgesetzt wird.

Vom übergehenden Sein aus gesehen wird diesem in seinem Übergehen die Bestimmung der Identität gegeben, indem das Wesen selbst sich als ein mit sich Identisches bestimmt, da es doch das sich durch seine Negativität auf sich beziehende Sein ist. Indem es aber durch seine Negativität sich auf sich bezieht, nicht unmittelbare Selbstgleichheit ist, ist es auch noch als das andere des „Seins überhaupt" das Setzen desselben. Vom Begriff aus gesehen macht das Wesen *sein* Wesen aus, die Subjektivität des Subjekt-Objekts bzw. des sich in seine Einzelnheit kontinuierenden Allgemeinen. Sein Wesen aber ist es, im Entgegensetzen sich selbst zu setzen — so gesehen wäre er von seinem Wesen noch nicht zu unterscheiden, oder es wäre noch nicht zu begründen, warum das Wesen *sein* Wesen wäre, und das Subjekt-Objekt fiele mit der prinzipiellen Subjektivität zusammen.

Aber im Voraussetzen des Seins ist noch die Seite der Unmittelbarkeit enthalten, welche im Verlaufe seiner Entwicklung zum Begriff als die scheinbar gegen das Wesen unabhängige Seite auftritt, diesen Schein ebenso ablegt, Moment des Scheinens (Reflexion) wird, wie in seiner nichtgesetzten Selbständigkeit sich wieder behauptet: diejenige Seite nämlich, wofür das A in den „verschiedenen Formulierungen" des Widerspruchsprinzips auftritt. Zuerst ist sie der Schein als das im Wesen enthaltene Moment der Sichselbstgleichheit, das ebenso ein Unwesentliches, weil das Sein Ausmachende ist. Ebenso ist sie das sofort gegenüber dem Gegensatz Verschwindende, weil das ausgeschlossene Dritte (dessen Beispiele die Unschuld und das ungetrübte Licht sind), das vorher schon als das Verschiedene in der Verschiedenheit auftrat. Dann ist sie als das Identische (gegenüber der Form des Grundes) bestimmt und nimmt in der Gestalt des vollständigen Grundes die Seite einer *daseienden* Verknüpfung ein, um als Bedingung (συναίτια) Mittel des Grundes zu werden. Die Totalität aber der Bedingungen ist der sichaufhebende Grund und so das Sein, das nun alle Momente der reinen Vermittlung durchlaufen hat und in welches sie sich aufgehoben hat. Existenz heißt, der reinen Vermittlung nun die seiende Vermittlung, das Werden, zur Verfügung zu stellen.

In der verkehrten Welt als der Auflösung der Erscheinung im wesentlichen Verhältnis wird in dem Zusammengehen von Sein und Wesenssphäre der Seinsrest im Wesen sowie die vermeintliche Zweideutigkeit des traditionellen Widerspruchsprinzips endgültig aufgehoben, damit aber auch die von der Transcendentalphilosophie vorausgesetzte Selbständigkeit des Formallogischen (der Modus des Absoluten als des Absoluten äußerliche Insichreflektiertheit, die „nur" Möglichkeit gegenübergestellt der Wirklichkeit) überwunden. Die absolute Notwendigkeit, in welcher die in der ersten übersinnlichen Welt noch einander entgegengesetzten, nur ihre Identität zur *Grundlage* habenden Sphären des Seins und des Wesens in dem noch vorgestellten *chorismos* different angesetzt waren, haben in dem Sein, das ist, *weil* es ist, einander so durchdrungen, daß ebenso physischer wie metaphysischer *nexus* (Kant) ihr bloß Differentsein aufgegeben haben. Fließen und Stillestehen (B. Liebrucks), Möglichkeit und Wirklichkeit sind eins, sie haben den zufälligen Anfang nicht mehr zur Voraussetzung. So wie sich die blinde Notwendigkeit (εἱμαρμένη) und die Freiheit zueinander verhalten, so verhält sich die Subjektivität zum Subjekt-Objekt (Begriff). Die Aufhebung des Seinsrestes im Wesen in der Erreichung der absoluten Notwendigkeit, die B. Liebrucks als die Wahrheit der formellen Logik, nämlich als deren Blindheit interpretiert, bedarf nur mehr des „Auges", sich zu sehen, um als der *Begriff* zu existieren.

Die Voraussetzung des Seins von Seiten des Wesens, die ebenso die Bedürftigkeit (*appetitus*) des Seins nach Insichreflektiertheit ist, ist in der absoluten Notwendigkeit, die sich als Substantialität (Macht), Kausalität (Gewalt), Wechselwirkung (die „innere Identität der Unterschiedenen") manifestiert, ebenso eingeholt, also aufgehoben, wie das Sein mit sich zusammengegangen ist. Der Dogmatismus stellt die Freiheit als das Abbrechen der Notwendigkeit bzw. psychologisch als begleitendes Bewußtsein eines Geschehens, mit dem sich der sich für handelnd Haltende partiell als mit einem ihm Entsprungenen identifiziert (das berühmte Magnetbeispiel Leibnizens), vor. Sie ist so entweder ontisch als das Leere oder als die äußere Reflexion eines ontischen Ablaufens vorgestellt, und die äußere Reflexion wird der inneren Beschaffenheit eines Daseienden zugerechnet. Die reale, relative, vom Zufälligen anfangende Notwendigkeit, die an sich absolute Notwendigkeit, also Setzen des Zufälligen ist, wird noch zum Sein geschlagen, nicht als die Identität von Sein und Reflexion bzw. als der ebenso daseiende wie gesetzte Widerspruch des absoluten Seins gesehen. Selbst Fichtes Vorstellung von der Kraft oder Tätigkeit, „der ein Auge eingesetzt ist", zeigt, daß Fichte sich noch nicht von dem vorstellenden Denken befreit hat. Denn einerseits ist es schon die Bestimmung der Kraft, Einheit von Sein und Wesen, aber als solche verdinglicht, zu sein und die Tätigkeit (Wirklichkeit), die nicht in ihrer Einheit mit der Möglichkeit gefaßt wird, das bloße Werden, Übergehen, andererseits ist das Auge als die reine Subjektivität, das Verdinglichen, weder der Kraft noch der Tätigkeit einsetzbar, weil diesen immer schon als das Nichteinsetzbare eingesetzt (diese Vorstellungen Fichtes dienen zwar dazu, das Subjekt vom Verdinglichten loszureißen, aber nicht dazu, die Gegensätze der Reflexion aufzuheben). Nimmt man hingegen die absolute Notwendigkeit beim Wort, so ist sie als die Identität der aktiven und passiven Substantialität die gesetzte Einheit von Sein und Wesen — *causa sui* — oder die Substanz als Subjekt, die Substanz in ihrer Subjektivität, die substantielle Subjektivität, die nicht mehr Setzen ihrer selbst im Setzen eines anderen in der Weise des Verdinglichens beider Seiten ist, sondern in ihrem Anderen auch bei sich *ist*.

Der Widerspruch zwischen Sein und Wesen, der sowohl daseiender wie gesetzter ist, ist *aufgehobener* und sich aufhebender Widerspruch.

> „Im Begriffe hat sich daher das Reich der *Freiheit* eröffnet. Er ist das Freie, weil die *anundfürsichseiende Identität*, welche die Notwendigkeit der Substanz ausmacht, zugleich als aufgehoben oder als *Gesetztsein* und dies Gesetztsein, als sich auf sich selbst beziehend, eben jene Identität ist."[6]

Die Identität der Identität und des Gesetztseins oder die Identität der Identität und Nichtidentität ist die konkrete Einheit von Wesen und Sein, von Reflexion in sich und Übergehen, von daseiendem und gesetztem Widerspruch, des Allgemeinen und des Einzelnen, Ich, das sich nicht mehr im Setzen des anderen als dessen äußerliche Reflexion verdinglicht. Die Subjektivität, die nunmehr nicht das Ding, sondern die Objektivität sich gegenüber hat, ist Totalität nicht als „Scheinen im Entgegengesetzten", sondern der subjektive Begriff ist als Werden der Objektivität (im Sinne jener subjektiven Logik, die die formelle völlig, sowohl als Begriffs- wie Urteils- und Schlußlehre, aufgehoben hat) in diesem Werden, das zugleich Unterscheiden ist, identisch mit sich. D.h. sie ist als Subjekt-Objekt ebenso die sich wissende Entelechie, im Unterschied zur

---

[6] Hegel, *Wissenschaft der Logik* II, Frankfurt/Main 1986, S. 251.

Subjektivität des gesetzten Widerspruchs (Widerspruchssatz, Wesen), des sich verdinglichenden Ichs.

In der Sphäre des Wesens sind ferner durch die sich auf sich beziehende Negativität ebenso die in jeder Reflexionsphilosophie auftretende schlecht unendliche Reflexion, der *circulus vitiosus* und der „Abbruch“ (welches Trilemma die Positivisten deshalb für der Weisheit letzten Schluß halten, weil sie ihre äußerliche Reflexion für das Leere zwischen den Atomen halten) überwunden. Die Subjektivität im Begriff ist nicht mehr nur das absolute Unterscheiden, sondern der sich in seiner Verwirklichung anschauende Zweck.

Zur Illustration Folgendes: Bekanntlich weichen die nun bekannten Rechtsphilosophievorlesungen zum Teil von der *Rechtsphilosophie* (1821) in der Fassung des Satzes von der Vernünftigkeit des Wirklichen so voneinander ab, daß statt des Vernünftigseins das Vernünftigwerden des Wirklichen ausgesprochen wird. Daß die Ideologen, trotz oder gerade wegen ihrer Selbstdenkermaxime, die fremde Autorität benötigen, ist ihre Aporie, daß aber diese Abweichung für Philosophen ein Problem bilden kann, ist nicht leicht zu begreifen. Denn die Entelechie enthält ebenso Sein wie Werden des Zwecks, der sich das Objekt unterworfen hat, und dieses Sein ist wiederum ebenso Gewesensein wie Präsenz des Gewesenseins in der Wirklichkeit des Guten. Wenn man nun aber die verschiedenen Formulierungen als unterschiedliche Akzentsetzungen ansieht, dann muß man bedenken, daß das Begriffs-Ist gegenüber der Akzentuierung „Werden“ die konkretere Fassung ausmacht. Ebenso beruht der Versuch, der Identität von Identität und Nichtidentität beider Nichtidentität in einer angeblich negativen Dialektik entgegenzustellen, auf formallogischer Verdinglichung des Logischen, da man nicht sieht, daß die beiden Wendungen einander nicht entgegengesetzt sind, sondern die zweite nur, indem doch die Nichtidentität das Identische beider Seiten ist, uns einen unendlichen Gressus vorspielen möchte, der genauso wie in der ersten auch hier aufgehoben ist.

Nach dem § 25 der *Grundlinien der Philosophie des Rechts* heißt die Subjektivität:

1. „die *reine Form*, die *absolute Einheit* des Selbstbewußtseins“
2. das Moment der „*Besonderheit*“ und
3. der „unausgeführte[r] Zweck“.

Sowohl die „Subjektivität“ als auch die „Objektivität“ der Begriffslogik sind von dem dritten Punkt her zu sehen, während der Punkt 2 das Zufällige und Willkürliche, ebenso die endliche, schlechte, im daseienden Widerspruch stehende Subjektivität und Objektivität meint. Punkt 1 als „reine Form“ ist die Subjektivität als Wesen, Subjektivität „überhaupt“ — als „absolute Einheit“, wenn auch noch als „Gewißheit“ der „Wahrheit“ gegenübergestellt, d.h. aber noch als Selbstbewußtsein, noch nicht als Selbsterkenntnis. Ebenso ist sie „der

Begriff" als „absolute", nicht mehr nur „reine" Form: Ich, das die Allgemeinheit ist und ebenso als Einzelnes existiert. Die prinzipielle Ichheit der „ursprünglich synthetischen Einheit der Apperzeption" [Kant, *KdrV*, B 131ff.] ist das Unterwerfen alles Mannigfaltigen unter den Verstand (Widerspruchsfreiheit, formale Logik), ein Handeln gegen das einem anderen Erkenntnisstamm Entspringende. Dieses Prinzipielle ist als setzende, äußere und bestimmende Reflexion das Wesen, sich zu dem Sein als der abstrakten Identität von Sein und Denken in dieser dreifachen Weise verhaltend, indem es sich als dessen Negativität auf sich selbst bezieht und so in absoluter Notwendigkeit in sich zurückkehrt, wie es die Rückkehr des Seins ist und als das Unterscheiden schlechthin Ich als *reine* Form ist.

Die Unterscheidung der Erkenntnisstämme bei Kant gründet in der logischen Handlung, im Begriff des Gegenstandes als des logisch geeinigten Mannigfaltigen. Damit ist ebenso die schlechte Subjektivität des ersten Erkenntnisstammes, die Vorstellung von dem Ding an sich als dem von unserer „Beschaffenheit" Befreiten, wie die des widerspruchsfreien Denkens gesetzt. Diese Gegensätze als Voraussetzungen des kritischen Philosophierens (eingeschlossen der Gegensatz von theoretischer und praktischer Vernunft) sind aber Entgegensetzungen einer selbst äußerlichen Reflexion, die sich von der endlichen Teleologie her faßt (Mittelhaftigkeit der Vermittlung), aber diese ebensowenig wie transcendentale Reflexion begründen kann. Die Identität von Unterscheiden und Beziehen, von Setzen und Entgegensetzen, des Positiven und des Negativen in der absoluten Negativität ist aber die Überwindung der nur vorausgesetzten Gegensätze der Transcendentalphilosophie.

III.

Hegel wurde sowohl in seinen veröffentlichten Werken als auch in seinen Vorlesungen nicht müde, darauf hinzuweisen, daß alles Konkrete den Widerspruch in sich enthält, was vor ihm nur Platon gesehen hatte, während Aristoteles zwar naturphilosophisch die Konsequenzen aus dieser Einsicht gezogen, aber nicht sie selbst in die Reflexion aufgenommen hat. Kant wiederum hat im Begriff des Naturzwecks nur die Ahnung des Spekulativen, welches schlechthin mit dem Ansatz der Vernunftkritik nicht zusammengehen konnte, und Fichtes Wissenschaftslehre sieht zwar, daß die „verschiedenen" Formulierungen des Widerspruchsprinzips transcendental durch die drei Grundsätze der *Wissenschaftslehre* fundiert werden müssen, aber diese Fundierung hat insofern diese „Verschiedenheit" nur angetastet, als sie auf den Gegensatz zugespitzt wurde und der Widerspruch nur durch wiederum scheinbar widerspruchsfreie Bestimmungen aufgelöst, aber nicht aufgehoben wurde. Die Hinweise Hegels aber auf die Wirklichkeit des aufgehobenen Widerspruchs werden zumeist so behandelt, als gehörten sie der Rhetorik an.

Bezüglich der Freiheit hat man immer noch das Problem, ob es sie neben der Naturnotwendigkeit *gibt*, ohne zu bedenken, daß Notwendigkeit nur als Einheit von Sein und Reflexion überhaupt etwas bedeutet und Freiheit als Selbstbestimmung (auch wenn wir zunächst nur an die praktische Vernunft, noch nicht an die Sphäre des absoluten Geistes denken) nie anders als als die Einheit von Unbestimmtheit und Bestimmtheit, als — nicht mehr seinslogisches, sondern begriffslogisches — Übergehen von der Allgemeinheit durch die Besonderheit in die Einzelheit zu fassen ist, oder anders ausgedrückt, als eben dieselbe Einheit von Sein und Reflexion, als welche sich die Notwendigkeit manifestiert, nämlich als die Identität der Substantialität mit der des Gesetztseins.

Daß schon der Begriff der Seele in Platons *Phaidros* als αὐτὸ κινοῦν, für Leben überhaupt stehend, den Widerspruch des Sichselbstbewegens enthält, also die Identität in dem Übergang von Ruhe in Bewegung, die — man denke an die zweite Analogie der Erfahrung — in der Positivität des Erscheinungsgegenstandes ein *nihil negativum* ist, aber in der ersten „Stellung des Gedankens zur Objektivität" durchaus naiv für eine Gattung des Seienden, als keinen Widerspruch enthaltend, in Anspruch genommen wird, ist dem Dogmatismus verborgen geblieben: Widerspruchsfrei kann das Lebendige (der Naturzweck) nur als Aggregat, d.h. als Totes verstanden werden. Das ist aber zugleich der Punkt, in dem die Macht des Verstandes zur Gewalt wird, wo ihm aber die absolute Notwendigkeit als seine höchste Kategorie in der Gestalt der unauflösbaren Antinomie zum Schicksal wird. (Schelling, u.a. auch diese *crux* der Transcendentalphilosophie sehend, hat aber letztlich vor diesem logischen Problem die Flucht in eine Ontologie, die sogar mit dem Nominalismus kokettiert, ergriffen und mit seiner „positiven" Philosophie die Schriftstellerei in der Philosophie ermuntert.)

Es ist dem Fichteschen Versuch, das Anfangsproblem zu lösen und von der Einheit von theoretischer und praktischer Vernunft auszugehen, zuzugestehen, daß es ihm gelungen ist, in der gewaltigen Anstrengung des Durchhaltens seiner Methode sowohl in der Ableitung der produktiven Einbildungskraft als auch in der Fundierung des sittlichen Bewußtseins in der Trieblehre der frühen *Sittenlehre* die unauflösbaren Aporien und verborgenen Antinomien der *Kritik der praktischen Vernunft*, welche schon zu Kants Zeiten, aber gegenwärtig in der größten Selbstverständlichkeit (der Popularität wegen) umgangen wurden respektive werden, in den entscheidenden Punkten zu beseitigen. Aber die, die Auflösung der Gegensätze konstruierend erzwingende, durch äußerlich Ideologische Dialektik geleitete Methode ging ebenso an der Geschichte, der „Sittlichkeit", wie an der positiven Religion vorbei. Dieser Mangel ist indes schon in der unbeabsichtigten, aber durch die Trennung des Positiven und des Negativen herbeigeführten Befreiung der „Idee“ vom dialektisch Vernünftigen angelegt. Bestimmungen aber wie: Streben, Tendenz, Trieb sind die Momente des gesetzten im aufgehobenen Widerspruch (Begriff, Entelechie), das Sollen aber gehört zum Moment des gesetzten im daseienden Widerspruch, gehört so wie das Ansichsein, die Bestimmung gegenüber der Beschaffenheit und das Endliche zu den Bestimmtheiten, die den *conatus* des Endlichen (Spinoza), im Sein zu verharren, das sich gegen das Übergehen Stemmen, ausmachen.

Allein diese Versuche, im Widerspruch stehenzubleiben und übergehende Momente als fixe Punkte anzusehen, lassen die Reflexionsphilosophie immer wieder in die „erste übersinnliche Welt“ des Platonismus zurückfallen (es wäre zu untersuchen, ob sich nicht auch die Fichtesche Spätphilosophie hier einordnete). Während die διάνοια das Wahre in das konstruierte Resultat setzt und in ihm die Konstruktion vergißt, setzt die Reflexionsphilosophie dasselbe in Prinzipien, die als solche nicht der Bewegung unterstehen können. Aber das Prinzip der Transcendentalphilosophie ist gerade als sich bewegende Identität nicht von der Art des Widerspruchsprinzips, nämlich Bewegung aus dem Sein auszuschließen, auch nicht die bloße *Grundlage*, sondern der als setzend vorausgesetzte *Grund* (die Einheit von Unmittelbarkeit und Vermittlung). Es ist aber festzuhalten, daß die Fichtesche Transcendentalphilosophie nur mehr auf einem, nämlich auf dem die Methode konstituierenden Gegensatz beharrt, während die Kantische, ihrem Ausgangspunkt treu, diesen Gegensatz in seinen vielen Variationen nicht sehen kann.

Damit sind wir auch zu unserer Einleitungsfrage nach dem Grund des Schwankens zwischen den beiden „Revolutionen der Denkungsart“ zurückgekehrt: die Fichtesche Philosophie, indem man sie im Sinne eines unmittelbaren Zusammengehens von Transcendentalphilosophie und Ontologie (vielleicht sogar im Sinne eines von seinen Subreptionen befreiten Cartesianismus) ansieht, wird doch zumeist in der R. Kronerschen Betrachtungsart nur als ein Bindeglied zwischen Kant und Hegel verstanden, während mitunter auch Kongresse die Alternative: Kant oder Hegel (als ginge es darum, die attraktivere Ontologie zu wählen) zum Thema haben. Wenn wir davon absehen, daß die Ideologien einer sich selbst unabsichtlich parodierenden und karikierenden Aufklärung an beiden Denkern Brauchbares zu finden meinen (an Hegel sicherlich nur die Vorarbeiten zu ihrer „Realdialektik“), das „metaphysische Bedürfnis“ eher bei Kant die Absprungbasis in eine naive Ontologie suchen kann und die berühmte Frage nach der Erkenntnisart der Transcendentalphilosophie (R. Kroner) vergessen wird, dann ergibt sich gemäß dem oben Ausgeführten, daß die Transcendentalphilosophie schon in ihrer Grundfrage auf dem nicht aufgehobenen Widerspruch der Teleologie (der äußerlichen Vermittlung — siehe Hegels Kritik in der „Einleitung“ in die *Phänomenologie*) beruht. In diesem Sinne ist auch der Einwand gegen die „Subjektivität“ der Kantisch-Fichteschen Philosophie zu verstehen: er ist nicht der Vorwurf, daß Transcendentalphilosophie eine Art Psychologie wäre (2. Bedeutung des Subjektiven), sondern der des nichtausgeführten Zwecks (3. Bedeutung), daß die Selbstreflexion nicht zur Selbsterkenntnis fortschreitet und daher in fast allen Vermittlungsschritten einen *chorismos* zu überwinden hat. Der Punkt, der von Hegel als Mangel gesehen wird, ist aber auch der, der viele Denker wiederum zu Kant zurückkehren läßt, weil sie die Prinzipien- bzw. Reflexionsphilosophie, die sie suchen, bei Hegel nicht finden können. Wenn wir damit die Frage nach dem Ende der Transcendentalphilosophie mit ja beantworten, dann ist keinesfalls gemeint, daß diese wie die naive Ontologie ihre Zeit gehabt hätte, sondern daß sie *logisch aufgehoben* ist. Gerade in der Gegenwart treten die der ersten „Stellung des Gedankens" angehörenden ontologischen Positionen mit einer Dreistigkeit auf, als hätte es die „Kopernikanische Revolution" Kants nie gegeben, sodaß sich für uns die Notwendigkeit ergibt, zuerst einmal zur Kenntnisnahme der Transcendentalphilosophie aufzufordern.

Rezension zu Henning Ottmann: *Individuum und Gemeinschaft bei Hegel*

[Henning Ottmann, *Individuum und Gemeinschaft bei Hegel*, Band 1: *Hegel im Spiegel der Interpretationen* (*Quellen und Studien zur Philosophie*, Band 11, herausgegeben von Günther Patzig, Erhard Scheibe, Wolfgang Wieland im Verlag Walter de Gruyter, Berlin-New York 1977, 406 Seiten).]

Im Vergleich zu den wenigen Versuchen, eine Gesamtdarstellung des Systems Hegels zu geben, oder dieses als Ganzes der Kritik zu unterwerfen, oder im Vergleich zu den wenigen Untersuchungen, die z.B. zentralen Teilen der Logik Hegels gewidmet sind, ist die Literatur zu dem Rechts- und Staatsphilosophen Hegel kaum zu überblicken. Es ist auch nicht leicht, gerade auf diesem Gebiet das Bedenkenswerte und der Sache Adäquate von den vielen gedankenarmen und gerade deshalb eindringlich diskutierten Publikationen zu scheiden. Obwohl der Verfasser in seinem Vorwort bemerkt, daß es nicht in seiner Absicht gelegen sei, eine „vollständige Geschichte des politischen Hegelianismus" zu geben, so kann man ihm durchaus das Verdienst zusprechen, eine Ordnung in das Chaos der Auseinandersetzungen mit der politischen Philosophie Hegels gebracht zu haben. Es nimmt somit dieses Buch dem an Hegel Interessierten die Arbeit ab, sich in mitunter bloß Historisches zu vertiefen.

Es ist sogleich klar, daß der Verfasser sein ganzes Werk, von dem hier der erste Band vorliegt, dem Thema gemäß, nur dem objektiven Geist und nicht auch der Fundamentalphilosophie, der Logik, gewidmet hat, was natürlich die Frage aufwerfen kann, ob das Problem des Individuellen hier wirklich zu lösen sein wird. Aber einen Beitrag zu seiner Lösung wird dieses Werk sicher bringen.

Der Verfasser läßt seinen „Spiegel" bei den unmittelbaren Hegel-Schülern und ersten Kritikern beginnen und führt ihn bis in die jüngste Gegenwart (Ritter-Schule) fort. Dies geschieht nicht bloß historisch, sondern durchaus in der Weise, die versucht, das Hegeladäquate auch in den Kritiken herauszuarbeiten. Zunächst ist es die Frage des Verfassers,

> „ob sich verschiedene Hegeldeutungen zu Gruppen zusammenfassen lassen, ob sich ihre Interpretationen wechselseitig ausschließen, oder zu einer Palette vereinen lassen, deren Farben es erlauben, ein dem echten Hegel ähnlicheres Bild zu malen als bisher. Ob dieses Bild ein gelungenes Porträt genannt werden darf, wird freilich erst der zweite Band beweisen können".

Der letzten Bemerkung können wir uns anschließen. In der Erwartung das Porträt zu sehen, welches doch voraussetzt, daß die Wirkungsgeschichte selbst den Weg vom Abstrakten zum Konkreten eingeschlagen hat.

Der Verfasser aktualisiert die Einteilung in Hegelsche Rechte, Linke und Mitte und führt diese bis zur Gegenwart durch, indem er zeigt, daß dieselben Argumente sich auf diesen Seiten modifizieren. Es ist auch klar, daß bei dieser Einteilung das Konkreteste und Hegeladäquate vor allem der Mitte zufallen muß.

Linkshegelianisch: Reduktion des Staates auf die Gesellschaft
Rechtshegelianisch: Stärkung des Staates gegenüber der Gesellschaft
Mitte: doppelseitige Beziehung beider Bereiche (nach S. 26).

Der erste Abschnitt ist dem Linkshegelianismus gewidmet. Es wird hier mit Ruge begonnen und der Weg über Feuerbach, Marx, Haym, Lukacs, Kojeve, Bloch bis zur Frankfurter Schule verfolgt. Auf dieser Seite sind auch die Reduktionen überhaupt zu finden: Ruge reduziert alles auf den Zeitgeist, Feuerbach auf die Anthropologie und Marx den Geist auf die Gesellschaft. Dementsprechend sieht auch die Hegelkritik auf dieser Seite aus. Der weitere Fortgang ist hier als der Versuch einer Reduktion Hegels selbst anzusehen (z.B. bei Lukacs auf den Revolutionär usw.). Die Abstraktheit dieser Seite wird sofort deutlich, wie auch die Kritik an Hegel hier ins Leere geht.

Der zweite Abschnitt befaßt sich dann mit den Rechtshegelianern (von Erdmann über Rössler und die beiden Lassons bis Larenz, Häring u.a.). Es liegt auf der Hand, wenn man die Sache nicht fundamentalphilosophisch betrachtet, alle diese Vertreter der Rechten zuzuordnen, obwohl sich hier sicherlich die bedeutenderen Hegelinterpreten auch in bezug auf das Gesamtsystem finden und oftmals ist die Grenze zwischen der Mitte und den Rechten nicht leicht zu finden.

Der dritte Abschnitt, „die Hegelsche Mitte", wendet sich den Apologeten des freiheitlichen Rechtsstaates zu, die in Hegel ihren Vorläufer erblicken: hier finden sich vor allem Rosenkranz, von dessen wirklich philosophischer Hegelaneignung wohl alle Späteren gelernt haben, Michelet, Rosenzweig; später u. a. Heimsoeth und Ritter mit seiner Schule. Es ist also gewissermaßen das Bekenntnis jener Persönlichkeiten zu Hegel oder die Abwendung von ihm, die sie den verschiedenen „Schulen" zuordnet (sogar bestimmte Leute, die Hegel nicht einmal mißverstehen konnten, finden sich in einem Abschnitt, der „liberale Kritik am Universalismus" betitelt ist. Hier huldigt der Verfasser allerdings einem mißverstandenen Totalitätsstreben).

Einen breiten Raum nimmt auch die Ritter-Schule ein, die ja gegenwärtig den politischen Denker Hegel wiederbelebt hat. So interessant aber des Verfassers genaue Kenntnis vergessener Hegelinterpreten zu verfolgen ist, so gespannt wartet man auf das Resultat, das sich im zweiten Band ergeben soll.

Rezension zu Wolfgang Janke: *Historische Dialektik*

[Wolfgang Janke, *Historische Dialektik. Destruktion dialektischer Grundformen von Kant bis Marx*, Walter de Gruyter, Berlin-New York 1977, 533 Seiten.]

Das Programm des Werkes von W. Janke ruft zunächst Erstaunen hervor: Grundformen neuzeitlicher Dialektik sollen historisch genommen und destruiert werden? Die Antwort ist schnell gegeben, insofern für den Verfasser die historische Darstellung der Dialektik auch deren Destruktion ist.

Das Werk gliedert sich in zwei Teile: „Die Entfaltung der Dialektik des Selbstbewußtseins", in welchem Kants Darstellung der Logik des Scheins, Fichtes „Limitative Dialektik" und Schillers „Antagonistische Dialektik" dargestellt und interpretiert werden. „Die Selbstaufhebung der Dialektik": hier wird Hegel, eingeschränkt auf „Sozialdialektik", vor Kierkegaards sogenannter existentialer [Dialektik] und Marxens Dialektik der Entfremdung behandelt.

Es handelt sich bei dieser historisch genommenen Dialektik freilich nur um einige Formen von Dialektik im neuzeitlichen Denken. Nachdem von Kants „*Logik* des *Scheins*" [vgl. Kant, *KdrV*, B 349ff.] ausgegangen wird:

> „Kants Logik des natürlichen Scheins ist beides, Instrument einer zeitlosen Aufklärung menschlicher Vernunftverblendung und Dokument für die unaufhebbare Illusion vernünftig-zeithaften Daseins" (S. 49),

wobei aber auf Dialektik vor allem in der zweiten und dritten Kritik nicht näher eingegangen wird, gelangt Fichtes „Limitative Dialektik" zur Darstellung. Der Leser des Werkes kann die Intention des Verfassers, Historie und Kritik zusammenfallen zu lassen, unterscheiden von der historischen Darstellung selbst. So ist das Buch besonders in der Darstellung Fichtescher Dialektik, sei es in der Interpretation des frühen oder späten Fichte, sehr aufschlußreich. Um nur einige Beispiele zu geben: Die genaue Interpretation der Rolle der produktiven Einbildungskraft in der *WL* von 1794, oder, hinsichtlich des Spätwerks, die Unterscheidung der „aletheuischen Abstraktion", die durch „Abstraktion der Abstraktion zum absolut Konkreten" führt, von Hegels „Negation der Negation" (S. 203). Kritisch ließe sich dazu freilich auch fragen, ob der so dem Verständnis nahegebrachte Fichte den Einwänden Hegels standhalten kann. Denn daß es der transcendentalen Dialektik nach dem Verfasser zur Ehre gereiche,

> „Das Sein des Seienden nicht im Fürunssein, in Selbstbewußtsein oder Vernunft" (S. 70)

aufgehen zu lassen, was hier zwar auf Kant bezogen ist, im Grunde aber auch auf Fichte zutreffen soll, hängt davon ab, ob es gelingen kann, das endliche Ich Fichtes oder die „absolute Erscheinung" mit dem „Menschen" Kierkegaards zu vermitteln. Wie das Vernunftinteresse Kantens beim Verfasser zu einem

„anthropologischen Grundbegriff" wird und überhaupt die menschliche Existenz, anthropologisch gefaßt, als Ursprung aller dialektischer Probleme betrachtet wird, so wird der Fortgang von der Dialektik des Selbstbewußtseins zur spekulativen Dialektik von der Voraussetzung der nur endlichen Vernunft her der Kritik unterworfen.

Eine Zusammenfassung der Intention des Werkes findet sich auf S. 99:

> „Dialektik des Selbstbewußtseins weitet sich zum Prozeß aus, der aus dem Telos und von dem Ziele lebt, die zweifache Bedeutung von Sein, Welt und Zeit zu vereinigen, die Erscheinung mit dem Wesen, das Nicht-Ich mit dem Ich, die Zeit mit der Ewigkeit, das Sinnliche mit dem Übersinnlichen zu versöhnen. Neuzeitliche Dialektik ist die Arbeit des Begriffes, das äußere, zeithafte Sein ins Immersein, das Phänomen der Welt in überweltliche Wahrheit zu bergen. Diese großmächtige Gedankenbewegung glaubt vollendet zu sein, wenn sie die Entäußerungen des selbstbewußten Geistes wieder aneignet, die Knechtschaftsverhältnisse der Mitwelt im Reiche der Freiheit und Gerechtigkeit aufgehoben und allen Zweifel des Widerspruchs in die unzweifelhafte Gewißheit der Vernunftwahrheit überführt hat. Weil aber ihre fundamentalen Bedeutungen von Sein, Welt und Zeit dem Menschen und seiner Wirklichkeit (Existenz) äußerlich und fremd bleiben, laufen alle Wiederaneignungen der Entäußerungen an der Existenz vorbei. Folgerichtig vergeht die dialektische Bewegung der Neuzeit in eine dreifache abgründige Entzweiung: in die mit den Mitteln des Selbstbewußtseins unaufhebbaren Widersprüche faktischer sozialer Knechtschaft, existentialer Verzweiflung und menschlicher Entfremdung."

Indem der Verfasser von dieser Kierkegaardschen Position her, die modifiziert ist durch die Anerkennung der transcendentalen Dialektik, eigentlich diese Ausweitung nur als die Macht der Logik des Scheins ansetzen kann, zumal die Notwendigkeit des Hinausgehens über die Fichtesche WL nicht in Betracht kommt, reduziert sich bei ihm Hegels System auf Soziodialektik, mit der dann der Abstieg der Dialektik zu Kierkegaard und Marx beginnt. Aber abgesehen davon, scheint uns das oben angeführte „Telos" nicht bloß der Neuzeit eigen zu sein. Im Anschluß an die Aporien der Bewegung wird in der Einleitung ohnehin ein Beispiel dafür gegeben, wie über die bloß historische Kritik hinausgegangen werden kann, somit auch dafür, daß der Rückzug auf das bloß endliche Ich hier nicht das letzte Wort sein kann: „daß der Widerspruch existiert" folgt aus den Zenonischen Aporien keineswegs,

> „sondern, daß der Begriff der Bewegung anders, nämlich analogisch und nicht dialektisch bestimmt werden muß". (S. 15)

Was hier im Ansatz vorhanden ist, nämlich ein Eingehen auf die spekulative Logik, hätte auch — systematisch ausgeführt — höchstes systematisches Interesse („Die Zenonisch-Hegelschen Irrtümer"). So aber reduziert sich die Auseinandersetzung mit Hegel leider nur auf eine Darstellung der „soziodialektischen" Kapitel der *Phänomenologie*, welche allerdings sehr ausführlich und bis auf die bekannten Akzente dem Text adäquat erscheinen. Die Gegenüberstellung von Fichtes Dialektik der Aufforderung und Hegels „Herr und Knecht“, die der Verfasser hier gibt, ist zweifellos ein interessanter Aspekt, der ebenso wie das vorher Angeführte zu systematischen Untersuchungen Anstoß gibt.

Überhaupt scheint es uns die Stärke des Werkes von W. Janke zu sein, eine Menge Material dargeboten zu haben, die systematische Auseinandersetzung zwischen Fichte und Hegel zu vertiefen. Der Verfasser vertritt hier die Meinung, daß die limitative Dialektik, ein System des endlichen Selbstbewußtseins, den Einwänden des Systems des absoluten Geistes standhalten könnte. Daß Fichte ein System des endlichen Selbstbewußtseins dargelegt hat (sowohl in der frühen wie auch in der späten WL), scheint uns keine Frage zu sein. Ob dieses System dem Hegelschen entgegentreten kann, muß weiter untersucht werden. Daß dieses „endliche Selbstbewußtsein“ aber auch der „Mensch“ Kierkegaards ist, wie auf S. 108 zum Ausdruck kommt:

> „Eine kritische Fassung des Ich sucht eben das Rätsel des Menschen vom widerspruchsvollen Wesen des Menschen und nicht von der Einheit des göttlichen Geistes her zu lösen“,

scheint uns schon durch Fichtes eigene Worte (IX, S. 336) sehr zweifelhaft zu sein:

> „Wo hat er denn her, daß ich in meinen Deduktionen von Menschen rede? [...] Wo habe ich in Schriften oder auf dem Katheder das Wort Mensch je in den Mund genommen, außer etwa, um, wie eben jetzt die Nichtigkeit und Sinnlosigkeit dieses Wortes zu zeigen?“

Sicher ist die zentrale Frage der Philosophie „Was ist der Mensch?“ (Kant). Fichte wie Hegel beantworten sie auf ihre Weise. Aber Denker wie Kierkegaard oder Marx, die der Verfasser neben Hegel in die „Selbstaufhebung der Dialektik“ — übrigens in sehr interessanter Weise — stellt, scheinen uns nicht aus jenem „Telos“ zu resultieren, sondern vielmehr dadurch die Dialektik letztlich abgespannt zu haben, weil sie diese Frage gar nicht stellten. Für sie war das Bekannte auch schon das Erkannte und damit wurde die Dialektik zur äußerlichen Methode.

Abschließend wäre also zu sagen: historisch interessant sind alle Interpretationen der hier vorgeführten sechs Denker, von systematischem Interesse aber die durch dieses Buch vertiefte Diskussion zwischen Fichte und Hegel.

Rezension zu Heimo Hofmeister: Wahrheit und Glaube

[Heimo Hofmeister, *Wahrheit und Glaube. Interpretation und Kritik der sprachanalytischen Theorie der Religion*, erschienen in: *Überlieferung und Aufgabe*, Band XV, hrsg. von E. Heintel, R. Oldenbourg Verlag, Wien-München 1978, 320 Seiten.]

Der Verfasser, dessen Werk man bei nur oberflächlichem Überblicken für eine Geschichte der Entwicklung des Horizontes der sogenannten analytischen Philosophie — ausgehend vom primitiven Verständnis von Metaphysik der Neopositivisten bis zur heutigen analytischen Philosophie, die sogar den ontologischen Beweis diskutiert — halten könnte, verfolgt auch systematische Absichten. Der Titel *Wahrheit und Glaube* weist schon darauf hin, daß die sicherlich für ein an der philosophischen Tradition gebildetes Denken nicht gerade erquickliche Auseinandersetzung mit einer Schule, die noch einen weiten Weg zurücklegen muß, um zum eigentlichen, nicht bloß euphemistisch verwendeten Begriff der Philosophie aufzusteigen, nur dazu dient, die Frage des Wahrheitsanspruches religiöser Aussagen in einer bestimmten Perspektive zu beantworten. Es ist so die Aufgabe des Autors, zu zeigen, daß Sprachkritik (Wittgenstein) nur als „universale Sprachkritik" (E. Heintel) Philosophie sein kann.

Es scheint uns keine Frage zu sein, daß dieses Unternehmen gelungen ist (zumindest im Hinblick auf das religionsphilosophische Problem), zumal gezeigt wird, wie der zunächst einzelwissenschaftlich orientierte Verstand hier in die Aporie gerät. So, wie der Verfasser zeigt, ist der Spielraum des analytischen Denkens, wie sehr es auch oft traditionelle Probleme berührt, ziemlich eng und begrenzt. So eng, wie der Abstand zwischen frühem und spätem Wittgenstein: von der dogmatischen Fixierung der Bedingungen der „Wahrheit" von Sätzen bis zur Genügsamkeit des Wissens um die Verwendung von Sätzen. Es ist klar, daß in der philosophischen Sprachkritik beide hier gegeneinander auftretenden Positionen nur scheinbar im Gegensatz zueinander stehen: weder das Kriterium der sinnlichen Gewißheit noch die Gewißheit von verschiedenem sinnvollen Sprechen sind der Wahrheit teilhaftig und so gibt es aber in dem Beruhen in oder im Vermischen dieser Positionen selbst wieder verschiedene Richtungen analytischer Philosophie.

Hinsichtlich der Religionsphilosophie unterscheidet der Verfasser drei Hauptrichtungen:
a) religiöse Sätze: keine Feststellungen über eine Wirklichkeit,
b) verschiedene Sprechweisen, die jeweils ihre eigene Verifikation an ihnen haben und

c) die Verbindung von a) und b), die aber, jeweils dem Problemhorizont jener Denker angemessen, eine mehr oder weniger äußerliche sein muß.
Diese Arten von „Religionsphilosophie“ kommen in den Teilen III - V des Buches im Detail zur Sprache, nachdem in I. „das linguistische Veto“, zunächst der allgemeine Weg jener Schule von der kindischen Meinung, im sinnlich Gewissen das Wahre zu haben, bis zum Sprachpragmatismus aufgezeigt wird.

In II. “Zur Problematik des religiösen Sprachgebrauchs“ wird dargelegt, wie die traditionellen religionsphilosophischen Probleme in jenen Reflexionen über Sprache und Sprachgebrauch zum Vorschein kommen, wobei der Verfasser meint, daß die analytische Philosophie hier in die Nähe der Transcendentalphilosophie käme.

> „Sie {die analytische Religionsphilosophie} ist Philosophie, einmal, weil sie selbst keine empirische Forschung unternimmt, sondern auf das ihr zumeist von der Religionswissenschaft dargebotene Material angewiesen ist, zum anderen, weil ihre Arbeit auf die Erfassung genuiner Strukturen und Gesetzlichkeiten des religiösen Satzes ausgerichtet ist, wie das eine Religionswissenschaft und eine Religionsgeschichte niemals tut.“ (S. 88f.)

Hier können wir dem Autor nicht zustimmen: Dieses Kriterium scheint uns unzureichend zu sein, damit das Treiben des Sprachanalytikers Philosophie genannt werden kann: das Reflektieren über und das — von dogmatischen Voraussetzungen her — in Aporien Stürzen kann noch nicht Wissenschaft heißen. Sowenig jemand heutzutage, wenn er sich über die Gravitation wundert, schon ein Physiker heißen kann, sowenig kann jemand, der nur die spekulative Natur der Sprache ahnt, schon Philosoph sein. Daß aber die philosophischen Probleme in jenem äußerlichen Reflektieren auftauchen, zeigt der Verfasser sehr schön auf.

In III. „Glaube ohne Wahrheit“ sehen wir eine Neuaufnahme der von Hegel sicher *ad absurdum* geführten Gefühlsreligiosität.

In IV. „Glaube als Wahrheit“ tritt auch die Position ein, für die es auch einen bestimmten Glauben geben kann: die Differenzierungen der Analogielehre verhindern allmählich den Rückfall in den schlecht-mystischen Glauben an das nur Unaussprechliche.

Im V. Abschnitt des Werkes „Glaube und Wahrheit“ lebt auch das Problem des ontologischen Beweises wieder auf. An unserer Tradition gemessen, ist das Für und Wider gegen denselben auf zumindest vorhegelischem Niveau stehengeblieben. Die hier vom Verfasser als sicherlich genauem Kenner des derzeitigen Standes analytischer Religionsphilosophie beschriebene Situation läßt hoffen, daß diese Schule, die vom dürftigsten Verstand ausgegangen ist, vielleicht doch einmal auch das spekulativ Vernünftige erreicht.

Es ist hier nicht der Ort, um auf alle sicherlich im angelsächsischen Bereich bekannten Denker, die der Verfasser vorführt, hinzuweisen. Die zusammenfassende Kritik des Verfassers:

> „Im Hintergrund des Bemühens sprachanalytischer Religionsphilosophie, die Kognitivität religiöser Aussagen herauszustellen, die Berechtigung von deren Wahrheitsanspruch zu erweisen, steht die ungelöste Frage, wie das Verhältnis von Sprache und Wirklichkeit zu denken ist. Eine Auseinandersetzung, die auf dem Boden der Fundamentalphilosophie hätte ausgetragen werden sollen, verlagerte sich nun in den Bereich der Diskussion um die Wahrheit religiöser Aussagen" (S. 245),

stellt eben den Unterschied zwischen der der Natur der Sprache äußerlichen Sprachkritik und der fundamentalphilosophischen „universalen Sprachkritik" heraus. Der kritischen Darstellung des Verfassers ist hier sicher nichts hinzuzufügen.

Personenregister

Wiener Arbeiten zur Philosophie
Reihe B: Beiträge zur philosophischen Forschung

Herausgegeben von Stephan Haltmayer

Band 1 Stephan Haltmayer / Werner Gabriel (Hrsg.): Abschaffung der freien Universität? 2000.

Band 2 Heinz Krumpel: Die deutsche Philosophie in Mexiko. Ein Beitrag zur interkulturellen Verständigung seit Alexander von Humboldt. 1999.

Band 3 Friedrich F. Brezina: Die Achtung. Ethik und Moral der Achtung und Unterwerfung bei Immanuel Kant, Ernst Tugendhat, Ursula Wolf und Peter Singer. 1999.

Band 4 Stephan Haltmayer / Franz M. Wuketits / Gerhard Budin (Hrsg.): Homo pragmatico-theoreticus. Philosophie – Interdisziplinarität und Evolution – Information. Erhard Oeser zum 60. Geburtstag. 2000.

Band 5 Renate Wahsner / Thomas Posch (Hrsg.): Die Natur muß bewiesen werden. Zu Grundfragen der Hegelschen Naturphilosophie. Mit Beiträgen von Friedrich Grimmlinger, Hans-Dieter Klein, Gilles Marmasse, Thomas Posch, Urs Richli und Renate Wahsner. 2002.

Band 6 Georg Wilhelm Friedrich Hegel: Vorlesung über Naturphilosophie. Berlin 1821/22. Nachschrift von Boris von Uexküll. Herausgegeben von Gilles Marmasse und Thomas Posch. 2002.

Band 7 Heinz Krumpel: Aufklärung und Romantik in Lateinamerika. Ein Beitrag zu Identität, Vergleich und Wechselwirkung zwischen lateinamerikanischem und europäischem Denken. 2004.

Band 8 Stephan Haltmayer / Waltraud Heintel (Hrsg.): Erich Heintel: Mündiger Mensch und christlicher Glaube. Aus dem Nachlaß als teilweises Fragment herausgegeben und dabei mit Registern versehen von Stephan Haltmayer und Waltraud Heintel. 2004.

Band 9 Stephan Haltmayer / Armin Aigner (Hrsg.): Literalität und Oralität. Mit einer Einleitung von Stephan Haltmayer (Hrsg.) und mit Beiträgen von Georg Danek, Ulrich H. J. Körtner, Wilhelm Lütterfelds, Jörg Salaquarda und Detlev Thiel. 2005.

Band 10 Hisaki Hashi: Die Dynamik von Sein und Nichts. Dimensionen der vergleichenden Philosophie. 2004.

Band 11 Thomas Posch / Gilles Marmasse (Hrsg.): Die Natur in den Begriff übersetzen. Zu Hegels Kritik des naturwissenschaftlichen Allgemeinen. Mit einem Anhang: Hegels Vorlesung über Naturphilosophie von 1825/26. Einleitung. Nach der Nachschrift von H.W. Dove. 2005.

Band 12 Michael Höfler / Michael Wladika (Hrsg.): Franz Ungler: Zur antiken und neuzeitlichen Dialektik. 2005.

www.peterlang.de

Kolibri 360 GmbH
Ferdinand-Jühlke-Straße 7
99095 Erfurt, Deutschland
produktsicherheit@kolibri360.de

Druck:
CPI Druckdienstleistungen GmbH
im Auftrag der
Kolibri 360 GmbH
Ferdinand-Jühlke-Str. 7
99095 Erfurt